FOR FUTURE GENERATIONS
SERVANT LEADERSHIP

미래 세대를 위한

서번트 리더십

한만오

YANGSEOWON
양서원

머리말

"섬김으로 세상을 이끌다"

21세기를 넘어 22세기를 준비하는 지금, 우리는 거대한 변혁의 시대를 살아가고 있습니다. 기술이 발전하고 세계가 연결될수록, 리더십에 대한 요구는 더 높아지고, 그 본질은 더욱 중요한 질문으로 남게 됩니다.

과연 우리는 무엇으로 다음 세대를 이끌어야 하는가?

이 책은 그 질문에 대한 하나의 답을 담고 있습니다.

"서번트 리더십(Servant Leadership)", 즉 섬기는 리더십은 단순한 리더십 기법이나 전략이 아닙니다.

사람을 수단이 아닌 목적으로 바라보고, 공동체의 번영을 위해 자신을 낮추는 용기이며, 권력을 과시하는 대신, 책임을 짊어지고 헌신하는 사랑의 방식입니다.

특히 미래 세대, 즉 오늘의 청소년, 청년, 다음 세대를 향한 리더십은 더욱 이 방향이어야 합니다.

그들은 지시받기보다는 공감받기를 원하고, 강압보다는 신뢰 속에서 성장하기를 기대합니다. 따라서 서번트 리더십은 단순한 선택이 아니라 필수적인 방향성입니다.

이 책은 미래의 리더들에게
섬김의 정신이 어떻게 세상을 변화시키는지,
진정한 리더는 어떻게 사람을 살리고 세워 가는지,
섬김과 영향력의 균형을 어떻게 세워야 하는지를
구체적이고 실천적인 지침과 함께 제시하고자 합니다.

이 여정은 쉽지 않습니다.
하지만 진정한 변화는 언제나 섬김에서 시작되었습니다.
위대한 혁신 뒤에는 언제나 자신을 낮춘 이들이 있었고,
역사를 이끈 리더들은 늘 사람을 사랑한 사람들이었습니다.
이제, 다음 세대를 위해.
미래를 위해.
우리가 걸어야 할 리더십의 길은 "섬김"입니다.

이 책은 미래를 살아갈 세대를 위해 준비했습니다.
그들이 세상 속에서 길을 잃지 않도록,
자신을 위해서가 아니라 함께 더 좋은 세상을 만들기 위한 리더가 되도록,
섬김이라는 가장 깊은 힘을 가슴에 새기기를 바라는 마음으로.
섬김은 약함이 아닙니다.
섬김은 가장 강한 사랑이며, 가장 단단한 리더십입니다.

이 책을 읽는 당신,
그리고 이 책을 통해 만나게 될 미래의 리더들이
사랑으로, 진심으로, 섬김으로 세상을 바꿔 가길 소망합니다.
섬김은 시작입니다.
섬김은 미래입니다.

2025년 8월
백석대학교 캠퍼스, 나의 연구실에서
저자, 한만오 씀

차례

CHAPTER

1

진짜 리더십이란 무엇일까?

수업에 들어가면서...

수업 시작 구호, 다함께 시작!!!

"I AM GOOD, YOU ARE GOOD, WE ARE GOOD, GOOD~, GOOD~, GOOD~"

Opening Question

- 나는 리더십을 ○○○이라고 생각한다. 그 이유는 무엇인가?
- 리더십은 타고나는 것일까, 길러지는 것일까?
- 위기 상황에서 드러나는 진정한 리더십은 무엇인가?

1. 리더십의 정의

리더십 전문가, 학자와 교수가 말하는 리더십의 정의들을 소개하면 다음과 같다.

제임스 헌터(James. C. Hunter)

"리더십은 공동의 최선을 위해 설정된 목표를 향해 매진할 수 있도록 사람들에게 영향력을 발휘하는 기술인 동시에 사람들의 신뢰를 형성하는 인격이다."

제임스 맥그리거(James McGregor) – 존 F. 케네디의 선거후원자

"리더십은 지구상에서 가장 많이 언급되지만 가장 이해되지 않는 현상이다."

존 가드너(John Gardner)

"리더십이란 개인(또는 팀 리더십)이 자신이 목표나 아랫사람과 공유된 목표를 추구하기 위해 설득이나 모본을 통해 한 단체를 유도하는 과정이다."(on leadership)

존 맥스웰, 오스왈드 샌더스(John Maxwell and Oswald Sanders)

"리더십이란 영향력, 즉 한 사람이 다른 사람들에게 영향을 미치는 능력이다."

조지 바나(George Barna)

"그리스도인 리더란 사람을 이끌도록 하나님께 부름 받은 자(소명), 그리스도의 성품으로 이끄는 자(성품), 리더십을 위해 기능적 능력을 발휘하는 자(능력)이다."(Leaders on leadership)

켄 블랜차드(ken Blanchard) – 『On Minute Manager』의 저자

"리더십은 영향력 행사 과정을 의미합니다."

켄 블랜차드와 필 하지스는 『예수는 어떻게 12제자를 위대한 리더로 키웠는가』라는 책에서 "리더십은 다른 사람에게 영향을 미치는 과정이다. 리더십은 가까운 사람에게 해 주는 격려나 충고처럼 친근할 것일 수도 있고, 조직의 지휘 계통에 따라 전달되는 지시처럼 딱딱한 것일 수도 있다."라고 하였다(켄 블랜차드 & 필 하지스/조천제 옮김, 2007, 22-23).

한홍은 『거인들의 발자국』이라는 책에서 리더십이란 "첫째, 힘을 가졌다고 해서 그에게 리더십이 있다고 할 수 없다. 둘째, 직위가 반드시 리더십은 아니다. 셋째, 전문성이 곧 리더십은 아니다."라고 설명하였다(한홍, 2004, 28-29).

피터 드러커(Peter F. Druker)는 리더십에 대해 다음과 같이 표현하였다(정원범 외 9인, 2005, 152 재인용).

첫째, 리더십은 사명이다. 리더십의 근본은 조직의 사명을 깊이 생각하고 그것을 규정하여 그 사명을 명확하고 뚜렷하게 설정하는 것이다. 이것을 바탕으로 조직의 지도자는 목표를 설정하고 우선순위를 결정하며 기준을 설정하고 유지한다. 둘째, 리더십은 리더를 계급과 특권으로 보는 것이 아니라 책임으로 보는 것이다. 셋째, 신뢰를 확보하는 것이다.

존 맥스웰(John. C. Maxwell)은 『Developing the Leader Within You』이라는 책에서 리더십의 정의와 특징을 다음과 같이 소개하였다(John. C. Maxwell, 1982, 2).

- 따르는 사람을 위하여 올바르지(right) 아니하면 안 된다.
- 따르는 사람들과 관계적이어야 한다.
- 따르는 사람을 위하여 조직을 위하여 무엇인가를 해야만 한다.
- 따르는 사람을 존중해야만 한다.

2. 한마디로 리더십이란

리더십은 조직의 목표 달성과 구성원들의 발전을 위하여 조직과 구성원들에게 영향력을 끼치고, 영향력을 발휘하는 능력이다.

세계적으로 알려진 리더십의 전문가이자 베스트셀러 작가인 존 맥스웰은 『위대한 영향력』이라는 책에서 영향력에 대해 이렇게 설명하였다(존 맥스웰 & 짐 도넌/정성묵 옮김, 2010, 11-28).

"영향력은 누구나 가지고 있다. 하지만 영향력은 단번에 얻을 수 있는 것이 아니라 조금씩 성장하는 것이다. 사람은 누구나 함께 살아가는 누군가에게 영향을 미친다. 그러므로 영향력을 발휘하기 위해 꼭 남들이 부러워하는 직업을 가질 필요는 없다. 다른 사람과 함께 살아가는 한 누구나 남에게 영향력을 미치기 때문이다."

계속해서 그는 긍정적인 영향력을 미치는 사람은 타인에게 가치를 더해 주기 때문에 영향력 있는 사람이 되고, 지금까지 자신의 삶에 영향을 미친 사람들의 목록도 함께 작성해 보라고 조언하였다.

3. 역시 리더십은 영향력이다

제임스 헌터의 『서번트 리더십 2(실전 매뉴얼편)』에서도 리더십의 동의어는 영향력이라고 하며 다음과 같이 정의하였다(제임스 C. 헌터/김광수 옮김, 2006, 50-51).

"리더십은 사람들의 가슴과 머리, 창의성, 뛰어난 능력과 다른 여러 가지 지원을 공동의 목표를 위해 기꺼이, 열정적으로 투여하도록 영향력을 행사하는 과정이다. 리더십은 사람들에게 자신의 사명을 위해 헌신하도록 영향력을 행사하는 과정이다. 리더십은 사람들에게 최선의 '나'가 되도록 영향력을 행사하는 과정이다. 그러므로 리더십과 관리는 동의어가 될 수 없다. 리더십의 동의어는 바로 영향력이다."

계속해서 제임스 헌터는 『서번트 리더십 2』이라는 그의 책에서 사우스웨스트 항공사에서 은퇴한 CEO, 허브 켈러허(Herb Kelleher)의 리더십이 영향력이었고, 그가 영향력을 통한 리더십을 발휘하여 회사가 적자에서 흑자가 된 성공 사례를 소개했다.

허브 켈러허는 메모를 작성하여 모든 직원들에게 보냈다. 그는 해당 분기의 실적이 적자로 예상되자 이를 극복하기 위해 직원들에게 하루에 5달러씩만 비용을 줄이도록 촉구하는 메모를 보냈다.

그가 직원에게 보낸 메모로 인하여 사우스웨스트 항공사는 해당 분기에만 총 5.6%의 운영비를 절감했다. 그 결과, 회사의 재정은 적자에서 흑자로 돌아서게 되었다.

무엇이 직원들의 마음을 사로잡았을까? 허브 켈러허의 메모가 직원들의 마음을 사로잡았다. 그는 직원들에게 보내는 메모지 끝에 이렇게 서명하였다.

"여러분을 사랑하는, 허브로부터"

그의 메모에는 그의 직원들의 마음을 움직이는 영향력이 있었다. 그것은 무엇일까? 필자는 그것을 '사랑'이라고 생각한다. 사랑은 위대한 영향력을 끼칠 수 있는 힘을 가지고 있다. 사랑은 섬김의 리더가 갖추어야 할 조건 중에서 가장 먼저이다.

우리는 리더십 전문가 존 맥스웰(John Maxwell)의 리더십의 정의를 꼭 기억하자.

"리더십은 영향력 그 이상도 이하도 아니다."

4. 리더십의 영향력을 끼치기 위해서는?

제임스 헌터(James C. Hunter)는 『서번트 리더십』이라는 책에서 리더십은 "공동의 이익을 위해 설정된 목표를 향하여 매진할 수 있도록 사람들에게 영향력을 발휘하는 기술이다."라고 정의하였다. 그의 말처럼 리더십은 영향력을 끼치는 기술이다. 그렇다면 사람들에게 자신의 영향력을 끼치기 위해서는 어떻게 해야 할까?

그 대답은 '권력이 아니라 권위의 리더십을 발휘하라'이다. 제임스 헌터의 말을 인용하여 설명하겠다. 그는 권력과 권위에 차이점을 다음과 같이 설명하였다(제임스 C. 헌터/김광수 옮김, 2002, 73).

> "권력은 원하지 않는 사람에 대해서도, 자신의 지위 또는 세력을 이용하여 자신의 의지대로 행동하도록 강제 또는 지배하는 능력이다."

> "권위는 개인의 영향력에 의해 사람들을 기꺼이 여러분의 의지대로 행동하게 하는 기술이다. 자신의 영향력을 통해 다른 사람들을 기꺼이 자신의 의지대로 행동하도록 유도하는 기술이다."

리더의 권위가 실추되면 그는 권력에 의지할 수밖에 없다. 권위가 없는 리더는 권력으로 리더가 되려고 한다.

권력은 영어로 'power'이고 권위는 영어로 'authority'이다. 권력은 능력이지만 권위는 영향력이다. 전통적인 리더십은 권력을 중시하고, 서번트 리더십은 권위를 중시한다. 세상적인 리더십은 권력을 기반으로 하지만, 영적 리더십은 권위를 기반으로 한다.

권력은 자신의 영향력을 통하는 것이 아니라 자신의 지위와 힘을 이용하여 다른 사람들의 행동을 강제로 유도하려고 하지만, 권위는 자신의 영향력을 통해 다른 사람들의 행동을 유도한다.

그렇다. 권력과 권위는 다르다. 권력은 영향력을 끼치지 못하지만, 권위는 영향력을 끼친다. 영향을 끼치지 못하는 권력은 서번트 리더십이 아니다.

권력은 세습이 가능하고 사고팔 수도 있다. 하지만 권위는 세습하거나 사고팔 수 없다. 권위는 그 사람이 가지고 있는 자체의 것이기 때문이다. 예를 들자면 그 사람이 가지고 있는 인격은 권위가 될 수 있다. 그 사람의 권위는 그 사람의 인격이다. 그렇다. 서번트 리더십은 권력이 아니라 권위에 기반을 한다. 만약 도덕적 권위가 없다면 그 사람은 서번트 리더십을 발휘할 수 없다. 도덕적 권위가 없다면 영향력을 끼치는 서번트 리더도 될 수 없다.

인격만 권위를 형성할 수 있는 것이 아니다. 타인을 위한 봉사, 타인을 용서하는 행동, 타인을 배려하는 행동, 타인을 존중하는 마음과 태도 등도 권위를 형성할 수 있다.

스티븐 코비(Stephen Covey)는 그의 저서 『성공하는 사람들의 7가지 습관』에서 이런 글을 남겼다.

> "누구든 서번트 리더가 될 수 있다. 우리 가운데 누구든 솔선수범하지 못할 사람은 없다. 중요한 것은 리더로 임명되는 게 아니라 도덕적 권위를 바탕으로 행동하는 일이다. 서번트 리더십 정신은 곧 도덕적 권위의 정신을 의미하기 때문이다."

출처: 제임스 C. 헌터/김광수 옮김(2006), p.77.

그렇다. 리더십은 영향력이다. 그 영향력은 권력이 아니라 권위에 기반을 둔다. 영향력을 끼치는 리더가 되기 위해서는 권력이 아니라 권위에 기반을 두는 사람이 되어야 한다.

잠깐! 토의 시간

내가 생각하는 도덕적 권위는 무엇인지 말해 보자. 나는 과연 권력의 사람인가? 아니면 권위의 사람인가? 서로 의견을 나누자.

리더십은 다른 사람이 무엇인가를 하도록 영향을 끼칠 수 있는 힘이다. 지금까지 나에게 가장 많은 영향력을 준 사람은 누구인가? 어떤 영향을 받았는가?

지금까지 내가 영향력을 끼친 사람이 있었는가? 있었다면 어떤 영향력을 주었는가?

나에게 가장 많은 영향력을 끼친 그 사람이 바로 나의 리더이고 나의 멘토이다. 영향력은 누구나 가질 수 있다. 대통령, 유명인, 정치인, 연예인, 종교인, 교사, 교수, 부모 등만이 영향력을 끼치는 것은 아니다.

미국의 시인이자 철학자 랄프 왈도 에머슨(Ralph Waldo Emerson)은 이렇게 말했다.

> "모든 사람이 누군가에게 영웅이자 현인이다. 그 누군가에게는 그의 모든 말이 큰 가치를 지닌다."

유명하고, 직업이 좋고, 성공한 사람, 가르치는 사람만 영향력을 끼치는 것은 아니다. 다른 사람과 함께 살아가는 사람은 누구나 영향을 끼칠 수 있다.

우리는 가장 가까운 사람들에게 항상 영향을 받고, 영향을 끼치며 살아가고 있다. 그러므로 우리는 가족, 학교, 강의실, 동아리, 졸업 후 직장과 사회생활에서 만나는 사람들과 부대끼며 살아갈 때, 가까운 사람들로부터 영향을 주기도 하고, 받기도 한다는 것을 기억하자. 분명한 사실은 길에서 만나는 낯선 사람보다는 가족과 더 큰 영향을 주고받는다.

리더십을 발휘하기 위해서는 영향력을 끼쳐야 한다. 나쁜 영향력이 아니라 좋은 영향력을 끼쳐야 한다. 영향력을 끼치지 못하는 리더는 리더라고 말할 수 없다.

미 공군사관학교 리더십 강사인 리처드 휴즈는 "리더십이란 한 조직체에 끼치는 영향력으로서, 그 단체로 하여금 하나의 목표에 도달하게 하는 과정이다."라고 정의하였다.

잠깐! 토의 시간

다른 사람들에게 영향력을 끼치기 위해서 우리는 어떻게 해야 하는가?

다른 사람에게 영향력을 끼치는 몇 가지 예를 들어서 다음과 같이 설명하겠다.

① 신뢰

신뢰는 영향력의 열쇠이다. 드와이트 데이비드 아이젠하워(Dwight David Eisenhower) 대통령은 이러한 의견을 내놓았다.

> "리더가 되려면 추종자가 있어야 한다. 그리고 추종자를 얻으려면 신뢰가 있어야 한다. 따라서 리더에게 가장 필요한 덕목은 다름 아닌 진실성이다. 작업반, 축구장, 군대, 공직 등 어느 곳에 있든지 간에 진실성이 없으면 진정한 성공을 거둘 수 없다. 동료에게 진실성을 보이지 못하는 사람은 실패할 수밖에 없다. 그런 사람은 먼저 말과 행동을 일치시켜야 한다. 곧 진실성과 한 차원 높은 목표가 가장 먼저 필요하다."
>
> 출처: 존 맥스웰 & 짐 도넌/정성묵 옮김(2010), p.50.

신뢰와 영향력은 정비례한다. 신뢰가 높아지면 영향력도 높아진다. 영향력이 높아지면 리더십도 높아진다. 이 시대에도 진실성은 중요하다. 특히 영향력을 끼치는 리더가 되고자 한다면, 섬기는 리더가 되고자 한다면 더욱더 중요하다. 베스트셀러 『성공하는 사람들의 7가지 습관』을 쓴 스티븐 코비는 그의 책에서 진실성이 성공에 얼마나 중요한지 다음과 같이 말했다(존 맥스웰 & 짐 도넌/정성묵 옮김, 2010, 35).

> "인격이 근본적으로 잘못되어 표리부동한 사람은 남에게 영향력을 발휘할 수 없다. 내 생각대로 남을 이끌고 업무를 개선하며 동기를 부여하려고 아무리 노력해도 소용이 없다. 표리부동은 불신감을 낳기 때문에 심지어 뛰어난 인간관계 기술을 사용한다 해도 모든 일이 속임수로만 보일 뿐이다. 진실성이 없다면 아무리 말을 잘 하거나 의도가 좋아도 남보다 앞설 수 없다. 신뢰를 줄 수 없다면 언젠가는 실패하고 만다. 오직 순수한 도덕성만이 기술에 생명을 부여한다."

② 사랑

다른 사람에게 영향을 미치기에 앞서 사랑을 표현해야 한다. 사랑이 없으면 관계형성이 힘들다. 사랑이 없으면 영향력을 끼칠 수 없다. 타인에게 끼치는 영향력은 사랑과 정비례한다.

미국 프로 미식축구 팀인 그린 베이 패커스(Green Bay Packers)의 전설적인 코치 빈스 롬바르디(Vince Lombardi)처럼 거친 사내도 사랑의 힘을 알고 있었다. 그는 선수들에게 최선의 노력을 이끌어 내고 그들의 삶에 영향을 미치는 것이 "사랑"이라고 강조했다.

> "유명 클럽에서 뛰어난 이론과 엄격한 기강으로 훌륭한 선수들을 가르치는 코치들도 승리를 거두지 못하는 경우가 많다. 이러한 경우 세 번째 요소가 필요하다. 바로 사랑이다. 선수들이 서로를 배려하고 사랑해야 한 팀으로 협력 플레이를 할 수 있다."
>
> 출처: 존 맥스웰 & 짐 도넌/정성묵 옮김(2010), p.65

잠깐! 토의 시간

영향력의 요소 2가지를 소개했다. 다른 사람에게 영향력을 줄 수 있는 요소들에 대해서 찾아보고 말해 보자.

그렇다. 리더십은 사람들과 조직을 목적지까지 도달하게 하는 능력이다. 리더십은 말 그대로 리더(leader)와 십(ship)이다. 리더십은 결국 배를 이끌고 목적지에 도달하게 하는 능력이다.

잠깐! 토의 시간

배가 목적지까지 안전하게 도착하려면 무엇이 중요한가?

- 선장의 역할이 중요하다. (예: 세월호)
- 조타수의 역할이 중요하다. (예: 타이타닉호)
- 또 무엇이 중요한가?

미래에 나는 어느 조직의 리더가 될 것이다. 만약에 나에게 리더십에 문제가 있다면, 내가 이끄는 조직과 구성원들은 어떻게 될 것인가?

5. 성경적 리더십

성경적 리더십은 예수님의 리더십에 기초하고 근거한다. 이승하는 『목회자: 한국교회의 이상적 목회자상』이라는 책에서 "성경적 리더십은 기본적으로 영혼을 위한 리더십이다."라고 말하였다. 김성철은 『교회봉사자의 섬김의 자세와 리더십의 변화』라는 논문에서 성경적 리더십의 원리 5가지를 다음과 같이 설명하였다(김성철, 2016).

"첫째, 성경적 리더십은 섬김에 관한 것이고, 둘째, 성경적 리더십은 비전에 관한 것이며, 셋째, 성경적 리더십은 신뢰에 관한 것이고, 넷째, 성경적 리더십은 능력에 관한 것이며, 다섯째, 성경적 리더십은 책임에 관한 것이다."

『21세기 리더십과 목회』라는 책에서는 성경적 리더십에 대해서 다음과 같이 설명하였다.

"성경적 리더십은 조직 단체 등의 이익을 위해 행해지는 리더십이 아니라 하나님의 영광이라는 목적을 위해 하나님의 소명을 받은 사람이 예수 그리스도의 모범을 통해 사람들에게 영향을 미쳐 하나님이 원하시는 방향으로 움직이는 행위이다. 하나님의 세계, 하나님의 역사의 방향을 보여주는 것이다."

출처: 정원범 외 9인(2005), p.153.

조광연은 『당신은 주님이 원하시는 성서적 지도자입니까?』라는 책에서 성경적인 지도자의 특징에 대해서 이렇게 설명하였다(조광연, 1996, 27-28).

첫째, 성경적인 지도자는 하나님의 부르심을 받아야 한다. 둘째, 성경적인 지도자는 하나님의 뜻과 목적을 이루는 자이다. 셋째, 성경적인 지도자는 하나님으로부터 힘과 능력을 공급받아 리더십을 발휘한다.

성경적 리더십이 영적 리더십이다. 헨리 블랙커비와 리처드 블랙커비(Henry T. Blackaby and Richard Blackaby)는 『영적 리더십』이라는 책에서 영적 리더십의 특징에 대해서 다음과 같이 소개하였다(Henry T. Blackaby and Richard Blackaby/윤종석 옮김, 2006, 35-39).

첫째, 영적 리더는 사람들을 이끌어 현재의 자리에서 하나님이 원하는 자리로 가게 한다. 하나님의 뜻을 알면 리더는 사람들이 자기 스타일을 따르는 삶에서 하나님의 목표를 추구하는 삶으로 옮겨 가게 한다. 영적 리더는 세상적인 방법(재촉, 애원, 위협)이 아니라 영적 수단(설득과 모본)을 써서 사람들을 움직이거나 영향력을 행사한다.

둘째, 영적 리더는 성령께 의존한다. 영적 리더는 사람들 안에 영적 변화를 일으킬 수 없다. 오직 성령만이 그렇게 하실 수 있다. 리더는 사람들을 움직여 하나님 일을 하도록 하되 그것이 궁극적으로 성령만이 이루실 수 있는 사명임을 인식해야 한다.

셋째, 영적 리더는 하나님께 책임진다. 영적 리더십에는 민감한 책임감이 필요하다. 리더는 핑계를 대서는 안 되며 사람들이 해야 할 것을 하지 못할 때 그들을 탓해서도 안 된다.

넷째, 영적 리더는 하나님의 사람들뿐 아니라 불신자에게도 영향을 미친다. 하나님은 어디에나 계신다. 영적 리더들은 대체로 하나님의 사람들을 움직여 하나님의 목표를 이루어 가지만 하나님은 불신자들도 사용하여 경건한 영향력을 행사하게 하신다.

다섯째, 영적 리더는 하나님의 계획에 따라 일한다. 영적 리더십의 가장 큰 벽은 하나님의 뜻을 구하지 않고 자신의 생각을 추구하는 것이다. 하나님의 관심사는 리더들의 꿈과 목표를 이루거나 그들 나라를 세우는 것이 아니라 당신의 사람들을 자기중심적 태도와 죄악 된 욕심에서 돌이켜 당신 자신에게 끌어들이는 것이다. 영적 리더십의 핵심은 영적 리더가 자신과 자기 조직을 향한 하나님의 뜻을 아는 것이다.

수업을 마치면서...

Closing Question

이번 수업을 통하여 내가 배운 것은 무엇인가?

이번 수업을 통하여 내가 조금씩 바뀌고 있는 것은 무엇인가?

이번 수업을 통하여 내가 부족한 것은 무엇인가?

일주일 동안 감사한 일은 무엇인가?(하루에 한 가지 적어보기)

요일	감사한 일
월	
화	
수	
목	
금	
토	
일	

CHAPTER

2

섬김, 리더십의 시작점

수업에 들어가면서...

수업 시작 구호, 다함께 시작!!!

"I AM GOOD, YOU ARE GOOD, WE ARE GOOD, GOOD~, GOOD~, GOOD~"

Opening Question

- 내가 진정으로 누군가를 섬겼다고 느꼈던 순간은 언제였는가?
- 우리는 왜 다른 사람을 섬겨야 할까?
- 내가 누군가에게 섬김을 받아본 경험이 있다면, 그 경험은 내 삶에 어떤 영향을 주었는가?

1. 섬김의 의미

서번트 리더십(Servant Leadership)은 서로 상반된 개념으로 서번트(servant)와 리더(leader)가 합쳐진 것이다. 서번트 리더십이 무엇인가를 알아보기 전에 '섬김'이 무엇인지 먼저 알아보자.

잠깐! 토의 시간

"섬김"은 영어로 'servant'이다. "섬김"이 무엇이라고 생각하는가? 자신의 생각을 말해 보자.

네이버 지식백과를 통하여 교회용어사전을 찾아보았더니, 섬김에 대하여 다음과 같이 설명해 놓았다.

> 잘 모시어 받듦. 힘써 거들어 줌. 성경에서는 다양한 의미로 쓰였다. ① 하나님의 말씀을 좇아 하나님과 함께 걸음(창 24:40). ② 노역이나 조공(朝貢)을 바침(창 14:4). ③ 종이 주인의 명령을 기다리며 대기함(렘 40:10). ④ 하나님을 위해 일함(수 24:18). ⑤ 제사나 예배를 드림(히 9:14). ⑥ 성도를 돕고 그들을 위하여 애쓰고 희생함(롬 15:25; 고후 9:1; 히 6:10). → '봉사'를 보라.
>
> 출처: [네이버 지식백과] (교회용어사전, 생명의말씀사)

잠깐! 토의 시간

나는 "섬김은 ㅇㅇㅇ이다"라고 생각한다. 그 이유는 무엇인가?

2. 'servant'라는 단어가 주는 의미

① Servant(하인)

섬김(service)이라는 말은 원래 servant(하인)이라는 말에서 나왔다. 섬긴다는 것은 주인을 섬기는 하인(종)과 같은 존재로 행동하겠다는 뜻이다. 우리는 예수님의 종이다. 그러므로 우리는 예수님을 종처럼 섬겨야 한다.

"그는 하나님의 모습을 지니셨으나, 하나님과 동등함을 당연하게 생각하지 않으시고, 오히려 자기를 비워서 종의 모습을 취하시고, 사람과 같이 되셨습니다. 그는 사람의 모양으로 나타나셔서, 자기를 낮추시고, 죽기까지 순종하셨으니, 곧 십자가에 죽기까지 하셨습니다."(빌립보서 2:6-8, 새번역)

② Election(선택)

우리는 섬기기 위해서 선택받았다.

"각각 은사를 받은 대로 하나님의 여러 가지 은혜를 맡은 선한 청지기 같이 서로 봉사하라" (벧전 4:10)

그러므로 하나님의 선물을 가볍게 여기지 말고, 착한 종처럼 남을 돕는 일에 사용하십시오. (벧전 4:10, 쉬운성경)

③ Respect(존경)

섬김의 시작은 다른 사람을 존경하는 마음에서 비롯된다. 존경은 낮아지는 것이다.

"무슨 일을 하든지, 경쟁심이나 허영으로 하지 말고, 겸손한 마음으로 하고, 자기보다 서로

남을 낫게 여기십시오."(빌립보서 2:3, 새번역)

우리가 존경을 받고 싶다면, 먼저 존경하라.

"그러므로 너희는 무엇이든지, 남에게 대접을 받고자 하는 대로, 너희도 남을 대접하여라" (마태복음 7:12)

"형제를 사랑하여 서로 우애하고 존경하기를 서로 먼저 하며"(로마서 12:10)

"각 사람은 자기 아내를 거룩함과 존중함으로 대할 줄 알아야 합니다."(데살로니가전서 4:4)

"그러므로 여러분도 각각 자기 아내를 자기 몸 같이 사랑하고, 아내도 자기 남편을 존중하십시오."(에베소서 5:33)

하나님을 존중히 여기라. 그러면 우리도 하나님께로부터 존중히 여김을 받는 사람이 된다.

그러므로 이스라엘의 하나님 나 여호와가 말하노라 내가 전에 네 집과 네 조상의 집이 내 앞에 영원히 행하리라 하였으나 이제 나 여호와가 말하노니 결단코 그렇게 하지 아니하리라 나를 존중히 여기는 자를 내가 존중히 여기고 나를 멸시하는 자를 내가 경멸하리라(사무엘상 2:30)

자신을 낮추라. 그러면 자신은 높아진다. 이것이 성경의 원리이다.

"누구든지 자기를 높이는 자는 낮아지고 누구든지 자기를 낮추는 자는 높아지리라"(마태복음 23:12)

④ Voluntary(자발적)

섬김의 자세는 자발적이어야 한다. 그래서 "voluntary service"을 하는 사람이다. 그러므로 섬김은 자발적이어야 한다.

"내가 자발적으로 이 일을 한다면 보수를 받아야 하겠지만 자발적이 아니더라도 나는 당연히 해야 할 직분을 맡은 것입니다"(고린도전서 9:17, 현대인의성경)

자발적인 섬김도 하나님께서 하신 것이다. 하나님께서 섬김의 마음을 주셔야만 섬길 수 있는 것이다. 하나님의 선한 목적에 따라 우리를 선택하시어, 사용하신다.

"하나님은 자기의 선한 목적에 따라 여러분이 자발적으로 행동하도록 여러분 안에서 일하십니다."(빌립보서 2:13, 현대인의성경)

⑤ Attentiveness(경청)

입은 하나인데 귀가 두 개인 이유는, 말하는 것보다 두 배로 더 들으라는 뜻이다.

"내 사랑하는 형제들아 너희가 알지니 사람마다 듣기는 속히 하고 말하기는 더디 하며 성내기도 더디 하라"(야고보서 1:19)

성경은 여러 번 '귀 있는 자는 들으라'고 말씀하신다. 이것은 마음을 열라는 뜻이다. 귀는 누구에게나 있지만 모두가 듣지는 않기 때문에 예수님께서 이런 말씀을 한 것이다.

경청을 잘 하는 사람이 좋은 섬김의 리더가 될 수 있다. 미국 경영학의 아버지로 불리는 피터 드러커는 경영상 발생하는 모든 문제의 60%가 잘못된 소통 때문이라고 말했다.

사람의 마음을 감동시키려면 상대방의 마음에 무엇이 있는지 알아야 한다. 듣는 것은 그것을 아는 길이다. 최고의 경영자인 빌 게이츠는 다음과 같이 말하였다.

"불쾌해 하는 고객이야말로 가장 관심을 가져야 할 대상이다. 그들은 곧 당신에게 최고의 기회다."

훌륭한 리더는 언제나 자신이 섬기는 사람들의 말을 경청하는 사람이다.

⑥ Nameless(익명)

진짜 섬김은 자신의 이름을 드러내는 것이 아니다. 진짜 섬김은 자신을 알아주지 않아도 이름 없이 일하는 것이다. 만약에 자신의 섬김을 알아주기를 바란다면, 이것은 가짜 섬김이다.

"너희는 남에게 보이려고 의로운 일을 사람들 앞에서 하지 않도록 조심하여라. 그렇지 않으면, 너희는 하늘에 계신 너희 아버지에게서 상을 받지 못한다. 그러므로 네가 자선을 베풀 때에는, 위선자들이 사람들에게 칭찬을 받으려고 회당과 거리에서 그렇게 하듯이, 네 앞에 나팔을 불지 말아라. 내가 진정으로 너희에게 말한다. 그들은 자기네 상을 이미 다 받았다. 너는 자선을 베풀 때에는, 오른손이 하는 일을 왼손이 모르게 하여, 네 자선 행위를 숨겨두어라. 그리하면, 남모르게 숨어서 보시는 네 아버지께서 너에게 갚아 주실 것이다."(마태복음 6:1-4)

⑦ Time(시간)

섬김은 남을 위해 자신의 시간을 쓰는 것이다.

잠깐! 토의 시간

앞에서 설명한 것처럼 우리가 직접 "servant"를 만들어서 발표해 보자.

'섬김' 하면 가장 먼저 누가 생각나는가? 섬김 하면 예수님이 생각난다. 섬김은 성경적인 근거를 통한 예수 그리스도의 '섬김의 도'에서 온 것이다. 예수님의 '섬김의 도'는 '섬김의 본'을 말하는 것이다. 예수님의 '섬김의 본'은 섬김을 받는 것이 아니라 섬기기 위해 오셨다. 예수님은 자신이 몸소 겪은 고통과 속죄의 죽음으로 섬김을 성취하셨다.

"너희 중에는 그렇지 않을지니 너희 중에 누구든지 크고자 하는 자는 너희를 섬기는 자가 되고 너희 중에 누구든지 으뜸이 되고자 하는 자는 모든 사람의 종이 되어야 하리라 인자가 온 것은 섬김을 받으려 함이 아니라 도리어 섬기려 하고 자기 목숨을 많은 사람의 대속물로 주려 함이니라"(막 10:43-45)

"너희 중에는 그렇지 않아야 하나니 너희 중에 누구든지 크고자 하는 자는 너희를 섬기는 자가 되고 너희 중에 누구든지 으뜸이 되고자 하는 자는 너희의 종이 되어야 하리라 인자가 온 것은 섬김을 받으려 함이 아니라 도리어 섬기려 하고 자기 목숨을 많은 사람의 대속물로 주려 함이니라"(마 20:26-28)

잠깐! 토의 시간

섬김 하면 어떤 단어가 생각나는가?

섬김은 '봉사'이다. 섬김은 '종'이다.

사례 연구

페지 손수레 끄는 여학생들..."할머니 도울래요"(동영상: YTN.Youtube 2016.04.05)

폐지를 싣고 언덕을 오르는 할머니를 위해 여학생들이 직접 손수레를 끄는 훈훈한 장면이 포착됐습니다. 어제 오후 3시쯤 충남 당진의 대학가 골목길입니다. 한 여학생이 폐지를 잔뜩 실은 손수레를 끌고 언덕길을 낑낑거리며 올라갑니다. 다른 학생은 수레를 뒤에서 밀어주고 있고 떨어진 폐지를 두 손 가득 주운 여학생도 수레를 뒤따라갑니다. 무거운 수레를 끄는 할머니가 언덕길에서 혹시나 다칠까 봐 여학생들이 힘을 합친 것으로 보입니다. 한 목격자는 학생들이 150m 이상 손수레를 끌고 언덕길을 올랐다고 전했습니다.

잠깐! 토의 시간

폐지 손수레 끄는 여학생들을 동영상을 본 후 느끼는 점을 서로 말해 보자.

섬김은 과연 무엇일까? 이 여학생들은 어떤 마음으로 이런 행동을 했을까? 이런 행동을 하고 나서 어떤 마음이 들었을까?

3. 성경에서 말하는 섬김

섬김은 단지 종처럼 모든 사람의 요구를 다 들어주는 것, 소원에 무조건적으로 응하는 것, 굴욕적인 태도를 취하는 것을 말하는 것은 아니다. 섬김은 굴종과는 차이가 있다. 섬김과 굴종의 차이는 자발적이냐, 그렇지 않느냐에 따라 달려 있다. 케네스 허크(Kenneth C. Haugk)는 굴종은 "속박, 노예 상태, 억지로 하는 수고"에 해당하며 섬김은 "기꺼운 마음, 선택, 자발적 헌신"에 해당한다고 했다.

허크는 섬김의 4가지 특성을 다음과 같이 제시했다. 그는 섬김은 굴종과는 달리 건전성과 적절성이 특징이라고 강조했다(시앙 양탄/조계광 옮김, 2007, 47).

첫째, 다른 사람을 동정하면서도 객관성과 정체성을 유지할 수 있게 해주는 "공감"이다. 둘째, 아무런 가식 없이 약점이 있으면 있는 대로 자신의 참모습을 보여주며 행동하는 "진실성"이다. 셋째, "필요를 채워주는 것"으로 자신의 감정을 솔직하게 표현하고, 사랑으로 진리를 말하며, 필요한 경우에는 책망도 아끼지 않는 태도를 말한다. 넷째, "목적성"으로 이는 관심을 기울여야 할 관계를 의식적으로 선택하고 관계의 중단이 모두에게 최선이라고 생각될 때는 즉시 관계를 청산할 수 있게 해 준다.

성경을 살펴보면, 참 섬김의 본을 보여주신 분, 섬김이란 무엇인가를 실천하신 분이 바로 예수 그리스도이시다. 성경이 말하는 참 섬김은 예수님의 삶을 말하는 것이다.

4. 이 시대에 가장 필요한 리더십은?

그 대안으로 서번트 리더십이 진짜 대안일까? 그럴 만한 이유가 있는가? 왜 서번트 리더십인가? 최근에는 리더십 중에서도 서번트 리더십, 즉 서번트 리더십이 주목받는 분위기이고, 서번트 리더십을 절실히 필요로 하는 시대이다.

잠깐! 토의 시간

서번트 리더십이 주목받는 이유는 왜일까? 서로의 의견을 나누어보자.

서번트 리더십은 우리 시대의 공유 코드이기 때문이다. 서번트 리더십은 어디에서나, 언제든지, 누구에게나 필요한 리더십이기 때문이다. 그래서 꼭 공유해야 할 리더십이다. 서번트 리더십은 가정에서도, 학교에서도, 직장과 사회에서도, 종교기관에서도, 시민단체에서도, 국가에서도 꼭 필요한 새로운 패러다임의 리더십이다.

제임스 헌터는 『서번트 리더십』이라는 책에서 서번트 리더십이 왜 이 시대에 필요한 리더십인가를 다음과 같이 말하였다(제임스 C. 헌터/김광수 옮김, 2002, 14).

> "젊은이들은 상명하복식의 낡은 리더십 스타일에 고분고분 순종하지 않는다. 1980년 이후에 태어난 '밀레니엄' 세대를 대상으로 여론 조사를 했더니 직장을 자의로 그만둔 사람 중에서 70퍼센트가 조직이 싫어서가 아니라 상사가 싫어서 사표를 냈다고 한다."

그렇다. 과거의 관리 방식과 리더십으로는 새로운 세대의 젊은이들, 새로운 시대의 직원들에게 감동을 줄 수도 없고, 영향력을 끼칠 수도 없다.

서번트 리더십은 지시하고 통제하는 명령자가 아니다. 서번트 리더십은 구성원을 성장시키는 코치와 같고, 서번트 리더십은 구성원들의 잠재력을 발휘하도록 하는 오케스트라의 지휘자와 같다. 그러므로 이 시대에 요구되는 리더십은 바로 서번트 리더십이다.

숙명여대 이경숙 전 총장은 이 시대에 서번트 리더십이 필요한 이유를 다음과 같이 말하였다(이경숙, 2005, 12).

“리더십은 시대적 상황과 여건에 따라 그 모습도 달라져 왔다. 20세기 제조업 중심의 사회에서는 물리적 힘과 카리스마를 상징하는 리더십이 요구되었던 반면, 21세기 지식과 정보 중심의 사회에서는 감성, 상상력, 창의력, 포용력을 아우르는 새로운 리더십을 요구하고 있다.”

“디지털 시대에 필요한 리더십은 무엇보다도 창의적 사고와 전문지식을 갖추고 있어야 한다. 급변하는 사회에 대처할 수 있는 유연성, 풍부한 감성과 포용력으로 다른 사람에게 무리 없는 영향력을 끼칠 수 있어야 하며 이를 ‘부드러운 힘’이라 할 수 있다. 부드러운 힘은 지배하거 명령하기보다는 협력해 서로에게 도움을 만들어 내는 힘이다. 국내에서도 권력이나 물리적 힘이 아닌 부드러운 힘을 바탕으로 한 새로운 리더십으로 기존의 잘못된 관행을 개혁하여 밝고 건강한 사회를 만들자는 요구가 증가하고 있다.”

2005년에 브라질에서 『서번트 리더십』이 출간되었는데 지금까지도 베스트셀러 10위 안에 들어 있다. 브라질은 1인당 국민 소득이 세계 76위로 상대적 빈곤국인 데다 서적 구매율이 높지 않다. 그런데 『서번트 리더십』은 지금까지 브라질에서 300만 부가량 팔렸다(제임스 C. 헌터/김광수 옮김, 2002, 15).

그 이유는 무엇일까? 군부 독재 치하에서 벗어나고 싶은 심정일까? 그 이유를 정확하게 말할 수는 없지만, 세상은 변하고 있다. 변화의 증거이다.

서번트 리더십 운동과 관심이 미국에서도 이었다. 1998년 아마존 닷컴에서 ‘서번트 리더십’을 입력하면 불과 8종이 검색되었으며 그마저도 대부분 절판 상태였지만, 지금은 서번트 리더십을 주제로 한 책이 4,600종을 넘으며 그 수가 빠르게 증가하고 있다(제임스 C. 헌터/김광수 옮김, 2002, 14).

잠깐! 토의 시간

가정, 직장과 사회 그리고 국가에서도 서번트 리더십이 절실히 필요하다. 먼저, 가정에서 서번트 리더십이 필요하다. 왜일까?

잠깐! 토의 시간

직장과 사회에서도 서번트 리더십이 필요하다. 왜일까?

예시 땅콩리턴(회항) 사건

대한항공 조양호 회장의 장녀인 조현아 전 부사장이 2014년 12월 5일 뉴욕발 대한항공 1등석에서 마카다미아를 봉지째 가져다준 승무원의 서비스를 문제삼으며 난동을 부린 데 이어, 이륙을 위해 활주로로 이동 중이던 항공기를 되돌려 수석 승무원인 사무장을 하기(下機)시키면서 국내외적으로 큰 논란을 일으킨 사건이다. 조 전 부사장의 이 같은 행동으로 당시 같은 비행기에 탑승했던 250여 명의 승객들은 출발이 20분가량 연착되는 불편을 겪었다. 조용히 무마되는 것으로 보였던 이 사건은 12월 8일 언론을 통해 공개되면서 땅콩리턴, 재벌가 갑질 논란을 촉발시켰다. 특히 게이트를 떠난 항공기가 다시 게이트로 돌아오는 램프리턴에 대한 항공법 저촉 여부 등으로 국제적으로도 큰 논란이 됐다.

출처: [네이버 지식백과] 땅콩리턴(회항) 사건(시사상식사전, 박문각)

예시 '바르다김선생' 갑질…김밥과 관련없는 18가지 품목 가맹점주에 강매

공정위가 바르다김선생에 철퇴를 내렸다. 가맹본부 거래강제 고가판매 첫 과징금 위생마스크가 시중가격보다 42% 비싸게 공급했다. 김밥 프랜차이즈로 유명해진 '바르다김선생'은 세척 소독제등을 가맹 점주들한테 구입 강제로 폭리까지 취했다. 공정거래위원회가 제재를 걸었다. 공정위는 바르다김선생이 인터넷 또는 대형마트등에서 구매해도 김밥 맛과 동일한 맛을 낼 수 있음에도 품목들을 꼭 본부에서 구입을 강제로 한 것이다. 바닥 살균소독 세제 위생마스크, 일회용 숟가락 같은 것들이다. 18개 정도의 품목이라 한다. 이런 물품을 본부에서 구입하지 않는다면 가맹계약을 해지하게 해 구입을 강제했으며 어떤 물건은 시중가보다 비싼 가격으로 판매했다. 가맹사업법에 따르면 상품 동일성을 만들기 위해서 필요한 경우 거래 상대방을 제한이 허용되나 공정위에 따르면 이런 품목들이 대형마트에서 사도 무관한 것이라 전했다. 공정위가 전 가맹점 주한테 공정위로부터 시정명령을 받은 사실 공지 하도록 임직원들한테 가맹사업법에 대한 3시간 이상 교육을 받게 지시했다.

출처: 중앙일보, 2017. 12. 12. 기사

그래서일까? 대한민국 직장인은 우울하다.

예시 국민일보 2017년 12월 9일자 기사

한국의 직장인 10명 중 7명이 K씨와 같은 무기력과 우울감을 느끼는 '회사 우울증'을 겪고 있다. 취업포털 잡코리아가 최근 직장인 910명에게 회사 우울증 경험을 물은 결과 68.8%가 '있다'고 답했다. 회사 우울증이란 회사 밖에서는 활기찬 상태이지만 출근만 하면 무기력하고 우울해지는 증상을 의미한다.
회사 우울증을 극복하는 방안으로는 '술이나 담배로 해소한다.'는 응답이 25.9%로 가장 높았다. 10명 중 1명 정도인 11.5%의 직장인은 회사 우울증 극복을 위해 아무것도 하지 않는 것으로 나타났다. 스트레스를 해소하지 못하고, 같은 문제가 반복적으로 누적되면 마음의 병을 앓게 된다. 쉴 틈 없는 업무의 나날 속에서 영성을 지켜내며 살아가는 크리스천 직장인들은 어떻게 우울증을 해소할 수 있을까.

문제는 인간관계이다. 월급도 맘에 들고 하는 일이 좋아도 자신의 감정을 무시해 가슴을 답답하게 만드는 사람, 자신의 주장만을 관철하는 사람 때문에 직장생활이 괴로울 때가 있다. 직장 내 스트레스로 퇴사하는 경우도 예전보다 늘고 있으며, 심지어 직장 상사의 업무스타일 때문에 고통스러워하다 '극단적인 선택'을 하는 경우도 발생하고 있다.

예시 중앙일보 2018년 1월 3일자 기사

"사장 말에도 토달 수 있는 회사 … '소통 지능'이 미래 경쟁력"

풀러스에선 임직원들 간의 관계가 수직적이지 않다. 상사의 일방적 지시, 부하 직원들의 복종 같은 것은 없다. 이곳의 커뮤니케이션은 수평적이다.
"위계적인 서열은 원활한 대화를 가로막고 '꼰대 문화'를 키운다고 생각해요. 업무 효율을 떨어뜨리죠." 김 대표는 풀러스의 조직 문화를 이렇게 설명했다. 그는 "풀러스에선 의사결정 권한에만 차이가 있을 뿐, 모두가 동등하게 말할 권리가 있다. 수평적 의사소통이 협업과 창의성을 키운다"고 말했다.
풀러스가 현재 위치에 온 비결을 김 대표는 '소통'으로 꼽았다. 그는 "제아무리 좋은 뜻도 상대방이 수긍하지 못하면 역량을 100% 끌어내지 못한다. 동의를 끌어내지 못하는 지시는 일방적이고 비효율적"이라고 말했다.
풀러스 사옥에는 김 대표의 사무실이 별도로 없다. 김 대표는 일반 직원들과 똑같이 책상 하나만을 쓴다. 김 대표는 "자고 일어나면 새로운 기술이 나온다. 대표가 자기 방에 있으면서 직원들과 긴밀히 소통하지 않는 조직은 미래를 헤쳐 나갈 수 없다고 생각한다"고 말했다. 김 대표는 "풀러스에서 직원을 뽑을 때는 자기만의 독창적 생각을 갖는 있는지, 이를 적극적으로 표현하고 타인과 어울릴 수 있는지를 중점적으로 본다"고 말했다.

잠깐! 토의 시간

국가도 서번트 리더십이 필요하다. 왜일까?

예시 섬김의 대통령 동영상 찾아 시청하기

"국가의 주인은 국민입니다."

잠깐! 토의 시간

그렇다면 교회에서는 서번트 리더십이 필요 없는가? 아니다. 교회에서도 서번트 리더십이 절실히 필요하다. 왜일까?

이상섭의 『성경에 나타난 목회자』에서는 교인들이 바라는 목회자 목회 형태가 무엇인지 설문한 결과에서, 교인들이 가장 선호하는 목회자 목회 형태로는 민주형(76.85%), 자유방임형(9.72%), 아무래도 좋다(8.33%), 독재형(3.25%) 순으로 나타났다. 교인들이 가장 바라는 목회자상은 무엇인가에 대한 설문한 결과에서, 목자(51.39%), 종(20.83%), 선포자(16.67%) 순으로 나왔다. 교인들이 원하는 설교자의 태도에 대한 설문의 결과는 설득력 있는 호소자(42.59%), 차분하게 가르치는 교사(37.97%), 권위 있는 선포자(10.65%) 순이었다.

이와 같은 설문의 결과를 종합해 보면, 이 시대의 교인들이 원하는 목회자상이 무엇인가를 알 수 있다. 교인들이 원하는 목회자상은 독재형의 목회자상이 아니라 민주형 목회자상이고, 목자로서의 목회자상, 종으로서의 목회자상을 원하고 있다는 것이다. 즉 교인들이 원하는 목회자는 서번트 리더십을 갖춘 리더인 것이다.

그렇다면 목회자의 지도력은 어디에서부터 나오는가?

예수님을 통해 형성된 '섬기는 종'에서 배워야 한다.

수업을 마치면서...

Closing Question

- 이번 수업을 통하여 내가 배운 것은 무엇인가?

- 이번 수업을 통하여 내가 조금씩 바뀌고 있는 것은 무엇인가?

- 이번 수업을 통하여 내가 부족한 것은 무엇인가?

- 일주일 동안 감사한 일은 무엇인가?(하루에 한 가지 적어보기)

요일	감사한 일
월	
화	
수	
목	
금	
토	
일	

CHAPTER

3

서번트 리더십, 시대가 원하는 리더상

수업에 들어가면서...

수업 시작 구호, 다함께 시작!!!

"I AM GOOD, YOU ARE GOOD, WE ARE GOOD, GOOD~, GOOD~, GOOD~"

Opening Question

- 나는 서번트 리더십을 ○○○이라고 생각한다. 그 이유는 무엇인가?
- 서번트 리더십은 왜 지금 시대에 더 필요한가?
- 가정, 학교, 사회, 직장에서 서번트 리더십을 어떻게 실천할 수 있을까?

서번트 리더십은 섬김과 리더십을 합한 것이다. 섬김으로 리더십을 발휘하는 것이다. 서번트 리더십은 섬김으로 조직(공동체)을 목적지까지 조직원들을 이끌어 가는 것이다.

전통적으로 리더십은 "집단의 목표 달성을 위하여 구성원들에게 동화와 영향력을 발휘하는 과정이다." 서번트 리더십은 단순히 세속적인 경영과 관리가 혼합된 것이 아니라 성경적 근거를 통한 예수 그리스도의 섬김의 도에서 왔다.

영상 시청

- 레오 이야기 영상: https://www.youtube.com/watch?v=ZjkhO2f7Hf4
- 서번트 리더십 영상: https://www.youtube.com/watch?v=oGXPMIrZkCU

다음은 『월마트 방식』이라는 책에서 월마트를 소개하는 내용이다. 월마트는 세계 최대 규모의 시가총액을 자랑하는 미국의 대형 할인판매업체이다. 이 회사의 창업자 샘 월튼에 대해서 다음과 같이 소개한다.

> 벤튼 빌에 있는 본사 주차장에는 지정석이 없다. 모두가 출근하는 순서대로 가까운 곳에 주차할 뿐이다. 토요일 아침 회의에 늦게 나타난 월튼 역시 본사 건물에서 먼 곳에 차를 주차한 뒤 한참을 걸어와야 했다. 예외는 없다. 그는 죽기 얼마 전까지도 낡은 픽업트럭을 직접 운전하고 다녔고 벤톤 빌 주택가의 평범한 집에서 살았다. (중략)
>
> 월튼은 행복한 직원이 고객을 행복하게 만들고, 고객이 행복해야 매출이 올라간다는 강한 믿음을 가지고 있었다.

잠깐! 토의 시간

우리는 위의 짧은 글을 읽고 무엇을 느꼈는가? 서로 느낀 것을 말해 보자.

1. 서번트 리더십의 정의

서번트 리더십의 개념은 누가 가장 먼저 사용했을까? 서번트 리더십이라는 개념을 정립하고 소개한 사람은 로버트 그린리프(Robert K. Greenleaf, 1970)이다.

그린리프는 1904년 미국 인디애나 주의 테러호트(Terre Haute)라는 작은 도시에서 태어나 평범한 청소년기를 보냈다. 1920년 중반에 그는 대학생이 되었고, '노동 문제의 사회학'이라는 강의를 공부하게 되었다. 그는 강의를 통하여 거대기업이나 기관들이 섬김의 정신을 잃어가고 있으며 구성원들의 존엄성에 문제가 있다고 인식하게 되었다. 그래서 그는 자신의 문제의식에 대해 이렇게 기술하였다(박재림 & 김수웅, 2009, 55).

> "이 나라에는 문제가 있습니다. 점차 큰 기관, 즉 학교, 기업, 정부, 노동조합, 대학 같은 기관들이 이 나라를 지배하고 있는데, 이들 비대해진 기관들이 사람들을 제대로 섬기지 않는다는 것입니다."

그는 대학을 졸업하고 미국 AT&T에 입사하였다. 그는 1964년 AT&T를 은퇴하기까지 AT&T의 경영연구소 소장으로서 하버드와 MIT 등 비즈니스 스쿨에서 리더십과 관련된 강의를 했다.

그는 1970년 우연히 헤르만 헤세의 소설인 『동방으로의 여행(Journey to the East)』

(1956)을 읽고 새로운 리더십, 서번트 리더십을 알게 되었다. 그는 1970년대 초에 『리더로서의 서번트(The servant as a leader)』라는 에세이에서 『동방으로의 여행』에 등장하는 서번트인 레오(Leo)의 이야기를 통해 처음으로 서번트 리더십의 개념을 소개하였다. 이후 서번트 리더십은 서번트 리더십의 옹호자들에게 의해 이론적으로 정립되기 시작하였다. 그는 『동방으로의 여행』에 나오는 이야기를 다음과 같이 요약하였다.

> 레오는 순례자들의 허드렛일이나 식사 준비를 돕고, 때때로 지친 순례자들을 위해 밤에는 악기를 연주하는 사람이었다. 레오는 순례자들 사이를 돌아다니면서 그들이 필요한 것들이 무엇인지 살피고, 순례자들이 정신적으로나 육체적으로 지치지 않도록 배려했다. 그러던 어느 날 갑자기 레오가 사라져 버렸다. 그러자 시간이 흐를수록 사람들은 차츰 당황하기 시작했고 피곤에 지친 순례자들 사이에 싸움이 잦아졌다. 그때서야 비로소 사람들은 레오의 소중함을 깨닫고, 그가 순례자들의 진정한 리더였음을 알게 되었다.

이야기 속에서 진정한 지도자의 역할은 누가 담당하고 있는가? 언뜻 보기에는 명령하고 대접을 받다가 불평에 빠진 귀족들이 리더로 보인다. 그러나 그린리프는 이 여행에서 리더십을 발휘한 사람은 귀족들에게 편의를 제공하고 방향을 제시한 하인 레오라고 이해한다. 즉 자신이 가지고 있던 정보와 힘으로 귀족들을 열심히 섬긴 종 레오가 참 리더인 것으로 보고 있다(이영석, 2010, 9).

『동방으로의 여행』이라는 단편소설을 통하여 서번트 리더십의 정의가 무엇인지 알 수 있다. 서번트 리더십은 레오와 같이 다른 구성원들이 공동의 목표를 이루어 나가는 데 있어서 정신적으로나 육체적으로 지치지 않도록 환경을 조성해 주고 도와주는 리더십이다. 결국 인간 존중을 바탕으로 다른 구성원들이 잠재력을 발휘할 수 있도록 도와주고 이끌어 주는 것이 서번트 리더십의 핵심이다(이영석, 2010, 9).

그린리프는 서번트 리더십을 이렇게 정의 내렸다.

> "타인을 위한 봉사에 초점을 두며, 구성원, 고객 및 커뮤니티(community)를 우선으로 여기

고 그들의 요구를 만족시키기 위해 헌신하는 리더십이다. 서번트 리더십은 부하를 존중하고, 그들에게 창의성을 발휘할 기회를 제공함으로써 성장을 돕고, 부서 혹은 조직이 진정한 공동체를 이루도록 이끌어가는 리더십이다."

출처: 이영석(2010), p.11.

그린리프는 미국 AT&T에서 오랜 직장생활을 마치고 인디애나주에 서번트 리더십 센터를 세웠다. 그는 센터를 통해 켄 블랜차드(Ken Blanchard), 스티븐 코비(Steven Convey), 피터 생게(Peter Senge) 등 리더십 이론의 대가들에게 많은 영향을 주었다. 실제로 리더십 이론의 대가들의 리더십 이론 속에 서번트 리더십의 기본 정신이 들어가 있다(헬레나, 2005, 12).

그린리프가 서번트 리더십을 소개하고, 정의를 내린 후에 여러 명의 학자들과 전문가들이 다음과 같이 서번트 리더십의 개념, 정의, 내용 등을 소개하였다(이영석, 2010, 11-12).

배스(Bass, 1990)는 서번트 리더십은 구성원들의 자발적 참여와 헌신을 이끌어 내며 주인의식과 책임감을 고취시키기 위하여 구성원을 존중하고 그들의 창의성을 발휘할 수 있는 기회를 제공하여 줌으로써 구성원들의 성장을 돕고 조직의 진정한 공동체를 이루어가는 리더십이라고 정의하고 있다(Block 1983; Senge 1995; Smith 1995).

자보르스키(Jaworski, 1998)는 '서번트 리더의 궁극적인 목표는 다른 사람을 섬길 수 있는 지혜와 힘을 찾을 수 있는 그들의 숙명에 부합되는 특징적인 자원을 찾는 것이다.'라고 하였다.

심즈(Sims, 1997)는 '서번트 리더십은 구성원을 인간으로서 가치와 존엄성을 존중하며 그들의 창조적 역량을 일깨워주는 것'이라고 정의하였다. 그것을 위하여 리더는 조직의 목표와 구성원들의 목표를 일치시키고 그들의 필요를 채워주며, 그들의 의견을 수용하고 진실된 의사소통으로 구성원들을 고무시켜야 한다고 주장하였다.

보이어(Boyer, 1999)는 서번트 리더십을 섬세하며 경청하는 리더, 부하들과 동료들의 발전을 장려하고 권한을 위임하는 리더로 정의하였다.

스피어스(Spears, 1995)는 서번트 리더십은 모든 인간의 존엄성과 가치에 대한 믿음에서 시작되며, 리더의 권위는 구성원들로부터 기인하는 민주적 원칙의 리더십이라고 표현했다.

생게(Senge, 1995)도 서번트 리더십을 모든 사람은 존엄성과 가치에 대한 믿음, 리더의 권력은 부하들로부터 기인한다는 민주적인 원칙에 입각한 리더십이라고 주장하였다.

슈워츠(Schwartz, 1991)는 서번트 리더십은 새로운 핵심의 리더십으로 조직과 구성원의 목표가 균형을 이룬 가운데 구성원 개개인을 팀의 일부로 보고 그들에게 자율성과 공동체 의식, 주인의식을 갖도록 의미를 부여하여 조직과 구성원을 일체화시키며 공감대 형성을 통하여 목표를 달성하는 것이라고 하였다. 그는 이것을 위하여 조언과 대화로 구성원을 관리해야 한다고 주장하였다.

레버링(Levering, 2000)은 구성원을 가장 중요한 재원으로 보고 그들에게 리더의 경험과 전문지식을 제공하며 그들을 서번트 즉, 섬기는 리더십으로 정의하였다.

앞에서 소개한 서번트 리더십의 정의들을 종합해 보면, 서번트 리더십이 무엇인가를 알 수 있다.

첫째, 서번트 리더십은 섬김(servant)과 리드(lead)가 끊임없이 이어지는 리더십이다. 서번트 리더십은 조직과 구성원들을 서빙(serving)하는 가운데 그들에게 영향력을 발휘하는 리더십으로 정의할 수 있다. 이는 전통적인 리더십과는 다르다. 리더가 목표를 설정하는 것이 아니라 구성원들이 스스로 목표를 설정하고 목표에 도달하도록 구성원들을 섬기는 일(serving)과 리드(lead)하는 일을 동시에 하는 것이다. 그래서 서번트 리더십은 서번트(servant)와 리더(leader)가 합쳐진 상반대 개념과 의미를 가지고 있다.

둘째, 서번트 리더십은 모든 구성원들을 존중하는 것이다. 따르는 사람(부하)가 먼저 리더(상사)를 대접하고 존중해야 한다고 생각하는가? 이것은 전통적인 리더십을 가진 리더의 특징이다. 서번트 리더십의 대가인, 제임스 헌터의 조언의 말을 꼭 기억해야 한다. "서번트 리더십은 단순하다. 대접하고 싶은 대로 상대방을 대접하라." 그의 말대로, 서번트 리더십은 단순한 것이다. 내가 상대방으로부터 대접하고 싶으면 먼저 상대방을 대접하라는 원리이다. 사실 이 원리의 원조는 예수님이시다. 예수님께서는 제자들에게 '황금률'의 법칙을 가르쳐 주셨다.

"남에게 대접을 받고자 하는 대로 너희도 남을 대접하라"(눅 6:31)

셋째, 서번트 리더십은 타인을 위해서 봉사하는 것이다. 서번트 리더는 봉사자의 자세로 조직과 구성원들을 위하여 그들의 필요를 파악하고, 공급하고, 그들이 자율적이면서도 공동체 의식을 가지고 최고의 잠재력을 발휘할 수 있도록 지원하고 봉사하는 리더십이다.

2. 서번트 리더십 전문가, 학자들의 정의

서번트 리더십 전문가와 학자들은 서번트 리더십에 대해서 어떻게 정의를 내리고 설명하고 있는가?

김승용은『섬기는 리더 지배하는 리더』라는 그의 책에서 "서번트 리더십이란 자신을 내세우지 않고 봉사와 헌신으로 타인을 존중하면서 자연스럽게 권위를 얻은 리더십을 말한다."라고 정의하였다(김승용, 2011, 26).

그는 그의 책에서 '섬김의 리더의 지침 4C'를 소개했다(김승용, 2011, 28).

- Care: 서로를 배려하라
- Credibility: 서로를 신뢰하라
- Cooperation: 화합, 협력하라
- Creativity: 창조를 위해 노력하라

제임스 헌터는 『서번트 리더십 2(실전매뉴얼)』이라는 책에서 서번트 리더십의 정의를 다음과 같이 말하였다(제임스 C. 헌터/김광수 옮김, 2006, 53).

> "공동의 최선을 위해 설정된 목표를 향해 매진할 수 있도록 사람들에게 영향력을 발휘하는 기술"

그는 몇 년간 리더십 분야에서 활동을 하면서 얻은 경험과 지식을 바탕으로 다음과 같이 서번트 리더십의 정의를 수정하였다.

> "공동의 최선을 위해 설정된 목표를 향해 매진할 수 있도록 사람들에게 영향력을 발휘하는 기술인 동시에 사람들의 신뢰를 형성하는 인격"

리더십과 인격은 필수불가분(必須不可分)의 관계이다. 제임스 헌터는 "리더십은 개인의 인격을 행동으로 옮기는 일이며 리더십 개발과 인격 개발은 결국 하나이다."라고 말하였다(제임스 C. 헌터/김광수 옮김, 2006, 53). 미국 육군의 전설인 노먼 뉴워츠코프 장군은 "리더십 실패의 99퍼센트는 인성의 실패다"라고 단언하였다. 미국에서 손꼽히는 리더십 전문가인 서던캘리포니아 대학의 워런 베니스는 "리더십은 인성을 행동으로 표현한 것이다"라고 말하였다(제임스 C. 헌터/김광수 옮김, 2002, 28).

그렇다. 리더십과 인격은 하나이다. 특히 서번트 리더십에서 인격은 매우 중요한 부분을 차지한다. 그래서 11장에서는 서번트 리더십과 인격에 관한 주제를 좀 더 상세히 다루게 될 것이다. 제임스 헌터는 『서번트 리더십』이라는 책에서 서번트 리더십과 서번트에 대해서 말했다(제임스 C. 헌터/김광수 옮김, 2002, 28). "서번트 리더십은 단순하다. 대접하고 싶은 대로 상대방을 대접하라.", "서번트는 자신이 이끄는 사람들의 욕구를 파악하고 충족시키는 사람이다."라고 하면서 그는 "서번트에는 자신이 이끄는 사람들의 욕구를 파악하고 충족시키는 임무가 맡겨지며, 여기에 리더십의 비밀이 있다. 타인의 욕구를 파악하고 충족시키면 그들에게 영향력을 발휘할 수 있다. 이것이 농부들의 수확의 법칙이다. 즉 뿌린 만큼 거두는 것이다. 욕구를 파악하고 충족시킴으로써 봉사와 희생의 씨를 뿌리면 영향력이라는 결실을 거두게 된다. 영향력은 리더십의 본질이다."라고 하였다.

짐 콜린스의 『좋은 기업을 넘어 위대한 기업으로(Good to Great)』에서는 서번트 리더십의 경험적 증거가 기록되었다. 짐 콜린스는 탁월성을 성취하고 이를 오랫동안 지속가능케 한 최고의 조직을 물색했다. 그는 최고의 조직을 찾아 리더를 연구하였다. 그는 그의 연구결과를 보고 깜짝 놀랐다.

이 리더들이 영웅적이고, 카리스마적이고, 자기중심적인 유형일 줄 알았다. 하지만 그의 예상은 빗나갔다. 그 결과는 그의 예상과 다르게 나타났다. 이 리더들은 서번트 리더십의 특성들을 가지고 있었다. 이 리더들에게는 2가지의 특성이 있었다. 첫 번째 특성은 겸손이다. 이 리더들은 자신에게 초점을 맞추지 않았고, 직원들에게 초점을 맞추는 겸손한 리더였다. 두 번째 특성은 직원과 조직을 위해 옳은 일을 하려는 인성(character)을 가지고 있었다(제임스 C. 헌터/김광수 옮김, 2002, 22).

서번트 리더십에서는 리더의 인성이 중요한 부분을 차지한다. 그러므로 서번트 리더십과 인성은 밀접한 관련이 있다. 이것은 서번트 리더십에서 중요한 요소이기 때문에 11장에서 좀 더 자세하게 공부하자.

한국에서 서번트 리더십을 도입하여 서번트 리더십 학교로 만든 사람이 있다. 그녀가 바로 숙명여대 전 총장이었던 이경숙이다. 그녀는 『서번트 리더십(실천 사례: 숙명여자대학교)』이라는 제목의 논문에서 서번트 리더십의 정의에 대하여 다음과 같이 설명하였다(이경숙, 2005, 12-15).

첫째, 서번트 리더십은 부드러운 힘이다. 디지털 시대에 필요한 리더십은 무엇보다도 창의적 사고와 전문지식을 갖추어야 한다. 급변하는 사회에 대처할 수 있는 유연성, 풍부한 감성과 포용력으로 다른 사람에게 무리 없는 영향력을 끼칠 수 있어야 하며, 이를 '부드러운 힘'이라고 할 수 있다. 부드러운 힘은 지배하고 명령하기보다는 협력해 서로에게 도움을 만들어 내는 힘이다.

둘째, 서번트 리더십은 사회적 공감대와 시대적 요구에 부응하는 새로운 리더십 모델이다. 서번트 리더십은 주어진 권위에 의해 발휘되는 것이 아니라 타인을 먼저 배려하고 섬기는 희생과 헌신 속에 자연스럽게 나타나는 권위를 바탕으로 하고 있다. 이는 자기 자신에게는 물론이고 타인에게 영향력을 발휘해 조직과 사회가 추구하는 방향으로 자연스럽게 이끄는 리더십으로, 21세기가 요구하는 새로운 차원의 리더십이라고 할 수 있다.

셋째, 서번트 리더십의 핵심은 '섬김'과 '신뢰'의 두 축이다.

계속해서 그녀는 서번트 리더십의 특징에 대하여 다음과 같이 설명하였다.

첫째, 서번트 리더십은 동사형 개념이다. 이것은 변화가 종결된 완성된 행동이 아니라 끊임없이 발전을 추구하는 의미를 담고 있다. 적극적으로 구성원을 설득해 집단과 조직이 추구하는 목표에 동의와 능동적인 참여를 유도하는 힘이며 과정이다.

둘째, 서번트 리더십은 인격과 능력의 함양을 통해서만 가능하다. 일반적인 리더십은 두 사람 이상의 관계, 즉 사회적 관계를 전제로 한다. 그런데 서번트 리더십은 일차적으로 내적 성숙을 바탕으로 한다. 인격과 능력의 균형 있는 내적 성숙을 통해 자신을 이끄는 힘을 기르고, 이를 통해 타인과의 관계에서 부드러운 영향력을 발휘할 수 있다.

셋째, 서번트 리더십은 지속적인 교육과 훈련을 필요로 한다. 리더십은 선천적으로 주어지지 않는다. 지속적인 의지와 노력으로 교육과 훈련에 참여한다면 개발될 수 있다. 이는 특별한 사람만이 할 수 있는 것이 아니다. 누구든지 이 교육과 훈련에 적극 참여하여 섬기는 리더로서의 자질을 키워갈 수 있다.

『숙명여대를 혁신으로 이끈 이경숙의 서번트 리더십』이라는 책에서는 이경숙이 말하는 서번트 리더십의 정의와 섬김의 리더의 정의, 서번트 리더십의 행동전략 등에 대해 다음과 같이 설명하였다(이경숙, 2008, 36-53).

첫째, 섬김의 리더는 명령, 군림, 지시, 감시하는 리더가 아닌 공감하고 설득하고 낮아지고 먼저 행동하는 리더를 말한다. 즉 수평적인 관계에서 배려와 존중을 실천해 구성원의 마음을 움직여 적극적 참여를 이끌어내는 리더를 말한다.

둘째, 예수님이 제자들의 발을 씻겨 주셨듯이, 리더가 섬김을 받으려 하지 않고 겸손하게 솔선수범해 남을 섬기는 태도로 낮아지는 것을 말한다.

셋째, 서번트 리더십의 모델을 성경에서 찾았다.

"예수님이 제자들의 발을 씻어주는 모습은 서번트 리더십의 좋은 사례이다. 자기를 높이는 사람은 낮아지고 자기를 낮추는 사람은 높아지는 진리를 이해할 필요가 있다. 섬김은 정직과 겸손, 언행일치에 뿌리를 둔다. 또한 타인에 대한 이해와 배려, 인내와 사랑을 바탕으로 한다. 섬김은 이기적인 경쟁과 벽을 허물어 조화와 협력의 아름다운 관계를 맺는 출발점이다."

넷째, 서번트 리더십의 행동전략으로 VICTORY를 실행했다. 서번트 리더십은 승리의 리더십이라고 했다.

V= Vision(꿈과 비전을 판다)

"세계 최고의 리더십대학을 만들겠습니다. 2020년까지 대한민국 리더의 10%를 숙대가 책임지겠습니다."

리더는 꿈을 꾸는 사람이기도 하다.

훌륭한 리더는 CEO임과 동시에 CDO(chief dream officer)가 되어야 한다. 그녀의 꿈은 결국 제2창학 운동으로 결실을 맺었다. 그녀는 잠자는 동문들을 깨우고 교수와 직원들 그리고 학생들에게 꿈과 비전을 갖는 것이 얼마나 중요한지 일깨워 주었다.

I = Intelligence(전문가를 인정한다)

"나를 싫어하고 좋아하고는 중요하지 않아요. 전문성을 갖추고 열정이 있다고 판단되면 당당하게 그 일을 맡아 줄 것을 요청하고 봉사해 줄 것을 부탁합니다."

C = Communication(총장이 알면 말단 직원도 안다)

김영란 사무처장은 숙명이 혁신에 성공할 수 있었던 이유를 다음과 같이 설명한다.

"숙명의 자랑은 깨끗함과 정직입니다. 총장님은 이 아름다운 전통을 인터넷이라는 시스템과 연계해 투명경영으로 더욱 발전시키셨습니다. 총장이 알면 말단 직원도 안다는 철학을 실천으로 옮기신 거죠. 이런 의사소통은 구성원들의 공감대를 이끌어냈고 혁신을 가능하게 했습니다."

T = Time management(질적인 시간 관리를 한다)

O = Open-mind(섬김은 열린 마음에서 나온다)

'코리아 디스카운트(korea discount)'란 말이 있다. 한국 기업들이 주식시장에서 실제 가치보다 낮게 평가되고 있다는 말이다. 이유는 간단하다. 한국 기업들은 선진 기업들처럼 투명성을 보장하지 않기 때문이다. 윤리경영 역시 투명성과 함께 강조되는 덕목이다. 윤리성이 의심을 받으면 구성원들의 열정을 끌어낼 수 없다. 윤리성은 경영의 파란불과 빨간불을 켜지게 하는 센서 역할을 한다. 투명성과 윤리성이 있어야 열린 마음이 꽃필 수 있다.

R = Responsibility(모든 책임은 리더에게 있다)

리더는 책임을 지는 사람이다. 직위가 높을수록 책임의 크기도 커진다. 책임지는 자리에 있기 때문에 리더는 조직의 대표이고 얼굴이다. 리더는 공을 자기의 것으로 생각해서는 안 된다. 잘한 일은 부하들의 공으로 돌리고 잘못한 일은 자신의 책임으로 돌려야 한다. 조직의 구성원들을 탓하는 리더는 연장을 탓하는 농부와 같다. "노블리스 오블리제"나 '수신제가치국평천하'는 곧 리더의 책임과 솔선수범을 의미한다. "잘못된 오케스트라는 없다. 다만 무능한 지휘자가 있을 뿐이다."라는 말은 리더의 무한 책임을 강조하는 말이 아닐 수 없다.

Y = Yes(긍정은 찾는 게 아니라 창조하는 것이다)

칭찬과 격려가 담긴 긍정적인 말은 창의력을 높이지만 비판과 불만이 담긴 부정적인 말은 열정을 떨어뜨린다. 부정적인 생각은 전염의 속도가 빠르기 때문이다. 열정을 가진 사람이 긍정의 논리를 가지고 있으면 조직의 분위기도 금세 긍정적으로 바뀐다.

한스 핀젤(Hans Finzel)은 『리더가 저지르기 쉬운 10가지 실수』라는 책에서 성경적인 서번트 리더십의 정의와 개념을 잘 설명해 놓았다. 그는 서번트 리더십을 '예수님의 리더십이다'라고 하였다(한스 핀젤/조기현 옮김, 2001, 30-34).

그는 그의 책에서, 서번트 리더십은 "눈물을 흘리는 사람들과 함께 눈물을 흘리는 것이다. 힘든 일이 있을 때에는 섬기는 자세로 그 힘들 일을 함께 할 수 있어야 하는 것이다."라고 정의하였다.

"즐거워하는 자들과 함께 즐거워하고 우는 자들과 함께 울라"(로마서 12:15)

그는 계속해서 "섬기는 리더십은 예수님의 리더십이다. 섬기는 리더십 모델에 있어서 예수 그리스도보다 더 나은 모델은 없다."라고 강조했다.

요한복음 13장에서는 예수님의 '서번트 리더십'을 잘 설명하고 있다.

"유월절 전에 예수께서 자기가 세상을 떠나 아버지께로 돌아가실 때가 이른 줄 아시고 세상에 있는 자기 사람들을 사랑하시되 끝까지 사랑하시니라"(요 13:1)

"유월절 전에 예수께서는, 자기가 이 세상을 떠나서 아버지께로 가야 할 때가 된 것을 아시고, 세상에 있는 자기의 사람들을 사랑하시되, 끝까지 사랑하셨다."(요 13:1, 새번역)

예수님이 보여주신 서번트 리더십에 관한 설명은, 예수님께서 하신 말씀의 구절에서 나타난다.

"내가 너희에게 행한 것 같이 너희도 행하게 하려 하여 본을 보였노라 내가 진실로 진실로 너희에게 이르노니 종이 주인보다 크지 못하고 보냄을 받은 자가 보낸 자보다 크지 못하나니 너희가 이것을 알고 행하면 복이 있으리라"(요 13:15-17)

"내가 너희에게 한 것과 같이, 너희도 이렇게 하라고, 내가 본을 보여 준 것이다. 내가 진정으로 진정으로 너희에게 말한다. 종이 주인보다 높지 않으며, 보냄을 받은 사람이 보낸 사람보다 높지 않다. 너희가 이것을 알고 그대로 하면, 복이 있다."(요 13:15-17, 새번역)

성경의 다른 구절 역시 서번트 리더십을 잘 설명하고 있다.

"나는 여러분 가운데 장로로 있는 이들에게, 같은 장로로서, 또한 그리스도의 고난의 증인이요 앞으로 나타날 영광을 함께 누릴 사람으로서 권면합니다. 여러분 가운데 있는 하나님의 양 떼를 먹이십시오. 억지로 할 것이 아니라, 하나님의 뜻을 따라 자진하여 하고, 더러운 이익을 탐하여 할 것이 아니라, 기쁜 마음으로 하십시오. 여러분은 여러분이 맡은 사람들을 지배하려고 하지 말고, 양 떼의 모범이 되십시오. 그러면 목자장이 나타나실 때에 변하지 않는 영광의 면류관을 얻을 것입니다. 젊은이 여러분, 이와 같이 여러분도 나이가 많은 이들에게 복종하십시오. 모두가 서로서로 겸손의 옷을 입으십시오. 하나님께서는 교만한 자를 물리치시고, 겸손한 사람에게 은혜를 베푸십니다. 그러므로 여러분은 하나님의 능력의 손 아래로 자기를 낮추십시오. 때가 되면, 하나님께서 여러분을 높이실 것입니다. 여러분의 걱정을 모두 하나님께 맡기십시오. 하나님께서는 여러분을 돌보고 계십니다."(벧전 5:1-7, 새번역)

잠깐! 토의 시간

나는 방금 성경 구절을 읽었다. 성경 구절을 통하여 내가 배운 서번트 리더십은 무엇인가?

3. 성경적인 서번트 리더십

잠깐! 토의 시간

성경적인 서번트 리더십이 무엇이라고 생각하는가?

먼저, 성경적인 서번트 리더십이란 무엇인가? 성경적인 서번트 리더십은 크리스천 서번트 리더십, 혹은 영적 리더십이라고 말한다. 우선, 성경적인 서번트 리더십의 연구자, 전문가들의 정의와 설명을 살펴보자.

박형순은 성경적인 서번트 리더십의 정의에 대해 『크리스천 서번트 리더십』이라는 책을 통하여 "서번트 리더십은 구원들이 조직의 공동의 목표를 향해 열정적으로 헌신할 수 있도록 그들을 사랑하고 섬기고 영향력을 발휘하는 것이다."라는 정의를 내리면서, 전통적인 리더십의 권력은 위에서부터 아래로(Top-down) 작용하는 힘의 권력이지만 새로운 패러다임 서번트 리더십의 권력은 아래로부터 위로(Bottom-up) 작용하는 섬김과 봉사의 권력이라고 하였다. 이 원리가 성경적 서번트의 리더십이다(박형순, 2010, 117).

미키 스토니어와 최선영은 『위기의 목회자와 섬기는 리더십』이라는 책에서 "영적 리더십의 핵심은 하나님과의 친밀한 관계이다. 지도력(리더십)은 영성이다."라고 하였다. 계속해서 그들은 "영적 리더십의 핵심은 영적 리더가 자신과 자기 조직을 향한 하나님의 뜻을 깨닫는 것이다. 그 다음에 사람들을 움직여 자신의 계획을 버리고 하나님의 계획에 따르게 하는 것이다."라고 강조했다(미키 스토니어 & 최선영, 2016, 352).

다른 연구자, 전문가들의 성경적인 서번트 리더십의 정의와 내용들을 알아보자. 이들은 영적 리더십의 정의와 내용을 무엇이라고 하였을까? 영적 리더십의 정의들에 관한 자료는 미키 스토니어와 최선영의 『위기의 목회자와 섬기는 리더십』이라는 책에서 가져왔다(미키 스토니어 & 최선영, 2016, 350-351).

로버트 클린턴

"기독교 지도자란 하나님의 주신 능력과 하나님이 주신 책임감을 가지고 구체적인 그룹의 사람들에게 그들을 향한 하나님의 목적의 방향을 향하여 영향을 주는 것이다."

헨리 블랙커비

"영적 리더십은 사람들을 움직여 하나님의 일을 하게 하는 것이다. 첫째, 영적 리더는 사람들을 움직여 현재의 자리에서 하나님이 원하시는 자리로 가게 한다. 둘째, 영적 리더는 성령께 의존한다. 셋째, 영적 리더는 하나님께서 책임진다. 넷째, 영적 리더는 하나님의 사람들뿐 아니라 불신자에게도 영향을 미친다. 다섯째, 영적 리더는 하나님의 계획에 따라 일한다."

성경에서 말하는 서번트 리더십의 원리들을 『위기의 목회자와 섬기는 리더십』이라는 책을 통하여 다음과 같이 정리하였다(미키 스토니어 & 최선영, 2016, 353-364).

① 출발점은 하나님이시다.(요 15:5, 고전 3:6)

서번트 리더십의 근원은 하나님이시고, 출발점은 인간의 활동이 아니라 하나님께 있다.

"나는 포도나무요 너희는 가지라 그가 내 안에, 내가 그 안에 거하면 사람이 열매를 많이 맺나니 나를 떠나서는 너희가 아무것도 할 수 없음이라"(요 15:5)

"나는 심었고 아볼로는 물을 주었으되 오직 하나님께서 자라나게 하셨나니"(고전 3:6)

② 성경이 지도력(리더십)을 인도한다.(사 55:6-11)

리더십(지도력)을 인도하는 것은 사람의 지혜가 아니라 성경 말씀이다.

"너희는 여호와를 만날 만한 때에 찾으라 가까이 계실 때에 그를 부르라 ... 이는 하늘이 땅보다 높음 같이 내 길은 너희의 길보다 높으며 내 생각은 너희의 생각보다 높음이니라"(사 55:6, 9)

③ 섬기는 리더십의 초점은 사람이다.(요 3:16, 살전 2:8)

섬기는 리더십의 초점은 프로그램이 아니고 사람이다. 하나님은 우리를 사랑하사 영원 전부터 그 사랑을 보여주셨고, 십자가에서 드러내셨다. 그 사랑은 자기희생적이며 무한한 사랑이다.

"하나님이 세상을 이처럼 사랑하사 독생자를 주셨으니 이는 그를 믿는 자마다 멸망하지 않고 영생을 얻게 하려 하심이라"(요 3:16)

"우리가 이같이 너희를 사모하여 하나님의 복음뿐 아니라 우리의 목숨까지도 너희에게 주기를 기뻐함은 너희가 우리의 사랑하는 자 됨이라"(살전 2:8)

④ 섬기는 리더십의 목표는 하나님께 영광이다.(신 10:12)

섬기는 리더십의 목표는 하나님을 사랑하고 모든 영광은 하나님께 돌리는 것이다.

"이스라엘아 네 하나님 여호와께서 네게 요구하시는 것이 무엇이냐 곧 네 하나님 여호와를 경외하여 그의 모든 도를 행하고 그를 사랑하며 마음을 다하고 뜻을 다하여 네 하나님 여호

와를 섬기고"(신 10:12)

⑤ 공동체가 우선이다.(롬 12:3-8)

섬기는 리더십의 영역은 개인주의가 아니라 공동체이다.

⑥ 섬기는 리더십의 여정은 재생산에 있다.

섬기는 리더십의 여정은 영적 재생산과 증식에 있다.

"또 네가 많은 증인 앞에서 내게 들은 바를 충성된 사람들에게 부탁하라 그들이 또 다른 사람들을 가르칠 수 있으리라"(딤후 2:2)

⑦ 섬기는 리더십은 성장의 소명에 있다.(렘 1:5, 딤전 5:22)

섬기는 리더십은 야망이 아니라 하나님의 선택하심에 의해 성장한다.

"내가 너를 모태에 짓기 전에 너를 알았고 네가 배에서 나오기 전에 너를 성별하였고 너를 여러 나라의 선지자로 세웠노라 하시기로"(렘 1:5)

⑧ 섬기는 리더십은 인격에 의해 성장한다.(딤전 3장, 딛 1장)

섬기는 리더십은 능력에 의해서가 아니라 인격에 의해 성장한다.

⑨ 섬기는 리더십은 마음으로 성장한다.(삼상 16:7)

섬기는 리더십은 겉으로 드러나는 성향인 성격이 아니라 마음의 중심으로 성장한다.

"여호와께서 사무엘에게 이르시되 그의 용모와 키를 보지 말라 내가 이미 그를 버렸노라 내가 보는 것은 사람과 같지 아니하니 사람은 외모를 보거니와 나 여호와는 중심을 보느니라

하시더라"(삼상 16:7)

우리는 하나님께서의 선택하심은 세상의 미련한 것, 약한 것, 천한 것, 멸시받는 것, 없는 것들을 택하심이 특징이다. 이는 아무 육체라도 하나님 앞에서 자랑하지 못하게 하려 하신다는 말씀을 기억하자.(고전 1:29)

⑩ 섬기는 리더십은 영적 은사에 의해 성장한다.(고전 12장)

다양한 은사를 받은 섬기는 자의 리더십은 영적 은사에 의해 성장한다. 섬기는 리더십은 타고날 때부터 소유한 달란트에 의해 성장하는 것이 아니다.

⑪ 섬기는 리더십은 믿음에 의해 성장한다.(잠 29:18)

섬기는 리더는 하나님의 말씀을 담대히 외치는 자이며 잘 가르치는 자이다. 이러한 자들이 확실한 믿음 아래서 섬길 때 리더십은 성장하게 된다.

⑫ 섬기는 리더십은 성령 충만함에 의해서 성장한다.(엡 5:15-20)

성령 충만한 삶을 사는 리더는 성령 충만함 속에서 다른 사람들을 섬김으로 섬기는 리더십을 성장시킬 수 있다.

"술 취하지 말라 이는 방탕한 것이니 오직 성령으로 충만함을 받으라"(엡 5:18)

⑬ 섬기는 리더십은 하나님을 의지함으로 성장한다.(요 15:5)

섬기는 리더십의 근원이 하나님께 속해 있고, 출발점은 인간의 활동이 아니라 하나님께 있음을 알 수 있다. 섬기는 리더는 전적으로 하나님을 의존해야만 열매를 맺을 수 있고 성장할 수 있다.

"나는 포도나무요 너희는 가지라 그가 내 안에, 내가 그 안에 거하면 사람이 열매를 많이 맺나니 나를 떠나서는 너희가 아무 것도 할 수 없음이라"(요 15:5)

⑭ 섬기는 리더십은 섬김으로 성장한다.(요 13:13–15, 마 20:27)

섬기는 리더십은 실천적 행동이며 섬김으로 성장한다.

"너희가 나를 선생이라 또는 주라 하니 너희 말이 옳도다 내가 그러하다 내가 주와 또는 선생이 되어 너희 발을 씻었으니 너희도 서로 발을 씻어 주는 것이 옳으니라 내가 너희에게 행한 것 같이 너희도 행하게 하려 하여 본을 보였노라"(요 13:13-15)

4. 전통적 리더십의 조직구조와 서번트 리더십의 조직구조 차이

전통적 리더십의 조직구조와 서번트 리더십의 조직구조 차이와 비교에 관한 연구는 박형순의 『크리스천 서번트 리더십』이라는 책에서 요약하였다(박형순, 2010, 118-120). 우선 전통적 리더십의 조직구조와 서번트 리더십의 조직구조의 차이에 대해서 알아보자. 무슨 차이가 있는가? 전통적 조직구조에 대해서 알아보자(박형순, 2010, 119).

- 전통적 리더십의 조직구조 형태는 '피라미드' 구조이다.
- 전통적 리더십의 권력 방향은 위에서 아래로(Top-down) 진행한다.
- 전통적 리더십은 계급과 연공서열을 중시하고 조직의 권한과 결정권이 최상위 리더에게 집중되어 있는 구조이다.

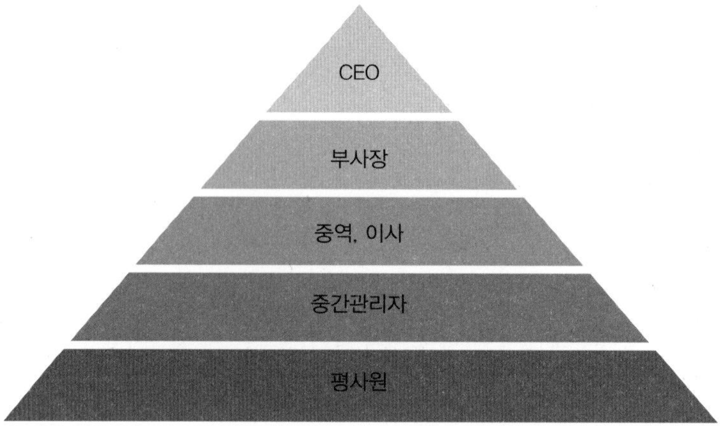

그림 3-1 전통적 리더십 조직구조

잠깐! 토의 시간

전통적 리더십 조직구조의 장점과 단점을 서로 토의해 보자.

다음은 서번트 리더십의 조직구조에 대해서 알아보자(박형순, 2010, 120).

- 서번트 리더십의 조직구조의 형태는 '역피라미드' 구조이다.
- 전통적 리더십의 조직구조와 반대 형태이다.
- 서번트 리더십의 권력 방향은 아래에서 위로(Bottom-up) 진행한다.

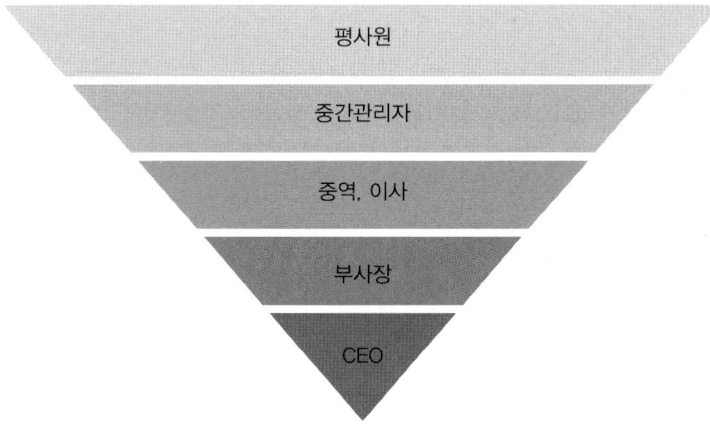

그림 3-2 서번트 리더십 조직구조

잠깐! 토의 시간

서번트 리더십 조직구조의 장점과 단점을 서로 토의해 보자.

첫째, 서번트 리더십 조직구조는 전통적 리더십이 가지는 권력, 지배, 통제의 개념이 아니라, 구성원들에 대한 섬김과 봉사(service)와 지원(support)의 개념을 의미한다.

둘째, 서번트 리더십 조직구조에서 리더는 조직의 지배계층이 아니라 구성원들의 의식과 가치관을 고양시키고, 자율적 동기를 부여하여 조직몰입을 유도하며, 구성원들의 자율적 리더십을 배양하고, 구성원들의 필요를 충족시키며, 장애 요소들을 제거하여 좋은 성과를 달성할 수 있도록 돕는 역할을 한다.

셋째, 서번트 리더십 조직구조는 리더십의 관심의 대상이 조직이나 제도가 아니라 인간이다. 즉 서번트 리더십 조직구조의 관심은 구성원들과 고객(costomer)을 향하고 있다.

넷째, 서번트 리더십 조직구조는 최상단에 위치한 구성원의 성숙도에 의해서 리더십의 성패가 영향을 받기 때문에 구성원들의 가치관과 윤리의식의 수준이 중요하다.

5. 서번트 리더십의 옹호자들이 말하는 서번트 리더십

서번트 리더십의 옹호자와 견해들은 이관응의 『신뢰경영과 서번트 리더십』이라는 책을 읽고 주요한 부분을 다음과 같이 요약 정리한 것이다(이관응, 2001, 255-277).

왜 많은 사람들이 서번트 리더십을 옹호하는 것일까? 그것은 급변하는 사회적 · 경제적 변화가 글로벌 시장 환경을 빠르게 변화시키고 있기 때문이다. 서번트 리더십이 기업이 필요로 하는 새로운 리더십의 패러다임이기 때문이다.

① 켄 블랜차드

켄 블랜차드는 상황론적 리더십 이론의 주창자이다. 그는 리더십 분야에 남긴 많은 업적으로 인하여 국제적인 Golden Gavel 상을 수상하기도 했다. 그가 그린리프의 서번트 리더십의 강의를 처음으로 접한 것은 오하이오 주립 대학교의 교수로 재직하던 1960년 후반이었다. 그는 그린리프의 서번트 리더십을 접한 후 그의 강의에 서번트 리더십을 추가하기 시작했다.

켄 블랜차드(Ken Blanchard)가 강조한 서번트 리더십의 특징들은 다음과 같다.

첫째, 서번트 리더십은 단지 조직원들에게 봉사하는 정도가 아니라 명확한 비전과 방향을 제시하는 것이다. 그는 많은 사람들이 서번트 리더십이란 그저 다른 사람을 도와주고 그들에게 봉사하는 정도로 오해하고 있다는 점을 지적했다. 그래서 그는 서번트 리더는 비전과 방향 제시가 중요하다고 강조했다. 그는 리더가 명확한 방향과 비전이 없다면 그가 어떤 리더십 스타일을 가졌더라도 리더십을 발휘할 수 없다고 하였다.

또한 서번트 리더는 조직의 비전과 목표는 구성원들의 협력 없이는 달성할 수 없음을 알아야 한다. 그렇기 때문에 서번트 리더는 조직 구성원들의 의견을 경청하고 그들의 임무를 격려하고 성장을 지원함으로써 조직의 역량을 강화해 주어야 한다.

둘째, 서번트 리더십은 역피라미드 구조이다. 그는 피라미드 구조로 된 전통적인 조직구조를 아래와 같은 그림처럼 뒤집어 놓았다.

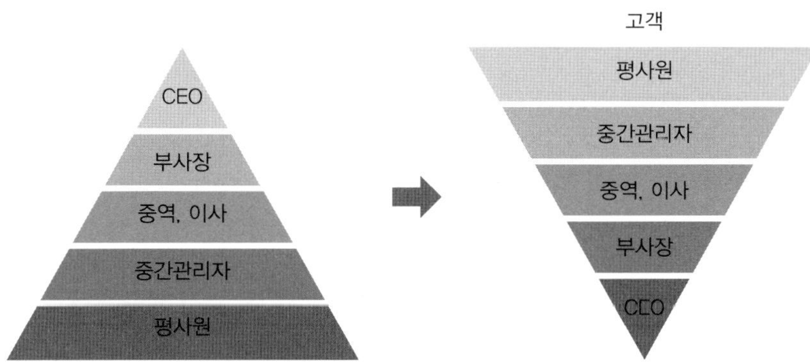

그림 3-3 피라미드형 리더십 구조의 패러다임 전환

역피라미드 구조의 조직에서는 그림에서처럼 최고의 경영자가 임원을 서빙하고, 임원은 관리자를 서빙하고, 관리자는 조직 구성원들을 서빙하고, 조직 구성원들은 고객을 위하여 서빙하는 것이다.

역피라미드 구조의 조직에서는 리더는 조직 구성원들이 업무에서 부딪히는 장애요인을 제거하고, 구성원 각자가 자신의 업무를 성공적으로 추진할 수 있도록 지원해 주어야 한다. 이것이 바로 서번트 리더십 정신이다. 서번트 리더십은 새로운 리더십 패러다임의 시작이다.

② 스티븐 코비

스티븐 코비(Steven Covey, 1988)는 『The Seven Habit of Highly Effective People』

의 저자이다. 그는 그린리프의 서번트 리더십 철학에 영향을 받았다. 그는 서번트 "리더십은 21세기의 기업을 움직이는 강력한 힘이다"라고 말하였다.

그는 조직의 신뢰 수준을 강조하였다. 조직의 신뢰 수준이 서번트 리더십과 권위주의적 리더십을 구분하는 중요한 요인이라고 지적하였다. 그는 조직 구성원들 간 신뢰가 낮으면 상호 간 협력 수준이 낮아진다고 했다. 상사에 대한 조직 구성원들의 신뢰가 낮으면 구성원들이 새로운 과제에 대응하기보다는 상사의 지시하는 대로만 수행하려는 수동적인 자세를 보인다고 지적하였다. 그러므로 조직의 리더는 먼저 함께 일하는 조직 구성원들로부터 높은 신뢰를 받아야 한다고 했다.

그는 서번트 리더십이 상호 간 신뢰의 구축이라고 강조하면서, 리더가 신뢰를 구축하려면 먼저 조직의 구성원들에게 서빙(serving)하는 서번트의 자세에서 출발해야 한다고 조언했다.

그는 서번트 리더십을 계발하기 위해서는 인내와 자기훈련이 필요하다고 강조했다. 그는 최소한 매일 2시간씩 자신의 분야를 연구하고 학습하라고 조언했다.

잠깐! 토의 시간

나는 나의 리더십 준비를 하고 있는가?
없다면 앞으로 어떤 리더십 준비를 할 계획인가?

③ 맥스 디프리

맥스 디프리(Max DePree, 1995)는 『The Art of Leadership』와 『Leadership Jazz』의 저자이다. 그는 리더십을 스킬이나 기술로 보지 않고 예술이라고 정의하였다. 그가 말하는 예술은 사람들이 가지고 있는 다양한 잠재적 재능을 가꾸며 자유롭게 사용할 수 있도록 하는 것이다. 그리고 그는 리더십은 조직 구성원들의 재능을 조직의 목적을 달성하는 데 사용하도록 이끌어가는 능력이라고 하였다.

그는 시장경쟁이 치열한 지식경제시대에 가장 적합한 리더십은 서번트 리더십이라고 강조하였다. 조직의 비전과 전략 그리고 실행목표도 중요하지만 이런 비전, 전략, 목표를 수행하는 조직 구성원들의 자발적인 헌신과 몰입이 더 중요하다고 강조했다.

그는 리더십에서 선행되어야 할 것은 바로 조직 구성원 간의 신뢰 구축이라고 말했다. 신뢰 구축은 리더가 조직 구성원들을 존중하고 대우를 해 주었을 때 더 형성된다고 조언했다. 따라서 리더는 조직 구성원들에게 신뢰를 얻기 위하여 노력해야 한다고 강조했다.

그는 서번트 리더는 조직 구성원들의 업무 추진을 위해서, 성공할 수 있고 성장할 수 있도록 필요한 것들을 지원하고 코칭해야 한다고 말했다.

마지막으로 그는 서번트 리더십에서 가장 중요한 자원은 바로 사람이라고 강조했다. 그러므로 서번트 리더는 조직 구성원들을 존중해야 하고 신뢰 구축을 위한 노력을 해야 한다고 언급했다.

④ 켄 멜로즈

켄 멜로즈(Ken Melrose)는 포춘 500대 기업에 속하는 토로사(Toro Company)의 회장이다. 그는 그린리프의 서번트 리더십을 알기 전에는 전형적인 관리형 리더였다.

그는 『서번트 리더십』이라는 책을 읽고, 조직 구성원들을 통제하기보다는 먼저 그들이 필요한 것을 서빙(Serving)하는 것이 훨씬 더 강력한 리더십을 발휘한다는 것을 깨닫게 되었다.

그가 경영하는 토로사의 조직은 매우 보수적이고 권위주의적 리더십이 뿌리 깊게 박혀 있었다. 토로사의 경영은 점점 더 어려워졌고, 부도 위기에 직면하게 되었다. 그 때 멜로즈는 토로사의 회장으로 선임되었다. 그는 서번트 리더십을 토로사에 적용하게 되었고 토로사는 다시 위기를 극복하게 되었다. 멜로즈는 이와 같은 체험을 통하여 서번트 리더십의 옹호자가 되었다.

그는 리더십은 지위가 아니라 철학, 특성, 역량 그리고 다양한 스킬의 합작품이며, 그 최상의 모델은 서번트 리더십이라고 강조하였다. 서번트 리더는 능력이 부족한 조직 구성원들을 대신해서 문제를 해결해 주는 것이 아니라 그 대신 조직 구성원들이 스스로 학습하면서 스스로 목표를 달성할 수 있도록 환경을 만들어주고 지원을 해 주어야 한다고 말했다.

⑤ 피터 생게

피터 생게(Peter Senge)는 학습조직의 주창자이다. 그는 학습조직과 리더십에 관심이 많았다. 그는 1990년 초반에 초청강연에 참석하기 위해서 비행기를 타고 가던 중에 우연히 그린리프의 『리더로서의 서번트(Servant as Leadership)』라는 책을 읽게 되었다.

그는 서번트 리더십은 새로운 리더십 패러다임으로 인간으로서 리더 개인의 인생 자체를 완전히 바꾸어 놓을 수 있는 힘이 있다고 극찬하였다.

계속해서 그는 서번트 리더십은 일방적으로 만들어진 틀 속에서 조직 구성원들을 움직이는 것이 아니라 리더와 조직 구성원들 간에 지속적으로 영향을 미치면서 성장하고 발전해 가는 과정이라고 하였다. 그는 서번트 리더는 공동체 의식, 조직 구성원들의 일체감, 특히 팀워크를 매우 중요시해야 한다고 조언했다.

6. 전통적 리더십과 서번트 리더십의 차이

서번트 리더십은 양면성을 가지고 있다. 서번트 리더십은 역설적인 면이 있다. 이것은 무슨 뜻인가? 서번트 리더십은 서번트(servant)와 리더십(leadership)을 동시에 겸비해야 하기 때문이다. 서번트(servant)의 자리에도 있어야 하고, 리더(leader)의 자리에도 있어야 한다. 서번트 리더십은 전통적인 리더십과는 반대이다. 전통적인 리더십은 피라미드형 스타일의 리더십이지만 그와는 반대로, 서번트 리더십은 역피라미드형 스타일의 리더십이다.

서번트 리더십은 리더가 가장 높은 곳에 위치하거나 군림하거나, 지시하지 않고, 반대로 가장 낮은 위치에 내려가서 조직원들을 섬긴다. 서번트 리더십의 선행연구자인 이영석은 『서번트 리더십의 특성과 적용방안에 관한 연구』라는 논문에서 서번트 리더십과 전통적인 리더십의 차이를 다음과 같이 설명하였다(이영석, 2010, 28-32).

보스(Boss, 1990)는 전통적 리더십과 서번트 리더십의 차이를 자원에 대한 인식 측면, 조직의 생산성 측면, 조직 구성원에 대한 믿음과 임파워먼트, 투자와 커뮤니케이션 방법이라는 4가지 측면으로 비교하였다.

첫째, 자원에 대한 인식 측면에서 전통적 리더십은 조직 구성원을 자신이 활용할 수 있는 자원 중 하나라고 생각하고, 구성원들을 자신이 지시한 것의 결과를 만들어내는 대상으로 여기며 리더는 일의 결과와 추진과정 및 방법에 관심을 두었다. 반면 서번트 리더십은 조직의 목표를 달성하는 데 가장 중요한 자원이 조직 구성원이라 생각하고, 리더의 역할이 구성원들의 성장을 도와주고 능력을 육성시키는 것이라고 규정하였다.

둘째, 조직의 생산성 측면에서 전통적 리더십은 가시적이며 양적인 기준을 중심으로 평가하므로 인간보다는 과제를 중시하였다. 하지만 서번트 리더십은 구성원들의 자발적인 행동의 정도를 평가하므로 과제보다는 인간을 중시하였다.

셋째, 조직 구성원에 대한 믿음과 임파워먼트에 있어서 전통적 리더십은 구성원들의 반대 의견이나 비판을 무시하는 경향이 있고, 리더 자신의 경험과 지식이 구성원들의 지식보다 우위에 있다고 믿는다. 그러나 서번트 리더십은 구성원들의 판단을 존중하고 권한을 위임함으로써 조직 구성원의 능력을 믿는다.

넷째, 투자와 커뮤니케이션 방법에 있어서 전통적 리더십은 상의하달식의 일방적 커뮤니케이션인 반면에 서번트 리더십은 목표수립 과정에서 구성원들과의 커뮤니케이션을 활성화시킴으로써 모든 정보를 공유하고 구성원들의 어려움을 경청하는 쌍방적 커뮤니케이션 방법을 사용한다.

이관응(2001)은 전통적 리더십과 서번트 리더십의 차이를 다음과 같이 비교하여 제시하였다.

표 3-1 전통적 리더십과 서번트 리더십의 차이

범주	전통적 리더십	서번트 리더십
관심 영역	• 일의 결과 • 추진과정	• 일의 추진 시 장애요인 • 추진 시 필요한 지원과 코치
가치관	• 자기중심적 가치관을 가진 감독자 • 자기 기준에 의한 지시와 감독	• 구성원을 믿고 수용하며 개방적 가치를 가진 코치 • 긍정적이고 유머 감각을 갖추려고 노력
사람	• 여러 자원 중의 하나 • 과제가 우선 • 사람은 시켜서 결과를 만들어 내도록 하는 대상	• 가장 중요한 자원 • 사람이 우선 • 사람은 도와주어야 할 성공과 성장의 대상
관계의 질	• 복종 • 자신의 이미지 부각	• 존중, 관심 • 함께라는 공동체 이미지 강조
추진 방식	• 자기 방식 중심으로 추진 • 구성원은 상사의 방식대로 상사가 원하는 것을 원하는 시간에 수행 • 상사 중심의 기준	• 추진방식에 대한 아이디어를 구함 • 구성원은 아이디어를 제안하고 검토 및 평가하여 활동 공유 • 다양한 추진방법을 인정
생산성	• 양적인 척도(시간, 경비, 생산량) • 과제 중심의 사고 및 측정 • 결과 중심의 사고	• 구성원들의 자발적 행동 정도 • 자발성에 기초한 권한위임 • 구성원들이 필요한 일을 적기에 수행할 것이라는 믿음
갈등 해결	• 갈등과 분쟁에 대한 조정 • 판단자의 입장에서 정리	• 스스로 해결한 과정을 도움 • 구성원들 간의 커뮤니케이션 능력을 육성해 줌
시간 관념	• 스스로 시간이 없음 • 시간이 없어 못함	• 스스로 시간을 만듦 • 사람들을 위하여 기꺼이 시간을 할애
경쟁에 대한 시각	• 내부 경쟁을 조장 • 경쟁 메커니즘을 고안하고 활용	• 모두 잘할 수 있다는 신념 • 서빙을 통하여 커뮤니티 형성 • 구성원의 성공방안 모색
평가	• 최종 결과 중심의 평가 • 재무적 성과 중심의 사고	• 노력에 대한 평가 • 일의 결과, 개개인이 성장의 결과

출처: 이관응(2002). p.144, 162, pp.281-282.

전통적인 리더는 복종을 요구하고 자신의 이미지를 부각시키려고 한다. 전통적 조직 하에서의 리더는 모든 권한과 책임을 혼자 독점하는 경향이 있으며, 오늘 할 일이 무엇인지를 확인하고 구성원들에게 업무를 지시한다. 지시된 업무를 확인하여 일을 제대로 처리하지 못하면 질책을 한다.

한편 서번트 리더십에서 리더와 구성원 간의 관계는 상하관계라기보다 수평적인 동료관계에 가깝다. 서번트 리더는 구성원들이 자율적으로 업무를 수행하도록 권한과 책임을 위임하고, 대안에 대해 토의하여 결정을 내리고 결정된 사안에 대해서는 구성원들이 협력하여 일을 추진해 나가며, 서번트 리더는 결정된 일이 잘 진행될 수 있도록 지원하고 환경을 조성해 주는 일을 한다. 또한 서번트 리더는 질책보다는 격려를 통해 구성원들이 업무를 잘 수행할 수 있도록 동기를 부여한다. 이러한 과정들을 통해 구성원들은 자신의 다양성과 창의성을 자유롭게 발휘할 수 있게 되며, 업무에 대해 주인의식과 책임감을 가지고 환경 변화에 능동적으로 대처하게 된다.

전통적 · 위계적 조직 하에서의 리더는 다른 구성원들에 대해 가부장적인 모습을 가지며, 모든 권한과 책임을 혼자 독점하는 경향이 있다. 전통적인 리더십 하에서는 계획된 업무들이 리더의 지시대로 일사불란하게 진행될 수 있다는 장점이 있지만, 상황에 맞도록 행동을 취해야 하는 환경, 유연성과 창의성이 요구되는 상황에서는 좋은 성과를 거두기가 어렵다. 따라서 서번트 리더십은 종업원, 고객, 지역사회를 포함한 타인들에게 최우선적으로 봉사할 수 있는 의식 하에서 리더십을 전개하는 것이다. 또한 서번트 리더십은 상호관계적인 힘을 중요시하고, 구성원의 자율성을 강화하는 데 관심이 있다.

수업을 마치면서...

Closing Question

- 이번 수업을 통하여 내가 배운 것은 무엇인가?

- 이번 수업을 통하여 내가 조금씩 바뀌고 있는 것은 무엇인가?

- 이번 수업을 통하여 내가 부족한 것은 무엇인가?

- 일주일 동안 감사한 일은 무엇인가?(하루에 한 가지 적어보기)

요일	감사한 일
월	
화	
수	
목	
금	
토	
일	

CHAPTER

4

섬김으로 세워지는 서번트 리더

수업에 들어가면서...

수업 시작 구호, 다함께 시작!!!

"I AM GOOD, YOU ARE GOOD, WE ARE GOOD, GOOD~, GOOD~, GOOD~"

Opening Question

- 리더는 사람들을 이끄는 사람일까, 섬기는 사람일까?
- 서번트 리더와 명령하는 리더 중, 팀원들은 누구를 더 신뢰하게 될까? 왜 그런가?
- 서번트 리더는 약한 리더인가, 강한 리더인가?

1. 서번트 리더의 정의

서번트 리더는 서번트 리더십을 가지고, 먼저 다른 사람을 서빙(serving) 가운데 그들에게 영향력을 발휘하는 사람이다. 그러므로 서번트 리더는 먼저 다른 사람을 섬기고자 하는 마음과 자세, 더 나아가 섬김을 행동으로 보여주어야 한다.

그린리프(greenleaf)는 서번트 리더를 다음과 같이 정의하였다(이관응, 2001, 160).

"서번트 리더는 가장 먼저 자신이 서번트라는 생각으로 출발한다. 이것은 사람이란 누구나 다른 사람에게 봉사하고자 하는 인간 본연의 감정을 가지고 있다는 전제에서 비롯된다. 진정한 리더는 먼저 다른 사람에게 봉사하는 가운데 그들을 이끌어 간다. 현재의 리더가 서번트 리더인지를 검증하려면 먼저 리더의 지원을 받고 있는 부하들이 인격적으로 성숙해 가는지, 보다 건전하고 현명해지며 자유로워지는지, 보다 자율적인 의사결정을 내리게 되는지, 그리고 부하들 스스로 서번트 리더로 성장해 가는지를 분석해 보아야 한다."

잠깐! 토의 시간

서번트 리더와 전통적 리더의 차이점은 무엇이라고 생각하는가?

이관응은 『신뢰경영과 서번트 리더십』이라는 책에서 서번트 리더의 특성에 대하여 다음과 같이 정리하였다(이관응, 2001, 162-173).

첫째, 서번트 리더는 리더로서 자신을 서번트(servant) 또는 지원자(supporter)로 인식한다. 전통적 리더는 자기 존재를 다른 사람을 이끌어(leading) 조직의 목적을 달성하는 사람으로 인식한다. 그래서 전통적 리더는 목표를 지시하고 업무추진 과정을 감독하며, 성과를 평가한다.

그러나 서번트 리더는 자신의 존재를 다른 사람을 이끄는 사람이 아니라, 다른 사람들이 업무를 잘 추진할 수 있도록 서비스를 제공하거나 지원하는 사람으로 인식한다. 그래서 서번트 리더는 지위가 높기 때문에 부하에게 지시하고, 결과를 평가하는 것이 아니라, 부하들에게 목표를 제시한 다음, 부하들이 그 목표를 달성할 수 있도록 함께 노력하고 지원한다. 그리고 서번트 리더는 자신이 가지고 있는 전문적인 경험, 지식, 자원 등을 부하들에게 제공한다.

둘째, 서번트 리더는 조직에서 가장 가치 있는 자원은 사람이라고 인식한다. 전통적인 리더는 부하를 조직의 목적을 달성하기 위하여 활동할 수 있는 다양한 자원 중 하나라고 생각한다. 따라서 부하가 자신의 생각대로 움직이고 행동해 줄 것을 요구한다. 그러나 서번트 리더는 사람의 가치를 가장 우선시하기 때문에 부하들이 성공할 수 있도록 모든 노력을 기울인다. 따라서 업무와 관련하여 부하들의 욕구를 먼저 해결해 주기 위하여 노력하며 봉사한다.

서번트 리더는 부하들의 미래 가치를 보면서 투자하는 것이 아니라 지금 이 순간에 그 개인을 소중하고 가치 있는 존재로 인식하기 때문에 이들이 성공하고 성장할 수 있도록 자신의 시간과 노력을 이들에게 투자한다.

셋째, 서번트 리더는 늘 학습하는 태도를 보인다. 서번트 리더는 조직에서 직위나 직급에 관계없이 누구나 실수할 수 있다는 점을 잘 알고 있다. 그리고 실수는 질책의 단서가 아니라 배움의 기회로 활용할 수 있어야 한다고 생각한다. 그래서 서번트 리더는 자신이 실수를 한 경우, 그것을 인정하며 그 실수를 통해 스스로 학습하는 모습을 조직 구성원들에게 보인다. 또한 서번트 리더는 지식과 정보가 빠른 속도로 변해 가기 때문에 리더와 조직 구성원 모두 서로에게 무엇을 배울 수 있는지 주의 깊게 관찰한다. 서번트 리더는 부하를 포함한 모든 사람이 자신의 스승이 될 수 있다고 본다.

서번트 리더는 부하들이 성과에 미흡하면, 그것을 질책하기보다는 왜 그런 결과가 나왔으며 자신이 무엇을 소홀히 하였기에 부하들의 성과가 부족했는지를 고민하기 때문에 항상 배우는 자세를 유지한다.

넷째, 서번트 리더는 먼저 경청한다. 서번트 리더의 특성 중에서 가장 핵심이 되는 것은 경청이다. 서번트 리더는 다른 사람의 이야기를 들을 때 그냥 듣지 않는다. 상대방이 무엇을 말하려 하는지 그 사람의 입장에 서서 이해하려고 노력한다. 따라서 서번트 리더는 상대방의 입장에 서서 들으려 애쓰기 때문에, 안 되는 이유보다 될 수 있는 방법을 더 많이 고민한다.

잠깐! 토의 시간

가장 바람직한 경청의 자세는 무엇이라고 생각하는가?

다섯째, 설득과 대화로 업무를 추진한다. 서번트 리더는 조직 구성원들의 공감을 이끌어내어 그들 스스로 움직일 수 있게 하기 위하여, 강압적인 지시보다는 설득과 대화를 통해 업무를 추진한다. 설득과 대화는 권위주의적인 리더십과 서번트 리더십의 차이를 명확하게 보여주는 요소이다. 즉 조직 내의 경쟁과 우열을 조장하기보다는 모든 구성원들이 동참할 수 있도록 설득함으로써 공감대를 확장시켜 나간다. 설득과 대화는 매우 건강한 업무 프로세스이다.

여섯째, 서번트 리더는 조직이 커뮤니티(community)를 형성하도록 한다. 서번트 리더는 조직 구성원들이 서로의 관심사항을 공유하며, 공동의 목표를 서로 공유하도록 격려한다. 일반적으로 조직 구성원들은 상사의 지시보다 관계의 질에 의해 보다 큰 영향을 받는다. 그렇기 때문에 서번트 리더는 공동의 목표를 수행하기 위하여 구성원들 간에 배려와 협력을 바탕으로 관계의 질을 높이기 위하여 노력한다.

따라서 서번트 리더가 형성한 커뮤니티의 구성원들은 개인 간의 지나친 경쟁보다는 팀워크를 통해 목표를 달성하는 데 보다 큰 비중을 두기 때문에 구성원들 간의 시너지 효과가 보다 높게 나타난다.

일곱째, 서번트 리더는 권한위임을 통해 리더십을 공유한다. 서번트 리더는 자신의 지위와 권력은 조직의 목적을 달성하기 위한 도구이기 때문에 그것을 부하들과 공유할 의무가 있다고 생각한다. 서번트 리더는 자신이 갖고 있는 많은 권한을 위임하고 구성원들이 스스로 의사결정을 할 수 있도록 필요한 지원과 코칭을 강화하기 때문에 일에 대한 구성원들의 책임의식이 높다.

서번트 리더는 자신만의 성공과 성장을 위하여 일하는 사람이 아니라 다른 사람의 성공과 성장을 위하여 일하는 사람이다. 서번트 리더는 다른 사람의 성공과 성장에 관심을 갖고 먼저 도와주고, 봉사함으로써 다른 사람들과 조직(공동체)을 이끄는 사람이다.

서번트 리더는 일과 과업 중심의 사람이 아니라 사람과 관계를 우선으로 하는 사람이다. 서번트 리더는 조직(공동체)의 목표 달성(과업 달성)에만 관심을 가지지 않고 조직(공동체)의 목표 달성(과업 달성)과 동시에 이에 동참하는 사람들의 성장과 관계 유지에도 관심을 가지고 지원하는 사람이다.

또한 서번트 리더는 조직(공동체)의 사람들이 자신의 잠재력, 능력, 가능성, 비전과 가치 등을 자유롭게 발휘하도록 돕고, 격려하고, 코칭하고, 지원하는 사람이다.

지금까지의 정리 내용은 이관응의 『신뢰경영과 서번트 리더십』이라는 책에서 말하는 서번트 리더의 특성이었다. 그 외에도 서번트 리더의 특징은 무엇이 있을까?

잠깐! 토의 시간

나는 서번트 리더는 무엇이라고 생각하는가? 서로 생각을 나누어보자. "서번트 리더는 ○○○이다". 그 이유는 무엇인가?

첫째, 서번트 리더는 길을 닦는 사람이다.

서번트 리더는 자신의 길을 닦는 사람이 아니라 다른 사람의 길을 닦는 사람이다. 서번트 리더는 자신을 따르는 사람들에게 성공하는 법을 가르치고, 코칭하고, 세워주고, 그들 앞에 놓인 장애물을 제거함으로써 그들이 높은 기준에 도달하게 만들고, 이를 통해 이들이 성공할 수 있도록 도와준다.

잠깐! 토의 시간

서번트 리더가 되고 싶은가? 그럼 먼저 나의 길을 닦는 사람이 되기 전에, 다른 사람의 길을 닦는 사람이 되자. 어떻게 하는 것이 다른 사람의 길을 닦는 사람이 될 수 있을까? 나의 생각을 말해 보자.

잠깐! 토의 시간

서번트 리더가 제거해야 할 가장 큰 장애물은 다른 사람의 발전을 저해하는 것들이다. 나는 다른 사람의 발전에 저해하려는 마음과 행위는 없었는가? 있었다면 말해 보자.

둘째, 서번트 리더는 낮은 자리로 내려가는 사람이다.

서번트 리더는 우선 오래된 피라미드식 계급제를 뒤집고 자신을 맨 아래로 놓는 것이다. 서번트 리더는 높은 자리에서 권력을 가지고 군림하고 지시하는 것이 아니라 가장 낮은 자리에서 자신의 이익이 아닌, 모든 사람에게 이로운 위대한 일을 추구하는

데 늘 관심을 가진 사람이다. 리더는 다른 사람을 최우선함으로써 맨 밑에 설 자격을 얻는다. 다른 사람들이 최고가 되지 않고서는 리더 역시 절대 최고가 될 수 없다.

캔 제닝스 & 존슈탈 베르트의 『당신도 섬기는 리더가 될 수 있다』라는 책에서 서번트 리더에 대해서 다음과 같이 언급하였다.

> "섬기는 리더는 피라미드 맨 아래에 있으면서 자신이 섬기는 사람들의 장점과 재능, 열정을 이끌어낸다. 이런 방식으로 두 명뿐인 팀에서 고용인이 천 명에 이르는 기업, 수백만이 공존하는 기업체에 이르기까지 리더는 그들을 위해 일하고 있는 것이다."

출처: 켄 제닝스 & 존슈탈-베르트/조천제 옮김(2004), p.42.

성경을 살펴보자. 성경은 서번트 리더의 자세에 대해서 예수님의 가르침을 통하여 가르치고 있다.

> "너희 중에 큰 자는 너희를 섬기는 자가 되어야 하리라 누구든지 자기를 높이는 자는 낮아지고 누구든지 자기를 낮추는 자는 높아지리라"(마태복음 23:11-12)

잠깐! 토의 시간

내가 만약에 많은 권력과 높은 지위를 가졌다면 나보다 낮은 지위의 사람을 섬길 수 있을까? 어떻게 하면 섬김의 낮은 자리로 내려갈 수 있을까? 서로 말해 보자.

가장 높은 자리에서 가장 낮은 자리로 내려와서 최고의 섬김의 본을 가르쳐 주신 분이 있다. 그분은 바로 예수님이시다. 서번트 리더십은 예수님의 리더십이다. 서번트 리더십의 모델은 예수님의 리더십의 모델을 배우는 것이다.

예수님은 서번트 리더십과 섬김의 본을 제자들의 발을 손수 씻김으로 보여주셨다. 그 분의 서번트 리더십에 관한 설명은 예수님의 마지막의 말씀에서 나타난다.

"내가 너희에게 행한 것 같이 너희도 행하게 하려 하여 본을 보였노라 내가 진실로 진실로 너희에게 이르노니 종이 주인보다 크지 못하고 보냄을 받은 자가 보낸 자보다 크지 못하나니 너희가 이것을 알고 행하면 복이 있으리라"(요한복음 13:15-17)

표 4-1 지배하는 리더와 서번트 리더의 차이점

지배하는 리더	서번트 리더
내가 갖다 주어야지.	사람들을 북돋아 주어야지.
내가 가르쳐 주어야지.	스스로 파악할 수 있도록 만들어 주어야지.
그들은 아무것도 모른단 말이야.	사람들을 감동시켜 활발히 움직이도록 만들어야겠다.
내가 먼저 일을 시작해야지.	좀 못마땅한 데가 있지만 나는 사람들이 능히 해낼 수 있으리라고 믿는다.
나는 조직원들을 위한 일이면 무슨 일이든 한다.	조직원들이 갖고 있는 재능을 찾아내려고 한다.
나는 ○○을 공부한 사람이다.	나는 서로 책임을 분담하는 것을 바란다.
내가 우리 조직원들을 잘 알고 있으므로 지도자는 내가 뽑겠다.	나는 서로 책임을 나누어지도록 하는 것이 바람직하다고 생각한다.
이렇게 하는 것은 모두 여러분들에게 도움이 되기 위한 것이다.	나는 남의 말을 듣는 법을 배워야 한다고 생각하고 있다.
토의하는 것은 시간 낭비일 따름이다.	우리 토의하여 결정을 내리자.
내가 하는 것이 옳다.	나는 조직원들과 더불어 일한다.
내가 결정을 내려야 한다.	나는 조직원들의 의견을 존중한다.
나는 그들을 믿을 수가 없다.	나는 우리 조직원들을 신뢰한다.
내가 하는 일을 도와줄 사람이 필요하다.	함께 일해 나가자.
제발 비평하지 말기 바란다.	과히 기분이 좋지 않더라도 비평을 받아들인다.
어떻게 그러한 의견을 내놓는가? 내가 책임을 지고 있는데.	나는 다른 사람의 의견을 존중한다.
내가 중심이다.	우리가 중심이다.

출처: 김승용(2011), p.25.

우리는 서번트 리더십을 겸비한 서번트 리더가 될 수 있을까? 서번트 리더십을 계발하기 위해 우리는 어떻게 해야 하는가? 서번트 리더가 되기 위해 우리는 무엇을 갖추어야 할 것인가?

서번트 리더십을 갖추려면 서번트 리더가 되어야 한다. 서번트 리더가 되기 위해서는 서번트 리더가 갖추어야 할 조건들을 알고, 그 조건들을 습득하고 실천하는 사람이 되어야 한다.

서번트 리더십을 개발하기 위해서는, 먼저 서번트 리더의 정신이 무엇인가를 알아야 한다. 그 다음은 서번트 리더가 되기 위해서 배워야 할 조건이나 덕목들을 배워야 하고, 마지막으로 서번트 리더의 조건과 덕목을 습득(습관화)하고, 실천하고 노력해야 한다.

2. 서번트 리더가 갖추어야 할 정신

① 서번트(Servant)의 마음

서번트의 마음이란 무엇인가? 다른 사람을 섬기고자 하는 마음이다. 서번트 리더십의 창시자인 그린리프는 『리더로서의 서번트(Servant as Leader)』라는 그의 책을 통하여 서번트 리더는 우선 서번트가 되어야 한다고 강조했다. 즉 서번트 리더십을 계발하고 서번트 리더가 되기 위해서는 자신이 먼저 서번트의 마음을 지녀야 한다는 말이다. 그린리프는 서번트 리더의 마음을 이렇게 표현하였다(박재림 & 김수웅, 2009, 56).

"서번트 리더는 먼저 섬기고자 하는 자연스러운 마음에서 시작된다. 그런 다음 의식적인 선택에 의해 이끌고자 하는 열망을 지니게 된다. 서번트 리더는 다른 사람들의 최우선적인 요구가 충족되고 있는지 확인하는 데 주의를 기울인다는 점에서 뚜렷이 구별된다. 다음의 질문은 서번트 리더를 가름하는 가장 확실한 기준이다. 섬김 받는 사람들이 인간적으로 성장하는가? 섬김 받는 동안 그들이 더욱 건강하고 현명하고 자유롭고 자율적인 모습으로 변하면서 스스로도 서번트가 될 것처럼 보이는가?"

서번트 리더는 가장 낮은 곳에서 봉사하는 마음을 가지고 섬기는 사람이다. 서번트 리더는 사람들을 이끌어야(lead) 한다는 마음에서 섬겨야(serve first) 한다는 마음을 가진 사람으로서 기존 리더의 고정관념을 뛰어넘은 사람이다.

잠깐! 토의 시간

내가 리더가 된다면 정말로 가장 낮은 곳에서 서번트 마음을 가진 사람이 될 수 있을까? 솔직하게 말해 보자.

② 모든 사람을 평등하게 대하는 태도

서번트 리더는 모든 사람을 평등하게 대하는 태도를 가져야 한다. 다른 사람을 평등하게 대하는 마음과 태도가 없다면 진정한 서번트 리더가 될 수 없다. 설령 직급이 낮고, 부가가치가 낮은 일을 하는 부하라도 그들을 존중하고 그들이 하는 일들을 소중하게 여기는 마음, 그리고 평등하게 대하는 태도가 있어야 한다.

다음은 서번트 리더의 실제 예를 소개하였다(박재림 & 김수웅, 2009, 60-61). 천천히 읽어보자.

"사장실은 1층에 있어요. 특별히 넓지는 않지요. 우리와 서로 이름을 부르고, 아주 다정합니다. 인사부에 가면서 잠깐 눈길을 마주치면 차도 한잔하게 되고요. 주차하면서도 만납니다. 우리는 무조건 먼저 도착하는 순서대로 주차하거든요. 물론 식당에 서로 함께 테이블에 앉아 식사합니다. 저요? 행복하지요."

잠깐! 토의 시간

우리는 앞에서 제시한 짧은 글을 읽고 무엇을 느꼈는가? 서로 느낀 것을 말해 보자.

이 회사는 50여 년의 역사를 자랑하는 종업원 지주제 기업이고, 장비업체인 TD인더스트리스라는 회사로서 서번트 리더십으로 유명한 기업이다. 회장은 잭 로웨이다. 그는 그린리프센터 이사장을 역임한 사람이기도 하다. 이 회사는 서번트 리더십 모델로 성공한 기업이다.

③ 자기관리와 수련

서번트 리더는 지식, 능력, 권력, 업무경험 등으로 리더십을 발휘하는 것이 아니라 영향력을 가져야 리더십을 발휘할 수 있다. 서번트 리더가 사람들에게 영향력을 끼치기 위해서는 먼저 자기를 관리하고, 훈련을 해야 한다. 서번트 리더는 매사에 말과 행동을 관리해야 한다. 서번트 리더는 부단히 자신을 성찰하고, 내면적인 성숙을 위한 수련과정을 가져야 한다.

현대 리더십의 대가 중 한 사람인 스티븐 코비의 조언을 기억하자.

> "서번트 리더십을 키워내는 힘은 외부 환경이 아니라 바로 리더 개인의 내면에서 출발한다."

서번트 리더가 되는 과정은 단시일 안에 이루어지는 것이 아니다. 리더 자신의 부단한 노력과 자기관리와 수련의 고통이 따른다. 자기를 관리하고 수련과정을 잘 통과한다면 누구나 서번트 리더가 될 가능성이 있다. 이것이 서번트 리더에게 중요한 것이기 때문이다.

잠깐! 토의 시간

나는 자기를 관리하고 수련하는 과정을 하고 있는가? 만약에 하고 있다면 어떻게, 무엇을 하고 있는가?

3. 서번트 리더가 갖추어야 할 조건들

서번트 리더가 되려면 어떤 조건들을 갖추어야 하는가? 서번트 리더의 조건들을 갖추기 위해서는 어떤 준비와 과정, 그리고 공부를 필요로 하는가? 서번트 리더십의 전문가, 연구자, 학자들이 제시하는 서번트 리더가 갖추어야 할 조건들을 먼저 살펴보자.

서번트 리더십을 옹호하고 연구한 연구자와 학자들에 말하는 서번트 리더십의 구성요소에 대해서 알아보자. 『서번트 리더십의 특성과 적용방안에 관한 연구』를 한 선행 연구자인 이영석의 연구자료를 다음과 같이 소개하고자 한다. 그는 서번트 리더십의 구성요소를 체계적으로 잘 연구하였다(이영석, 2010, 17-18).

서번트 리더십의 구성성분을 살펴보면 먼저 서번트 리더십의 창시자인 그린리프(Greenleaf, 1970)는 그의 저서 『리더로서의 서번트(Servant as Leader)』에서 소명(Calling), 경청(Listening), 공감(Empathy), 치유(Healing), 스튜어드십(Stewardship), 부하의 성장을 위한 노력(Commitment to the growth of people), 공동체 형성(Building community), 설득(Persuasion), 인지(Awareness), 통찰(Foresight), 비전 제시(Conceptualization)의 11개 구성요소를 제시하였다.

스피어스(Spears, 1995)는 그린리프의 구성요소 중에서 소명(Calling)을 제외한 열 가지를 서번트 리더십의 중요한 요소로 제시하였다.

휘튼(Wheaton, 1999)은 경청과 공감, 인지, 설득, 통찰, 비전 제시, 치유, 팀워크, 반영, 청지기 의식을 서번트 리더십의 구성요소로 보았다.

그 외 라웁(Laub, 1999)은 인간존중, 성장지원, 공동체 형성, 진실성, 리더십 발휘, 리더십 공유라는 6가지를 제시하였다.

앗지보로수(Adjibolosoo, 2000)는 4개의 영역으로 나누어 첫 번째 영역에는 정직, 겸손, 봉사 즉 섬김, 인격을, 두 번째 영역에서는 돌봄, 임파워링, 구성원들을 계발시키는 특성을 포함한 관계, 세 번째 영역에 비전 제시, 목표 설정, 학습을 포함한 과업, 네 번째 영역에는 모델링, 협력 팀 형성, 의사결정의 공유를 특성으로 제시하였다.

하딘(Hardin, 2003)은 정직과 신뢰, 사랑과 존경, 봉사, 경청, 소명과 가치체계를 들고 있으며, 패터슨(Patterson, 2003)은 아가페 사랑, 겸손, 이타성, 비전, 신뢰, 봉사, 임파워먼트를 구성요소로 제시하였다. 여러 연구자들이 제시한 구성요소를 살펴보면 다음과 같다.

표 4-2 서번트 리더(십)의 구성요소

연구자	서번트 리더(십)의 구성요소
Greenleaf (1970)	소명, 경청, 공감, 치유, 스튜어드십(청지기 의식), 부하의 성장을 위한 노력, 공동체 형성, 설득, 인지, 통찰, 비전 제시
Sims(1997)	솔직한 대화, 상대방의 입장 이해, 공유비전의 촉진, 타인의 필요를 위한 노력, 성장, 공동체 형성과 협력 장려
Hunter(1998)	인내, 친절, 겸손, 존중, 이타주의, 용서, 정직, 헌신, 사랑
Spears(1995) Livevich(1999) Girad(2000)	경청, 공감, 치유, 스튜어드십(청지기 의식), 부하의 성장을 위한 노력, 공동체 형성, 설득, 인지, 통찰, 비전 제시
Wheaton (1999)	경청과 공감, 인지, 설득, 통찰, 비전 제시, 치유, 팀워크, 반영, 청지기 의식
Laub(1999)	인간존중, 성장지원, 공동체 형성, 진실성, 리더십 발휘, 리더십 공유

연구자	서번트 리더(십)의 구성요소
Adjibolosoo (2000)	인격(person)–정직, 겸손, 봉사(섬김) 관계(relate)–다른 사람을 돌봄, 임파워링, 구성원을 개발시킴 과업(task)–비전 제시, 목표 설정, 학습 과정(process)–모델링, 협력 팀 형성, 의사결정의 공유
Hardin(2003)	정직과 신뢰, 사랑과 존경, 봉사, 경청, 소명과 가치체계
Patterson (2003)	아가페 사랑, 겸손, 이타성, 비전, 신뢰, 봉사, 임파워먼트
Boyer(1999)	구성원에 대한 이해와 존중, 격려와 배려, 개방성, 도덕성, 권한 위임과 학습조장, 관계 및 공동체 형성, 신뢰
Barbuto & Wheeler (2006)	이타적 소명, 감정적 치유, 지혜, 설득, 조직의 청지기 정신

잠깐! 토의 시간

앞에서 제시한 서번트 리더십의 구성요소 중에서 서번트 리더가 갖추어야 할 조건들은 무엇이라고 생각하는가? 5가지만 적어보고, 서로 그 이유를 나누어보자.

지금부터 앞에서 제시한 서번트 리더십의 전문가, 연구자, 학자들의 의견을 종합하여, 한국의 상황과 문화에 가장 알맞은 서번트 리더가 갖추어야 할 조건들을 살펴보자.

여러 명의 서번트 리더십의 전문가, 연구자, 학자들이 제시하는 구성요소들 중에서 8가지를 선정하였다. 이 중에서는 그들이 제시한 것이 아닌 다른 요소도 있고, 그들이 제시한 요소들을 그대로 제시한 것도 있다. 필자가 제시한 서번트 리더가 갖추어야 할 조건은 다음과 같다. 우리는 8가지 조건들을 공부하게 될 것이다.

① 공감능력 ② 소통 ③ 신뢰 ④ 임파워먼트(empowerment)
⑤ 겸손 ⑥ 존중 ⑦ 인격 ⑧ 사랑

수업을 마치면서...

Closing Question

이번 수업을 통하여 내가 배운 것은 무엇인가?

이번 수업을 통하여 내가 조금씩 바뀌고 있는 것은 무엇인가?

이번 수업을 통하여 내가 부족한 것은 무엇인가?

일주일 동안 감사한 일은 무엇인가?(하루에 한 가지 적어보기)

요일	감사한 일
월	
화	
수	
목	
금	
토	
일	

CHAPTER 5

서번트 리더의 역량, 공감능력

수업에 들어가면서...

수업 시작 구호, 다함께 시작!!!

"I AM GOOD, YOU ARE GOOD, WE ARE GOOD, GOOD~, GOOD~, GOOD~"

Opening Question

- 공감능력은 타고나는 것인가, 훈련이 가능한 능력인가?
- 당신은 최근 누군가에게 공감했던 경험이 있는가? 그때 어떤 말이나 행동이 도움이 되었는가?
- 공감능력이 부족한 사회는 어떤 문제를 겪게 될까?

■ 공감능력 자가 진단 체크리스트 (10문항)[1)]

최근 1개월 간의 자신의 태도와 행동을 기준으로 아래 문항에 응답해 보자.

(1점: 전혀 그렇지 않다 ~ 5점: 매우 그렇다)

번호	문항	전혀 그렇지 않다 (1점)	그렇지 않다 (2점)	보통이다 (3점)	그렇다 (4점)	매우 그렇다 (5점)
1	나는 타인의 감정 상태를 표정이나 말투로 잘 파악한다.					
2	나는 다른 사람의 고통을 보면 내 마음도 아프다.					
3	나는 다른 사람의 입장을 이해하려고 노력한다.					
4	나는 상대방이 말하지 않아도 감정을 느낄 수 있다.					
5	나는 감정이입(이 사람이 되었다고 상상해보기)을 자주 한다.					
6	나는 타인의 실수나 잘못에 대해 감정적으로 공감할 수 있다.					
7	나는 다른 사람의 감정을 쉽게 무시하지 못한다.					
8	나는 사람들이 슬픈 이야기를 하면 눈물이 날 때가 있다.					
9	나는 누군가 기뻐할 때 같이 기분이 좋아진다.					
10	나는 공적인 상황에서도 감정적으로 민감하게 반응하는 편이다.					

1) 공감능력 체크리스트의 문항들은 학문적 신뢰도가 검증된 대표적 공감 척도인 Davis의 IRI(1983), Mehrabian & Epstein의 QMEE(1972), Hogan의 Empathy Scale(1969)을 기반으로 작성하였다. 학술적 근거 자료: Davis, M. H. (1983). Measuring individual differences in empathy: Evidence for a multidimensional approach. Journal of Personality and Social Psychology, 44(1), 113 – 126. Mehrabian, A., & Epstein, N. (1972). A measure of emotional empathy. Journal of Personality, 40(4), 525 – 543. Hogan, R. (1969). Development of an empathy scale. Journal of Consulting and Clinical Psychology, 33(3), 307 – 316. Baron–Cohen, S., Wheelwright, S. (2004). The Empathy Quotient (EQ): An investigation of adults with Asperger Syndrome or High Functioning Autism. Journal of Autism and Developmental Disorders.

■ **총점 평가 기준**(총점: 10~50점)

총점을 합산하여 본인의 공감능력을 다음과 같이 평가할 수 있다.

점수 범위	공감능력 수준	해석
45~50점	매우 우수	타인의 감정에 민감하고 풍부한 감정이입 능력을 갖추고 있습니다. 상담, 교육, 리더십 분야에서 강점을 발휘할 수 있습니다.
38~44점	우수	공감능력이 잘 발달되어 있으며, 대부분의 상황에서 타인을 잘 이해하고 배려하는 태도를 보입니다. 상황별 조절능력도 함께 고려하면 좋습니다.
30~37점	보통	평균적인 공감능력을 가지고 있으며, 일부 상황에서는 타인의 감정을 놓치거나 공감 표현이 부족할 수 있습니다. 경청과 정서 훈련을 통해 발전이 가능합니다.
20~29점	개선 필요	공감에 어려움이 있으며, 타인과의 정서적 교류나 신뢰 형성에 제한이 있을 수 있습니다. 감정인식 훈련, 역할극, 공감대화 연습이 도움이 됩니다.
10~19점	심각	타인의 감정에 대한 민감도가 매우 낮으며, 관계 형성에 어려움이 있을 수 있습니다. 적극적인 감정훈련과 피드백 중심의 학습이 권장됩니다.

"함께 웃고 울어 줄 수 있는 사람이 서번트 리더이다."

"즐거워하는 자들과 함께 즐거워하고 우는 자들과 함께 울라"(로마서 12:15)

우리는 때때로 TV에서 슬픈 '주말연속극', 혹은 감동적인 '인간극장'을 시청하면서 나도 모르게 눈물을 흘린 적은 없는가? 무엇이 눈물을 흘리게 했는가? 이것은 '아~ 너무 힘들겠다, 너무나 불쌍하다.'와 같이 공감하는 마음이 들기 때문일 것이다. 공감은 다른 사람의 상황이나 감정을 같이 느낄 수 있는 마음이다.

레파촐리와 고프닉(Repacholi & Gopnik, 1997) 등은 아직 말도 제대로 하지 못하는 18개월 아이들조차 다른 사람의 입장을 생각할 수 있다고 제안하였다. 이들의 실험에서 연구자는 아이들이 싫어하는 생야채와 아이들이 좋아하는 크래커를 아이들 앞에 두고서는, 크래커를 먹으면서는 '으윽' 하고 메스꺼운 표정을 보이고 생야채인 브로콜리를 먹으면서는 '으음' 하며 맛있다는 표정을 지어 보였다. 이후 연구자가 아이에게 먹을 것을 달라고 손을 내밀었을 때, 연구에 참여한 18개월 된 아기들의 70%는 자신이 맛있다고 여기는 크래커가 아닌, 연구자가 맛있다고 표현한 브로콜리를 손에 올려주었다. 이와 같은 실험은 두 살도 안 된 아기들도 상대의 반응을 살피고, 그에 따라 행동할 수 있다는 것을 보여준다.

잠깐! 토의 시간

왜 이런 결과가 나온다고 생각하는가? 서로 의견을 나누어보자.

이 연구를 통하여 두 살도 안 된 아이들이 연구자가 맛있다고 표현한 브로콜리를 손에 올려주었다는 사실은 아이들이 연구자의 마음을 인식하고 이해하며 연구자의 감정에 공감했기 때문이라는 것을 알 수 있다.

대한민국 굴지의 기업들에게 구성원의 조직 신뢰도를 진단했다. 진단 회수와 무관하게 어떤 기업에서는 공통적인 모습이 한두 가지씩 발견된다. 진단 결과, 공통적인 모습은 다음과 같았다. '구성원들은 자신이 회사에 충분히 기여하고 있다'는 높은 자부심을 갖고 있다. 그러나 동시에 '우리 회사 직원들은 자신의 시간과 노력을 할애하여 진심으로 열심히 일한다.'고 생각하는 구성원은 극히 드물었다.

이것은 자신은 열심히 일하고 기여하는데, 다른 동료들은 그렇게 보이지 않는다는 것을 의미하는 것이고, 반대로 다른 동료들의 눈에는 자신도 진심으로 열심히 일하는 것처럼 보이지 않는다는 것을 의미한다.

잠깐! 토의 시간

왜 이런 결과가 나왔다고 생각하는가? 서로 의견을 나누어보자.

1. 공감이란?

함께하는 구성원들과 공감할 수 있는 사람은 긍정적인 에너지를 품는다. 반대로 함께하는 구성원들과 공감할 수 없는 사람은 부정적인 에너지를 품는다. 성공하는 서번트 리더가 되고 싶은가? 그럼 먼저 함께하는 구성원들과 공감하는 능력을 키워라. 성공한 리더들이 성공할 수 있는 이유는 함께하는 구성원들과의 공감능력이 뛰어나기 때문이다. 다시 말하면 공감능력이 바로 리더십의 시작이다. 그렇다면 공감이란 무엇인가?

공감은 한자로 '共感'이고, 남의 감정, 의견, 주장 따위에 대하여 자기도 그렇다고 느낌, 또는 그렇게 느끼는 기분이다. 영어로는 'Sympathy'이다. 문자적인 의미는 다른 사람에게 '감정을 이입한다(feeling into)'는 뜻이고, '함께 느낀다(feeling with)'는 뜻이다.

공감에 대한 정의는 학자들마다 조금씩 다르지만, 일반적인 공감은 "다른 사람의 입장에서 타인의 느낌과 정서를 공유하고 생각과 반응을 이해하는 것"이다(이은아, 2017, 149-168).

공감은 동정이 아니다. 동정은 상대방의 딱한 사정을 통해 불쌍해 보이는 감정과 느낌이다. 그래서 함께 눈물을 흘리는 것이다. 그러나 공감은 상대방의 감정과 입장에서 상대방의 감정을 공유하고 이해하는 것이다. 예를 들어서 아주 슬픈 영화를 보았다고 하자. 동정은 그 영화에 나오는 주인공이 불쌍해서 눈물을 흘리는 것이고, 공감은 그 영화에 나오는 주인공의 상황을 이해하고 그 주인공의 입장이나 관점이 되어 눈물을 흘린다. 동정은 행동으로 표출되지 않지만 공감은 행동으로 표출된다. 그래서 어떤 불의에 대하여 자신이 공감하게 되면 불의에 맞서 싸우는 상대방의 입장에서 함께 맞서 싸우고자 하는 행동을 보이게 된다.

리처드 보이애치스와 애니 맥키(Richard Boyatzis & Annie Mckee)는 『공감 리더십』이라는 책에서, 공감은 "다른 사람들에게 감정의 주파수를 맞추는 것이다."(리처드 보이애치스 & 애니 맥키/정준희 옮김, 2007, 285)라고 정의하였다. 공감은 함께하는 사람들과 감정을 나누고 관심을 기울일 때 가능하다. 함께하는 사람들과 감정을 이입하고 이들과 소통할 때 서로 간에 공감이 생긴다. 공감은 서로 간에 감정의 주파수가 맞아야 하고, 소통의 주파수가 맞아야 한다.

계속해서 공감은 "회복의 열쇠이자 희생증후군의 자물쇠를 여는 열쇠이다."(리처드 보이애치스 & 애니 맥키/정준희 옮김, 2007, 291)라고도 정의하였다. 그렇다. 이것이 공감이 주는 힘이다. 공감이 주는 힘은 다른 사람에게 공감을 느낄 때 회복을 촉진시켜준다.

김재원은 『공감 리더십』이라는 책에서 공감이란 "상대방을 이해하고 용서하는 마음은 공감에서 나온다. 성공하려면 자신을 긍정하고, 함께하는 사람들과 공감하라."(김재원, 2010)라고 강조하였다. 공감은 상대방을 이해하는 마음이 기본이고, 좀 더 나아가 상대방을 용서하는 마음이다. 그렇다. 성공과 공감은 밀접한 관련이 있다. 성공적인 리더가 되려면 함께 일하는 사람들과도 공감을 잘해야 한다.

요즘 리더들에게 절실하게 필요한 것은 무엇일까? 새로운 리더십의 스킬이 아니라 바로 공감 리더십이다. 공감 리더십은 "리더가 자신의 자아를 확고히 하면서도 상대의 자부심과 자신감을 훼손하지 않고 조직과의 조화를 이루어낼 수 있도록 하는 것"이다(리처드 보이애치스 & 애니 맥키/정준희 옮김, 2007, 10).

서번트 리더는 공감 리더십을 갖춘 사람이다. 그래서 서번트 리더는 다른 사람을 이해하고 공감하는 능력이 필요하다. 『레오와 서번트 리더십』이라는 책에는 "서번트 리더는 다른 사람을 이해하고 공감하기 위해 노력한다. 서번트 리더라면 함께 일하는 동료가 선의에 기초하여 행동하고 있다고 여긴다. 설령 그의 행동이나 성과가 받아들여질 수 없는 상황이 눈앞에 닥치더라도 그를 배척하지 않는다. 최고의 서번트 리더는 숙련된 공감의 경청자이다."(헬레나, 2005, 86)라고 하였다. 이것은 서번트 리더에게 공감이 얼마나 중요한 것인지 말하는 것이다.

서번트 리더는 상대방의 행동이 선의에 의한 것이라고 생각한다. 서번트 리더는 상대방의 행동을 이해하려는 마음으로 바라본다. 그래서 서번트 리더는 공감의 감정을 가지고 있다.

그렇다. 공감이란 다른 대상이 느끼는 감정을 이해하고 아는 것으로 그치는 것이 아니라 함께 느끼고 그 감정을 공유하는 마음이고, 자세이다. 공감은 상대방에게서 보이는 희로애락의 감정, 느낌, 표현을 공감하려는 마음이다. 공감은 어떤 상황이나 논리적인 관점으로 바라보는 것이 아니라 상대방의 입장에서, 상대방의 관점에서, 상대방의 상황에서, 상대방의 경험에서, 상대방의 감정에서 바라보는 것이다. 그리고 더 나아가 상대방의 감정과 느낌을 공유하는 것이며, 공통의 느낌과 감정을 갖고자 하는 마음이다. 그리고 경청하고 감정이입이 일어나는 것이고, 행동이 일어나는 것이다.

2. 공감능력의 힘

공감하는 마음을 갖고 있는 리더는 효과적인 리더십을 발휘하여 긍정적인 영향을 미친다. 리더의 공감하는 마음이 자신과 그의 조직과 조직원들에게 어떻게 영향을 미치고, 다양한 유익을 주는지를 사례를 통하여 살펴보자. 이 사례의 내용은 『공감 리더십』이라는 책에 소개한 사우스웨스트 항공사의 고성장 사례를 요약한 것이다(리처드 보이애치스 & 애니 맥키/정준희 옮김, 2007, 37-55).

사우스웨스트 항공사에는 공감을 바탕으로 리더십을 발휘하는 리더가 있었고, CEO부터 평사원에 이르기까지 모든 직원들이 서로 챙기고 고객과 협력업체들을 존중하고 배려하는 문화가 뿌리를 내렸다. 이것이 사우스웨스트 항공사가 성공한 이유이다.

그리고 사우스웨스트 항공사 사람들은 서로에게 성심을 다하고 서로 조화를 이루었으며 한 팀으로서 꿈을 공유했다. 단체정신을 중시한 그들의 태도는 "다른 사람이 자신에게 해주기 바라는 대로 행동하라."였다.

그렇지만 매년 경쟁사들이 하나둘씩 문을 닫고 있는 실정에서, 사우스웨스트 항공사는 다른 경쟁 항공사들과 달리, 꾸준히 이익을 올렸고 매 분기마다 목표를 달성했다. 그렇다면 사우스웨스트 항공사가 계속 승승장구할 수 있었던 이유는 무엇이었을까?

그 이유 중 하나는 직원들이 자신의 일에 헌신적이고 열정을 다하며, 자신의 일을 업무가 아니라 대의(大義)라고 여기고 그런 생각을 실제 행동으로 보여준 것이었다. 또 다른 이유는 사우스웨스트 항공사의 CEO, 콜린이라는 사람의 공감 리더십으로 항공사의 문화를 새롭게 정립하며 직원들의 열정과 에너지, 그리고 활동을 긍정적인 방향으로 이끈 것이었다. 콜린은 이와 같은 이유로 2003년 ≪포춘≫지가 선정한 '가장 영향력 있는 50인의 여성' 가운데 한 명으로 선정되었다.

사람들이 콜린과 같은 리더들을 따르는 이유는 무엇일까? 그것은 그들이 감성을 발휘하기 때문이다. 이것을 공감능력이라고도 할 수 있다. 공감능력이 뛰어난 리더는 자신의 감정을 효율적으로 조절하고, 개인들과 집단의 마음을 정확히 읽어낸다. 그들은 의식적으로 다른 사람들과 조화를 이루고, 공동 대의를 토대로 그들을 하나로 결집시키며, 공동체의식을 확립한다. 이것이 바로 공감능력의 힘이고, 공감 리더십의 힘이다.

나의 공감능력이 얼마나 되는지 알고 싶으면 다음과 같은 질문을 스스로에게 하라.

- 나는 의욕을 고취시키는가?
- 나는 전반적으로 희망적이고 긍정적인 감정을 불러일으키는가?
- 나는 다른 사람들과 조화를 이루는가?
- 다른 사람들의 감정과 마음을 읽을 수 있는가?
- 상대방에게 공감을 느끼고, 상대방으로부터 공감을 불러일으키는가?
- 나는 마음이 깨어 있는가?
- 자신 자신과 다른 사람들, 그리고 주변 세계에 진실하며 조화를 이루어내고 있는가?

리더는 조직과 구성원들에게 상당한 영향력을 발휘하는 존재이다. 그래서 리더는 조직과 구성원들에게 긍정적인 감정을 주어야 한다. 리더의 감정에는 전염성이 있어서 조직과 구성원들에게 긍정적인 감정을 퍼뜨리고 그들과 긍정적인 감정을 공유해야 한다. 그로 인해 리더와 조직원들 간에 의사소통과 상호협력이 보다 원화하게 이루어져야 한다.

공감은 단순히 추상적 목표가 아니다. 공감은 실제적인 삶의 방식이요, 생활 속에서 보여주는 생활방식과 행동이다. 예를 들자면 진심으로 서로를 배려하고 걱정하는 마음을 갖는 것이다. 서로를 아끼고 격려하는 것이다. 능력을 잘 발휘할 수 있도록 지원해 주고 격려를 아끼지 않는 것이다. 그리고 상대방을 존중해 주는 것이다. 이와 같은 것이 공감의 힘이다.

공감 능력이 뛰어난 리더는 자기 자신뿐 아니라 다른 이들의 감정까지 긍정적인 방향으로 이끈다. 또한 그들은 생기 넘치는 문화와 풍토를 조성하여 좋은 성과를 거둔다. 이것이 공감 능력의 힘이요, 결과이다.

공감은 감성 지능과 무관하지 않다. 공감능력은 감성 지능과 연관성이 있다. 즉 감성 지능이 뛰어나다는 것은 공감 능력이 뛰어나다는 말이다. 탁월한 리더와 평범한 리더를 구분 짓는 차이점은 무엇인가? 85-90%는 감성 지능이다. 탁월한 리더가 평범한 리더보다 감성 지능이 높다. 감성지능에는 4가지 영역으로 구성되어 있다. 즉 인식능력, 자기관리능력, 사회인식능력, 그리고 관계 관리능력이다. 처음 2가지 영역은 자기 자신과 자신의 감정을 얼마나 정확히 이해하고 관리하느냐를 결정한다. 나머지 2가지 영역은 다른 사람의 감정을 얼마나 정확히 인지하고 관리하며 얼마나 능숙하게 인간관계를 형성하고 복잡한 사회제도 속에서 능률적으로 일하는지를 결정한다.

반대로 공감능력이 결여된다면 이 사회는 어떻게 될까? 상상만 해도 끔찍하지 않은가? 공감능력이 결여된 가정, 학교, 직장, 사회, 국가는 병든 가정, 학교, 직장, 사회, 국가이다. 만약 우리가 눈을 손으로 쥐면 차갑고, 뜨거운 불에 피부를 스치면 뜨겁다. 마찬가지로 우리는 우리가 직접 겪은 일이 아니더라도 타인의 아픔에 공감할 수 있다. 이것을 易地思之(역지사지), 惻隱之心(측은지심)이라고 한다. 즉 다른 사람의 입장에서 생각하고 이해하는 마음과 태도이다. 상대방의 고통과 아픔이 내 것이 되는 것이 아니라 그 고통과 아픔을 그 사람의 입장이 되어 함께 느끼는 마음과 태도이다. 그래서 우리는 아주 어려서부터 나의 감정과, 동시에 타인의 감정을 이해하고 공감하는 법을 배워야 한다. 그런데 최근 우리 사회는 극도로 자신의 감정을 중요시하면서 타인의 감정을 무시하고 경향이 높아졌다. 그래서일까? 신문과 방송에 나오는 기사와 내용을 보면, 너무나 상상하지 못할 정도로 너무나 쉽게 폭력을 가하고, 심지어는 살인까지 하는 사건들을 듣게 된다. 이런 현상들은 도덕, 윤리, 인권, 생명존중, 등의 결여에서 오는 것이다. 동시에 타인을 공감하는 능력의 결여에서 오는 현상이다.

3. 성경에 나타난 공감능력의 사례

"즐거워하는 자들과 함께 즐거워하고 우는 자들과 함께 울라"(로마서 12:15)

잠깐! 토의 시간

이 성경 구절을 읽고, 느낌과 생각을 서로 나누어보자.

보아스는 구약성경, 룻기에 등장하는 인물이다. 보아스는 주변 사람에게 관심과 배려의 본을 보여준 사람이다. 그는 주변 사람들에게 관심을 가지고 있었다. 그는 자기 일꾼들에게 관심을 가지고 있었다. 어느 날 그는 처음 보는 여자(룻)를 보고, 그는 다음과 같이 일꾼에게 말하였다.

"보아스가 베는 자들을 거느린 사환에게 이르되 이는 누구의 소녀냐"(룻기 2:5)

관심은 사랑의 표현이다. 보아스는 주위 사람들에게 먼저 관심을 가진 사랑의 사람이었다. 그는 룻기 2장 11절에서 이렇게 말하였다.

> "네 남편이 죽은 후로 내가 시모에게 행한 모든 것과 네 부모와 고국을 떠나 전에 알지 못하던 백성에게로 온 일이 내게 분명히 들렸느니라."

보아스는 룻을 처음 보았지만, 룻이 어떤 여자인지에 대해서는 이미 관심 있게 들어서 알고 있었다. 이것은 보아스가 평소에 주변 사람들에게 관심을 기울이고 있다는 것을 뜻한다.

또한 보아스는 배려하는 사람이다. 룻기 2장 8절을 보라. "내 딸아 들으라 이삭을 주우러 다른 밭으로 가지 말며 여기서 떠나지 말고 나의 소녀들과 함께 있으라"라고 하였다. 이것은 힘들게 다른 밭에 가서 이삭을 줍지 말고, 안전하게 내 밭에서 이삭을 줍도록 배려한 것이다. 그것뿐만 아니라 보아스는 "자기 소년에게 명하여 가로되 그로 곡식단 사이에서 줍게 하고 책망하지 말며 또 그를 위하여 곡식 다발에서 조금씩 뽑아 버려서 그로 줍게 하고 꾸짖지 말라"(룻기 2:15-16)라고 하였다.

이것은 보아스의 공감능력이 높다는 것을 말하는 것이다. 보아스는 다른 사람에 대한 관심과 배려의 본을 보여준 서번트 리더였다.

잠깐! 토의 시간

나는 과연 보아스와 같이 다른 사람에게 먼저 관심을 가지고, 다른 사람을 배려하고자 하는 마음과 태도를 가진 사람인가? 서로 자신의 이야기를 나누어보자.

추가로, 성경에 나오는 공감에 관한 이야기를 더 알고 싶으면, 누가복음 10:30-35에 나오는 성경 이야기를 읽어보라. 이 이야기를 통하여 새로운 공감의 이야기를 만날 것이다.

4. 공감능력 키우기

① 자신을 인정하고 자존감을 높여라

공감은 상대방의 말을 무조건 수용하고 따르는 것이 아니다. 공감은 나와 상대방을 동등한 존재로서 상대방의 감정을 이해하고, 그에 대한 나의 반응까지도 이해하고 아우르는 것이다. 요즘은 치열한 경쟁의 사회이고 다른 사람들에게 뒤처지지 않기 위해서 오식 앞만 바라보고 달리는 사람들이 많다. 이런 사람들에게는 공감능력이 부족할 수밖에 없다. 그렇다면 공감능력을 키우기 위해서는 먼저 자신의 자존감 상태를 점검하고, 자존감을 높이는 방법을 찾아내는 것이 중요하다.

자존감을 높이려면 우리는 서로 동등한 존재라는 사실을 받아들여야 한다. 공감의 시작은 자신의 자존감 상태를 점검하는 것부터 하는 것이다. 자신의 자존감 상태를 알아야 다른 사람들을 이해하고 공감하는 능력이 생긴다. 자존감을 높이기 위해서는 나라는 존재에 끊임없는 지지와 격려, 그리고 관심과 공감을 보내라. 자신을 지지하지 않고, 격려하지 않고, 관심과 공감이 없으면 다른 사람을 이해하고 공감하는 능력을 가질 수 없다. 공감능력을 배양하는 것은 먼저는 자신을 위한 것이고 우리 모두를 위한 것이다.

② 경청하라

공감은 경청을 통해 일어난다. 경청은 상대방을 무시하지 않고 존중하는 마음으로, 말과 행동에 집중하는 마음과 태도이다. 공감능력이 높은 리더는 구성원들의 말에 경청을 잘하는 사람이다. 리더는 경청을 통하여 구성원들에게 공감을 느낀다. 구성원들과 이야기를 나누고 그들의 직장생활과 관심사, 소소한 그들의 고민거리 등을 들으면서 공감능력이 높아진다.

상대방의 입장에서 상대방의 감정을 공유하고 반응을 보인다는 증거는 상대방에게 '귀 기울이는 것'이다. 즉 경청하는 마음과 태도이다. 경청을 기초로 공감이 시작된다. 그리고 경청을 기초로 소통이 이루어지고 소통을 통해서 관계의 변화가 생긴다. 경청은 듣는 것 이상으로 상대방에게 영향을 끼친다. 그러므로 건성으로 상대방의 말을 듣는 것은 피해야 한다. 끝까지 상대방에 귀를 기울이는 마음과 태도가 중요하다. 경청은 상대방의 말을 겉으로 공감하는 척하는 것이 아니라 상대방의 말에 진심어린 공감을 가지고 듣는 마음과 태도이다.

③ 공감의 영역을 확장하고 참여하라

가까운 나의 가족, 나의 친구, 나의 직장동료뿐만 아니라 내 주변의 이웃들, 지역과 사회를 위해서 일하는 사람들, 지역에서 장사하는 사람들, 싱글맘, 타 문화권 사람들, 유기견과 환경운동을 하는 사람들, 지역과 사회를 위해서 일하는 사람들까지 공감의 영역을 확장하자. 이러한 공감의 확장은 개인적인 영역을 넘어 사회적인 영역으로의 확장이고, 사회적인 공감에 참여하는 시작이다. 공감의 영역을 넓혀가는 경험의 과정은 우리 사회의 다양한 차별과 문제들을 알아가는 계기가 되고, 자연스럽게 사회적 약자에게 향하는 동정을 넘어서 서로 동등한 존재로 인정하는 공감의 능력을 확장하게 만든다.

공감은 어렵고, 힘들고, 먼 곳에 있는 것이 아니다. 우리들의 주변을 살펴보자. 우리들의 주변에 있는 모든 사람들이 우리의 공감을 필요로 한다. 공감의 반대는 무관심이다. 이들에게 관심을 보내는 것이 공감을 실천하는 것이다. 그렇다. 공감의 확장과 경험은 개인적인 인식의 변화뿐만 아니라 사회적인 변화를 위한 힘이 된다. 또한 공감은 1회의 경험으로 생기는 것이 아니다. 공감은 지속적인 관심을 통하여 노력과 교육, 그리고 적극적인 참여를 통하여 서서히 완성되는 것이다. 공감은 바로 우리가 함께 공유하는 것이고, 함께 참여하는 것이고, 함께 지켜 나가야 하는 실천의 행동이다.

④ 관심을 가져라

관심은 상대방에게 마음을 기울이는 것이다. 관심은 상대방의 마음에서 시작하여, 행동과 표현으로 나타나야 한다. 관심은 상대방에게 자신의 마음을 쏟는 것이다. 관심을 가질 때 상대방을 이해할 수 있고, 편견과 선입관이 사라지게 되고, 공감하게 된다. 의사인 알버트 슈바이처(Albert Schweitzer)은 "사랑한다는 것은 모든 생명에 관심을 갖는 것이다."(김홍신, 2015, 96)라고 했다. 그의 말대로 사랑의 표현이 바로 관심이다. 관심은 산소와 같이 생명력을 지니고 있다. 철학자 하이데거(Martin Heidegger)는 『존재와 시간』이라는 책에서 "관심은 인간존재의 기본적인 구성 현상이다."(김홍진, 2015, 95-96)라고 말했다. 그렇다. 관심은 인간존재의 기초이다. 그리고 인간이라면 반드시 관심이 있어야 한다는 말이다.

관심의 반대는 무관심이다. 보스턴대학의 교수이면서 1986년도에 노벨평화상을 받은 엘리 위즐(Elie Wiesel)은 "사랑의 반대는 증오가 아니라 무관심입니다. 교육의 반대는 무지가 아니라 무관심입니다. 아름다움의 반대는 추함이 아니라 무관심입니다. 삶의 반대는 죽음이 아니라 삶과 죽음 모두에 대한 무관심입니다."(김홍진, 2015, 97)라는 유명한 말을 남겼다.

사람은 관심을 받고 싶어 한다. 관심을 받지도 못하고 주지도 못하는 사람도 있다. 조직 내에서 관심이 회복될 때 그 조직은 생명력이 있고, 행복한 조직이 된다. 세계적인 교육학자 존 듀이(Jhon Dewey) 교수는 "인간의 가장 끈질긴 욕구는 타인에게 중요한 인물이 되고 싶은 바람이다."(김홍진, 2015, 100)라고 말하였다. 그렇다. 사람은 누구나 중요한 사람이라고 관심 받고 싶어 한다. 리더가 먼저 조직원들에게 관심을 가지게 되면, 그 조직원들도 중요한 사람이라고 생각하게 된다.

⑤ 배려하라

배려의 기초는 공감이다. 상대방에게 공감을 느끼면 배려하게 된다. 배려는 도와주거나 보살펴주려고 마음을 쓰는 것이다. 배려는 상대방의 입장에서 생각하고 행동하는 것이다. 배려는 나의 시각과 관점에서 다른 사람을 보는 것이 아니라 상대방의 시각과 관점에서 상대방을 바라보는 것이다.

상대방과의 공감이 통하면 배려하는 행동이 나타난다. 배려는 나만의 생각, 나만을 위한 행동이 아니다. 배려는 공존이다. 배려는 상대방을 생각해 주는 것이다. 배려는 나도 살고 상대방도 살릴 수 있다. 배려는 상대방을 존중해 주는 것이고, 상대방을 인정해 주는 것이다. 배려는 자기의 입장에서 상대방에게 강요하는 것이 아니다. 상대방의 입장, 눈높이, 입장을 바꾸어서 생각하고 출발하는 것이다.

인도의 간디(Mahatma Gandhi)가 어느 날 기차를 타려다 그만 실수로 신을 한 짝 떨어뜨리고 말았다. 그는 기차에 오르자 얼른 다른 한 짝의 신을 벗어서 차창 밖으로 던지는 것이었다. 옆에 있던 친구가 "이 사람아, 신 한 짝을 잃은 것도 아쉬운데, 다른 쪽까지 그렇게 일부러 버리는가?" 하고 말했다. 그러자 간디는 "이 사람아, 어떤 사람이 그 신 한 짝을 주워서 무엇을 하겠나? 나도 신 한 짝만 신고 다닐 수는 없지 않은가. 그러니 다른 짝의 신까지 던져주면 그 신을 주은 사람에게 좋은 선물이 될 게 아닌가?"라고 말했다(김홍진, 2015, 107).

이것이 바로 배려의 실천이다. 배려는 타인을 위한 마음과 생각으로부터 시작된다. 배려는 서번트 리더들이 가지고 있는 특징이다.

⑥ 이해하라

이해(理解)는 사리를 분별하여 해석하는 것이다. 이해는 상대방이 무엇을 원하는지를 아는 것이고, 상대방이 어떤 상태인지를 파악하는 것을 의미한다. 이해는 영어로 'understand'이다. 이는 'under'는 '아래'와 'stand'라는 '서다'의 단어가 합쳐진 말이다. 어원으로 말하자면 '이해란 내가 상대보다 한 단계 낮게 서서 받아주는 것'이다.

이해는 상대방을 높여주는 마음과 자세이다. 즉 나보다 상대방을 생각하고 상대방의 입장이 되어서 상대방을 받아 주고자 하는 낮은 마음과 자세인 것이다.

스티븐 코비(Stephen R. Covey)는 『성공하는 가족들의 7가지 습관』이라는 책에서 "인간의 마음속에 있는 가장 깊은 갈망은 이해받고 싶은 욕구이다."(김홍진, 2015, 121)라고 했다. 그의 말처럼, 모든 인간은 이해받고 싶어 하는 욕구가 있다. 그러나 먼저 상대를 이해해 주는 마음과 자세가 필요하다. 그러면 상대방으로부터 이해를 받게 될 것이다.

상대방을 더 잘 이해하려면 상대방의 입장이 되는 것부터 시작해야 한다. 다른 사람과 입장을 바꾸어서 생각해 보아야 상대방을 이해할 수 있다. 또 한 가지는 상대방을 잘 읽어야 한다는 것이다. 상대방의 필요와 욕구가 무엇인지, 상대방의 고민과 걱정거리가 무엇인지 등을 읽을 수 있어야 한다.

상대방을 잘 이해할 수 있다는 것은 공감적 이해가 높다는 말이다. 칼 로저스(Carl Rogers)에 의하면, 공감적 이해란 "상대방이 느끼거나 보는 것 등을 마치 자신이 보고 느끼는 것처럼 정확하게 감지할 수 있고, 그것을 상대방에게 되돌려 전달할 수 있는 것을 말한다. 이렇게 되면 자기와 상대방 사이에 '공감현상'이 생긴다."라고 설명하였다(김홍진, 2015, 127).

공감능력 향상을 위한 자기성찰 워크북

1. 공감이란 무엇인가?

공감의 정의를 나만의 언어로 써보세요.

"공감은 ______________________ 이다."

2. 나의 공감 습관 자가 진단표(5점 척도)

문항	점수(1–5)
나는 상대의 말을 끊지 않고 끝까지 듣는다.	
감정보다 논리로 대화하려는 경향이 있다.	
누군가 힘들다고 말하면 먼저 조언부터 한다.	
내 감정을 잘 인식하고 표현한다.	
상대방의 표정, 말투, 눈빛에 민감한 편이다.	
"그럴 수도 있겠다"는 말을 자주 한다.	
누군가 울 때, 나도 마음이 아프다.	

총합: _____점 / 35

→ 나의 공감 수준: □ 낮음 □ 보통 □ 높음

→ 내가 가장 개선하고 싶은 항목: ______________________

3. 1일 1공감 실천 미션

날짜	실천 미션	오늘의 수행 결과(✓)	느낀 점
Day 1	하루 한 사람의 이야기를 끝까지 들어주기	□	
Day 2	감정을 말로 표현해 주는 대화하기	□	
Day 3	공감 질문 한 가지 이상 사용하기	□	
Day 4	판단/충고를 줄이고 감정 이해 시도	□	
Day 5	내가 먼저 감정을 표현해 보기	□	

4. 공감 상황 회고 일지

일주일 중에서 가장 기억에 남는 대화를 돌아보세요.

■ 내가 누군가와 나눈 중요한 대화는 무엇이었나요?

상황:

■ 그 사람이 겪고 있던 감정은 무엇이었나요?

예: 감정 키워드(외로움, 분노, 슬픔, 기쁨)

■ 내가 한 말이나 행동은 어땠나요?

예: 판단, 충고, 침묵, 경청, 감정반영 등

■ 지금 돌아보면 더 공감적으로 할 수 있었던 반응은 무엇이었나요?

5. 나의 공감 키워드 선언문

아래 문장을 완성해 보세요.

공감력을 키우기 위한 나만의 선언이 됩니다.

"나는 공감을 잘하는 사람이 되기 위해

- 감정을 먼저 보고,
- 판단보다 이해하려 노력하고,
- 상대의 마음을 있는 그대로 들어줄 것입니다."

• 나의 다짐 한 줄 요약

"나는 ______________ 한 사람이 되고 싶다."

수업을 마치면서...

Closing Question

- 이번 수업을 통하여 내가 배운 것은 무엇인가?

- 이번 수업을 통하여 내가 조금씩 바뀌고 있는 것은 무엇인가?

- 이번 수업을 통하여 내가 부족한 것은 무엇인가?

- 일주일 동안 감사한 일은 무엇인가?(하루에 한 가지 적어보기)

요일	감사한 일
월	
화	
수	
목	
금	
토	
일	

CHAPTER

6

서번트 리더의 역량, 소통

수업에 들어가면서...

수업 시작 구호, 다함께 시작!!!

"I AM GOOD, YOU ARE GOOD, WE ARE GOOD, GOOD~, GOOD~, GOOD~"

Opening Question

- 디지털 시대의 소통은 더 쉬워졌을까, 더 어려워졌을까?
- "진짜 소통"이란 무엇인가? 말이 통한다고 해서 소통이 되는 걸까?
- 최근에 소통이 잘 되지 않아 갈등이나 오해가 생긴 경험이 있다면, 그 원인은 무엇이었는가?

■ 소통 자가 진단 체크리스트 (10문항)[1]

최근 1개월 간의 자신의 태도와 행동을 기준으로 아래 문항에 응답해 보자.

(1점: 전혀 그렇지 않다 ~ 5점: 매우 그렇다)

번호	문항	전혀 그렇지 않다 (1점)	그렇지 않다 (2점)	보통이다 (3점)	그렇다 (4점)	매우 그렇다 (5점)
1	나는 상대방의 말을 끝까지 끊지 않고 경청한다.					
2	나는 내 의사를 명확하고 구체적으로 표현할 수 있다.					
3	나는 갈등이 생겼을 때 감정을 조절하며 대화하려고 한다.					
4	나는 대화 중 상대의 감정이나 입장을 공감하려고 노력한다.					
5	나는 대화 상대에 따라 적절한 말투와 표현을 조절할 수 있다.					
6	나는 의사소통 중 오해를 줄이기 위해 자주 확인 질문을 한다.					
7	나는 대화 중 비언어적 신호(표정, 톤, 자세 등)에 주의를 기울인다.					
8	나는 비판이나 피드백을 받을 때 방어적이지 않게 반응하려 노력한다.					
9	나는 다른 사람과의 대화에서 주제를 일방적으로 끌고 가지 않는다.					
10	나는 상대방이 말하기 쉽도록 대화를 유도하거나 질문을 던진다.					

---

1) 소통에 관한 자가 진단 체크리스트 10문항과 학문적 설문지(예: Interpersonal Communication Competence Scale, Rubin & Martin, 1994) 및 관련 연구(Spitzberg & Cupach, 1984)의 이론을 바탕으로 구성한 평가 기준이다. 이 체크리스트는 자기 성찰용이며, 주로 대인 간 소통능력(interpersonal communication competence)의 구성 요소들을 반영하고 있다. 참고 자료: Rubin, R. B., & Martin, M. M. (1994). Development of a Measure of Interpersonal Communication Competence. Communication Research Reports, 11(1), 33-44. Spitzberg, B. H., & Cupach, W. R. (1984). Interpersonal Communication Competence. Sage Publications. Hargie, O. (2011). Skilled Interpersonal Communication: Research, Theory and Practice. Routledge.

■ **총점 평가 기준** (총점: 10~50점)

총점을 합산하여 본인의 소통을 다음과 같이 평가할 수 있다.

점수 범위	소통 수준	해석
45~50점	매우 우수	탁월한 소통능력을 보이며, 다양한 상황에서 원활한 의사소통이 가능합니다.
38~44점	우수	대체로 원만한 소통이 가능하며, 개선 여지가 소수 있습니다.
30~37점	보통	일반적인 수준이나 특정 상황에서는 오해나 갈등이 발생할 수 있습니다.
20~29점	개선 필요	소통에서 반복적인 어려움이 있을 수 있으며, 개선이 필요합니다.
10~19점	심각	대인관계에서 지속적인 갈등이나 오해 발생 가능성이 높습니다.

한 50대 아주머니가 문자 보내는 방법을 배웠다. 제일 먼저 남편에게 '여보 사랑해'라고 써서 보냈다. 그런데 남편에게서 반응 문자가 오지 않았다. 남편에게서 '나도 사랑해' 같은 문자가 올 것을 기대했는데 문자가 오지 않아 속상했다. 저녁에 남편이 오기를 기다렸다. 남편이 들어오자마자 물었다.

"문자 봤어요?"

"봤어요."

"그러면 답 문자를 보내야지, 내가 기다렸잖아요."

"기분 나빠서 안 보냈어."

"뭐? 내가 사랑한다고 한 게 기분 나빴어요?"

"당신 문자가 어떻게 온지 알아?"

"여보 사랑해라고 보냈는데요."

"여보 사랑해가 뭐야! 여보 사망해라고 했던데!"

이 이야기는 문자소통에 관한 것이다. 우리는 간혹 실수로 문자를 잘못 보내는 경우가 있다. 이와 같이 잘못 보낸 문자 때문에 오해가 생기고, 심지어는 관계가 깨지고, 심한 싸움과 분쟁이 생기는 경우도 있다. 소통은 이런 것이다. 소통이 안 되면 사람과의 관계에 문제가 생기고, 사회와 공동체가 단단하게 유지되기가 어렵다. 잘된 소통은 개인과 조직, 그리고 공동체를 살리지만, 반대로 잘못된 소통은 개인과 조직, 그리고 공동체를 죽인다. 서번트 리더가 되고 싶은가? 먼저 소통하는 사람이 되어야 한다. 반대로 불통하는 사람은 서번트 리더가 될 수 없다. 서번트 리더가 되기 위해서는 소통이 얼마나 중요한지 알아야 한다.

1. 소통이란?

소통을 한자로 '疏通'이다. 소통의 의미는 막히지 아니하고 잘 통하는 것이다. 즉 소통은 오해 없이 서로 잘 통한다는 뜻이다. 소통은 나의 생각과 마음을 상대방에게 잘 전달하여 잘 통하게 하는 것이다.

이의용은 『말 통하는 교회문화 만들기』라는 책에서 소통의 정의를 다음과 같이 설명하였다(이의용, 2006, 15-16). 소통은 영어로는 'communication'이다. 커뮤니케이션(communication)이란 본래 '共通(공통)' 또는 '公有(공유)'라는 뜻을 지닌 라틴어 'communis'에서 나왔다. 생물체들이 서로 지식, 사상, 감정, 의견 등을 공통화 또는 공유화하는 행동이나 과정을 말한다. 커뮤니케이션이란 말을 문자 그대로 해석하면, 하나 또는 하나 이상의 유기체(organism)가 다른 유기체들과 지식, 정보, 의견, 신념, 감정 등을 '공유' 또는 '공통화'하는 행동이라고 할 수 있다. 『기독교 커뮤니케이션』이라는 책에서는 "커뮤니케이션이란 유기체들이 설득을 목적으로 부호(상징)를 이용하여 메시지를 주고받는 행위이다."(기독교커뮤니케이션포럼, 2004, 19)라고 정의하였다.

동의보감을 보면 '通卽不通(통즉불통) 不通卽病(불통즉병)'이라는 말이 있다. 즉 몸이 아픈 것은 피가 통(通)하지 않기 때문이라는 뜻이다. 통(通)하지 않으면 병(病)이 온다는 뜻이다. 사람의 몸에는 피가 있다. 피가 통하지 않으면 몸에 이상이 생기고 아프고 병이 생긴다. 사람과의 관계, 조직과 구성원들과의 관계, 사회와 공동체들과의 관계에서도 통하지 않으면 오해가 생기고 문제가 발생한다.

이지훈은 『혼창통』이라는 책에서 소통은 통이라고 하면서, 통(通)은 '큰 뜻을 공유하는 일'이라고 말하였다. 통은 '상대를 이해하고 인정하는 일'이고, '마음을 열고 서로의 차이를 존중하는 일'이라고 설명하였다(이지훈, 2010, 197). 소통의 대가로 꼽히는 커뮤니케이션 컨설팅회사 플레시먼 힐러드(Fleishman Hillard)의 데이브 시네이(Dave Senay) 회장이 강조하는 커뮤니케이션 원칙 역시 '이해'를 바탕으로 하고 있다. 그는 소통의 정의를 "이해한다는 것이다. 상대방이 이해할 수 있도록 정보를 전달해야 한다."라고 하였다. 따라서 소통은 상대의 개성, 문화, 인생, 가치관 등 다양한 분야들을 이해할 때 진정한 소통이 이루어진다는 것이다(이지훈, 2010, 229). 소통을 잘하는 사람은 내가 아닌 상대방에 초점을 맞추어야 한다. 상대방을 이해하려고 노력할 때 좋은 소통을 하는 사람이 될 수 있다.

그렇다. 소통은 문자 그대로 서로 通(통)하는 것이고 서로 공유하는 것이다. 서로 통하기 위해서는 서로가 먼저 마음의 문을 열어야 하고, 먼저 서로의 차이를 존중해 주어야 한다. 서로의 차이를 인정하고 마음을 열어 모두의 행복을 추구하는 것이다. 이것이 소통의 정의요, 소통의 힘이다.

2. 소통의 힘

첫째, 소통은 협업을 가능하게 한다. 소통은 협업을 가능하게 하지만 불통은 협업을 불가능하게 만든다. 과거에 비해 수직적 구조에서 수평적 구조로 변화되고 있다. 수평적 구조에서 꼭 필요한 것이 바로 소통이다. 특히 일방통행은 소통이 아니다. 쌍방향 소통이 필요하다. 조직에서는 구성원들 간의 쌍방향 소통이 있어야 구성원들 간에 협업이 이루어지고, 일의 효율성도 높아지고, 조직의 문화가 평화로워지고 조직원 간의 신뢰가 생기고 행복한 조직을 만들 수 있다.

삼성경제연구소에서 직장인을 대상으로 설문조사를 한 결과, 직장인 3분의 2(65.3%)가 소통의 중요성을 인식하고 있으나 '조직에서 원활한 소통이 이루어지지 않는다.'라고 답했다. 사원과 사장 모두가 다 소통 수준에 불만을 나타내고 있었다. 경영자보다는 사원들이 더 소통 수준에 불만을 나타내고 있었다. 기업 경영자 피터 드러커(Peter F. Drucker)는 정서적인 소통이 조직의 존재를 결정하는 중요한 요소라고 했다. 구글에서는 'TGIF'라는 다과모임을 열어 최고경영자와 직원 간 자유로운 쌍방향 소통을 실행하고 있다. IBM도 사내 소셜 네트워크를 운영하여 직원 간의 소통을 증진하고 있다(김홍진, 2015, 203).

그렇다. 소통은 조직 내에서 구성원 간의 협업을 증진시키는 효과가 있다. 소통은 단순히 정보만 전달하는 기능만을 하는 것이 아니다. 구성원 간의 자연스러운 소통은 서로를 이해하게 되고, 서로를 존중하게 하고, 서로 공감하게 만들고, 그래서 서로 협력의 관계를 형성하게 되어 단단한 협업이 이루어지게 하는 힘이 있다.

둘째, 소통은 인간관계를 단단하게 만든다. 인간관계를 잘하려면 소통을 잘하는 사람이 되는 것이 먼저다. 관계는 소통이다. 인간관계의 대부분은 소통으로 이루어져 있다. 소통이 막히면 인간관계도 막힌다. 반대로 소통이 열리면 인간관계도 좋아진다.

이대희는 『크리스천의 인간관계』라는 책에서 "소통은 만나서 관계를 맺는 것이다. 인간의 소통은 물질을 서로 주고받는 것을 통해서도 이루어지만 진정한 소통은 사람끼리 서로 마음과 마음을 주고받는 것이다."(이대희, 2013, 288)라고 말했다. 그렇다. 소통은 관계와 밀접하다. 소통하면 관계가 유지되고, 불통하면 관계가 깨진다. 눈에 보이지 않는 소통이 잘 이루어질 때 인간관계가 잘 이루어진다.

소통이 안 되면 오해와 갈등이 발생한다. 이것이 더 커지면 싸움과 전쟁까지도 발생할 수 있다. 소통이 잘 되면 모든 문제가 해결될 수 있다. 소통이 잘 되면 모든 것이 잘 풀리고, 잘 될 수 있다. 그래서 소통은 인간관계에서 중요한 역할을 차지한다. 소통은 인간관계 속에서 갈등을 막아주고 조직과 공동체를 건강하게 유지시켜주는 필수요건이다. 소통은 가정, 학교, 직장, 사회, 국가, 세계 속에서도 꼭 필요한 요소이다. 소통이 없으면 가정 안에서 관계가 깨지고, 학교 안에서 친구와의 관계가 깨지고, 직장과 사회 속에서 관계가 깨지고, 국가와 국가 간의 관계가 깨지고 만다. 이것이 소통의 힘이다.

인간관계를 잘 유지하기 위해서는 소통의 기술이 필요하다. 소통의 기술은 의사소통을 말한다. 이대희는 『크리스천의 인간관계』라는 책에서 일반적으로 사람의 의사소통은 시각, 지적, 정서, 언어의 4단계를 거친다고 하였다. 즉 인간은 가장 먼저 보는 것으로 소통한다. 머리로 이해해야 소통한다. 가슴으로 느껴야 소통한다. 말로 해야 소통한다고 4가지를 설명하고 있다(이대희, 2013, 292-294).

셋째, 소통은 강력한 리더십을 발휘할 수 있다. 세종대왕은 소통의 왕이라고 해도 무방할 정도로 소통을 잘한 왕이다. 세종대왕은 소통을 중요시하였다. 그는 항상 백성들과 대화하고 토론하는 것을 좋아했다. 그의 화술은 대단했다. 그는 먼저 자신의 이야기를 하고, 상대방의 의견을 들었다. 그리고 그는 상대방의 의견을 본인이 올바르게 해석을 했는지를 재확인하기 위해서 다시 물었다고 한다. 세종대왕은 언제나 의문형으로 말을 했다. "자네 의견은 어떠한가? 이 문제는 어떻게 해결하는 게 좋을까?" 그리고 경청하였다. 그는 자신의 이야기를 내세우기보다는 언제나 상대방의 이야기를 듣는 것을 좋아했다. 마지막으로 그는 칭찬을 하였다. 그는 신하들의 말이 자신의 생각과 같든, 틀리든 간에 경청하면서 좋은 의견이 나오면 즉시 칭찬을 아끼지 않았다. 이것이 세종대왕의 '경청의 습관'이요, 그가 '소통의 왕'이라는 증거이다.

그렇다. 소통은 강력한 리더십을 발휘할 수 있게 만든다. 세종대왕의 리더십은 소통에서부터 시작되었다. 소통은 너와 나를 통합하게 만든다. 소통은 조직과 조직을 통합하게 만든다. 소통을 민족과 민족, 국가와 국가를 통합하게 만드는 강력한 힘이 있다. 소통은 '나'라는 개념을 '우리'라는 개념으로 만든다.

세종대왕은 17만 명의 백성에게 여론조사를 행한 후 조세개혁을 실행했다. 이것은 세종대왕의 리더십의 중심에는 소통이라는 것이 있다는 것이다. 그는 여민(與民)을 강조하였다. 여민(與民)이란 '백성과 함께한다'는 뜻이다. 그는 백성 위에 군림하는 왕이 아니라 백성 옆에서 방향을 알려주면서 이끌어가는 지도자였다. 그는 글을 모르는 백성을 위하여, 백성과 소통하기 위하여 한글을 만들었다. 그는 노비 출신 과학자 장영

실과 세종이 세자로 책봉되는 것을 반대했던 황희를 발탁했다. 이것은 그가 소통의 왕이요, 설득의 왕이요, 소통의 리더십으로 백성과 신하들을 섬기는 왕이었음을 알 수 있다. 이와 같이 소통은 서번트 리더가 반드시 겸비해야 할 조건이고, 소통은 리더에게 리더십을 더 잘 발휘할 수 있게 만든다.

세종대왕에게 배우는 소통의 과정

첫째, 의견을 즐겨 하되, 자신의 의견을 추종하는 사람들의 견해만을 듣지 않았다.
둘째, 원칙을 준수하되, 결정 단계에서 소수의 피해가 없는지 끝까지 재검토했다.
셋째, 의견을 심사숙고하되, 방향이 옳다면 시간을 들여 설득했다.
넷째, 세종은 화합을 추구하면서도 형식적 명분에 얽매이지 않았다.

참조 : 세종실록 전권

3. 성경에서 배우는 소통

잠깐! 토의 시간

성경에 나오는 인물 중 소통하는 사람은 누구일까? 서로 찾아서 발표해 보자.

구약성경에는 아브라함이라는 사람이 있다. 그는 소통을 중요하게 생각하였다. 그가 소통을 중요하게 여긴 사람이라는 사실은 그가 말한 것을 살펴보면 알 수 있다.

"아브람이 롯에게 이르되 우리는 한 친족이라 나나 너나 내 목자나 네 목자나 서로 다투게 하지 말자. 네 앞에 온 땅이 있지 아니하냐 나를 떠나가라 네가 좌하면 나는 우하고 네가 우하면 나는 좌하리라."(창 13:8-9)

아브라함과 롯은 큰 아버지와 조카 사이이다. 아브라함은 롯의 큰 아버지요, 족장이기 때문에 롯보다는 더 큰 리더십, 권력, 힘, 권위, 나이, 서열 등을 가진 사람이다. 그는 롯 앞에서 자신의 가지고 있는 것을 활용하여 자신의 주장을 일방적으로 통보하고 권리를 행사할 수도 있었다. 하지만 아브라함은 자신의 권한과 권리를 주장하기보다는 먼저 조카 롯의 입장에서 생각해 보고, 롯의 의견을 물어보고, 롯에게 먼저 선택할 수 있는 기회를 주었다. 이 부분이 아브라함이 소통의 리더라는 것을 말해 준다.

아브라함이 소통하는 사람, 소통의 리더가 될 수 있었던 것은 저절로 된 것이 아니라, 하나님의 가르침이 있었기 때문이다. 그는 아마 중요한 결정과 판단을 내리기 전에 반드시 하나님께 기도를 하였을 것이다. 하나님께 드리는 기도가 바로 소통이다. 또한 그는 하나님과 소통하기 위해서 하나님께 의존했다. 그분의 음성을 듣기 위해서 조용히 기다리는 시간들을 가졌다. 그는 하나님께서 소통을 중요하게 생각하시고, 소통하는 사람에게 복을 주신다는 것을 알고 있었다. 이와 같이 아브라함은 하나님과 소통하는 과정을 경험했기 때문에 사람(롯)과의 소통을 중요하게 생각했고, 배운 대로 시행하고자 했다.

4. 소통하는 사람이 되기 위한 방법들

① 먼저 공감하는 사람이 되자

사람과 사람이 소통을 잘 하기 위해서는 사람과 사람 사이의 간격을 좁혀야 한다. 사람과 사람 사이의 간격을 좁히려면 그 사이를 막고 있는 울타리를 허물어야 한다. 그래야만 사람과 사람이 통한다. 사람의 마음과 마음이 통하게 된다. 사람과 사람 사이의 울타리를 허물고 마음과 마음이 통하려면 무엇이 필요할까? 마음을 읽으면 소통할 수 있다. 소통은 마음과 마음이 함께하는 것이다. 마음의 소통은 보이지 않지만 힘이 있다. 그래서 리더가 구성원들의 마음을 읽지 못하면 소통할 수 없다. 그러나 사람의 마음을 얻는 것은 쉽지 않다. 그렇다면 어떻게 사람의 마음을 얻을 수 있을까? 바로 공감이다. 공감은 상대방의 입장에서 생각하고, 상대방을 이해하려는 마음과 태도이다. 서로의 울타리를 낮추고 상대방의 입장에서 자신의 고집과 사고를 내려놓아야 한다. 자신의 고집과 사고를 내려놓아야만 상대방의 입장, 상황, 고민거리, 속이야기에 공감하게 된다. 조직에서 구성원 간 관계의 문제를 해결하기 위해서는 가장 먼저 상대방의 입장에서 공감하려는 마음과 태도가 필요하다.

그렇다. 소통능력은 공감능력 향상과 연관성이 깊다. 소통을 못하면 공감능력이 낮고 관계를 잘 맺지 못한다. 특히 가까운 사람과의 관계일수록 더 어려움이 생기는 경우가 있다. 서로 잘 아는 관계일수록 공감할 필요가 없다고 생각하기 때문이다. 가족 간에, 친구 간에, 직장 동료 간에 가까운 사이일수록 더욱더 공감이 필요하다. 더 친밀한 관계에서도 소통의 기술이 필요하고 서로 노력이 필요하다.

소통하는 리더는 공감능력이 뛰어나다. 공감능력이 뛰어난 리더일수록 구성원들과의 소통에 아무런 문제가 없다. 공감은 나와 상대방이 다름을 인정하는 것이다. 나와 다른 것이 나쁜 것이라는 생각을 버려야 한다. 리더는 구성원들의 처지를 이해하고 인정하려는 역지사지(易地思之)의 마음이 필요하다. 공감능력은 소통의 리더가 갖추어야 할 기초 덕목이다.

② 상대방의 마음을 잡아라

소통은 상대방의 마음을 잡는 것이다. 상대방의 마음을 잡기 위해서는 상대방의 마음을 알고, 이해하고, 읽어야 하다. 소통은 마음과 마음이 통하는 것이다. 사람의 마음은 보이는 것이 아니라 상대방의 마음을 아는 것은 쉬운 일이 아니다. 더욱이 상대방의 마음을 잡는다는 것은 더 어렵고 힘들다. 어떻게 하면 상대방의 마음을 잡을 수 있을까? 가장 기초적인 방법은 상대방과 솔직한 대화를 하는 것이다. 솔직한 대화는 나의 마음을 상대방에게 전달하는 도구이다. 상대방과 대화가 시작되면 상대방의 마음이 보이고, 상대방의 마음을 이해할 수 있고, 더 나아가 상대방의 마음을 움직일 수 있고, 마음을 잡을 수 있다.

또 상대방의 마음을 잡으려면 어떻게 해야 하는가? 상대방의 마음을 열기를 바라기 전에 내가 먼저 마음의 문을 상대방에게 열어주어야 한다. 상대방에게 내가 신뢰를 주는 마음을 지닌 사람이라는 것을 느끼게 해 주어야 한다. 내가 먼저 마음의 문을 여는 것이 상대방의 마음의 문을 여는 열쇠가 된다. 상대방의 마음을 잡는 열쇠는 나의 마음을 먼저 여는 것이다.

③ 소통의 장애물을 제거하라

잠깐! 토의 시간

나에게 있어서 소통의 장애물이 무엇이라고 생각하는가? 서로 의견을 나누어보자.

소통의 장애물은 여러 가지가 있을 것이지만, 사람마다 다양할 것이다. 그중에서 몇 가지만 소개하겠다.

첫째, 소통의 장애물은 '소통의 불균형'이다. 소통의 균형은 나만 잘 해서는 안 된다. 반대로 상대방만 잘 해서도 안 된다. 나만 상대방을 이해해서는 안 되고, 반대로 상대도 나를 이해해 주어야 소통의 균형을 유지할 수 있다. 소통의 균형이 생겨야 나와 상대방이 소통이 이루어지게 된다. 반대로 나와 상대방 사이에 소통의 균형이 깨지면 나와 상대방은 서로 소통이 이루어질 수 없다. 소통의 균형을 회복하려면 상대방을 이해하고, 자신의 고집, 편견, 그리고 선입견을 버려야 한다.

둘째, 소통의 장애물은 '욕심'이다. 이대희는 『크리스천의 인간관계』라는 책에서 "소통을 방해하는 적은 욕심이다. 내 것을 가지려고 집착하면 할수록 소통은 멀어진다. 그리고 관계가 깨진다. 그러나 한 사람이 양보하거나 내려놓고 상대방에게 나누어주면 소통은 저절로 이루어진다."(이대희, 2013, 310)라고 하였다. 그렇다. 소통의 장애물은 욕심이다. 욕심을 갖고 상대방을 대하면 소통이 막힌다. 욕심은 나와 상대방의 소통을 막는 장애물이다. 나의 욕심을 버리면 소통이 시작된다. 나의 욕심을 버리면 상대방이 보인다. 나의 욕심을 상대방에게 양보하면 소통이 이루어지고 관계가 회복된다. 나의 욕심에 집착하면 상대방이 보이지 않고, 소통도 깨지고, 관계도 깨진다. 소통이 깨지는 것은 소통의 기술이 부족해서가 아니라 욕심을 가지고 있기 때문이다.

④ 의사소통의 기술을 배워라

소통하는 사람이 되려면, 의사소통하는 방법을 아는 것이 필요하다. 한 가지 기술로만 의사소통을 배우는 것보다는 다양한 기술을 사용하면 더 좋은 효과를 기대할 수 있다. 4가지 의사소통의 기술을 이대희의 『크리스천의 인간관계』라는 책을 참고하여 아래와 같이 소개하고자 한다(이대희, 2013, 295-299). 소개한 의사소통 기술을 각자의 특성을 살려서 적용해 보자.

첫째, 언어적 소통 기술이다. 직접 말하는 대화와 문자, 편지, 메일 등을 활용하는 소통 기술이다.

둘째, 비언어적 소통 기술이다. 언어적인 소통 못지않게 중요한 것이 비언어적 소통이다. 비언어적 소통은 몸으로 말하는 것을 뜻한다. 비언어적인 것은 말을 하면서 신호, 몸짓, 표정, 눈빛, 접촉, 음성 고저, 크기, 속도, 억양, 반응 등을 포함시키는 것을 말한다. 심리학자 앨버트 메러비언은 전체 의사소통 중에서 대화의 내용은 7%, 음조나 억양과 말투는 38%, 몸짓, 자세는 55%라고 말했다. 이렇게 보면 비언어적인 것이

90%를 넘는다.

셋째, 공식적 소통이다. 공식적 소통은 공적으로 전달 사항을 전할 때 사용한다. 이것은 공동체에서 사용하는 소통 방법으로, 일방적인 소통 방법이다. 실제적으로 이런 공식적 소통에 무감각함으로써 기회와 혜택을 놓치는 경우가 많다.

넷째, 비공식적 소통이다. 공식적 소통은 수직적인 소통인 데 반해 비공식적 소통은 수평적이다. 주로 구성원들 사이에 이루어지는 것으로 상호적인 소통을 이루게 한다. 비공식적 소통의 중요성이 점점 더 커지고 있다.

⑤ 진심 어린 시선을 보내라

눈은 소통 수단 중에서 중요한 요소이다. 눈과 눈, 시선과 시선의 교환이 소통의 수단이요, 기본이다. 대부분의 사람들은 관계가 깨지면 상대방의 눈을 피하거나, 시선을 주지 않으려고 한다. 억지로 시선의 교환을 거부한다. 시선의 교환 없이는 소통이 이루어지지 않는다. 시선의 교환은 소통의 시작이다. 다니엘 스턴의 다음과 같이 시선의 중요성과 대인관계와의 연관성에 대해서 소개하였다. "아기와 엄마에게 시선은 대단히 중요하다. 부모와 자식의 인연은 아이 콘택트(eye contact)에 의하여 시작된다고 해도 지나친 말이 아니다. 대인관계란 상대방과의 아이 콘택트에 의하여 시작된다."(이철우, 2008, 200). 일본의 사회심리학자 다이보는 상대와 눈을 맞추는 행동은 자신의 호의를 상대에게 전할 때뿐만 아니라 상대방으로부터 승인을 구한다든지 상대에게 바람직한 인상을 주고 싶을 때 늘어난다고 주장했다. 그렇다. 시선과 같은 비언어적 수단이 소통의 문을 여는 열쇠이다.

⑥ 경청하라

1929년, 폴 랜킨은 소통에 관한 조사를 하였다. 그 결과 성인들은 깨어 있는 시간의 평균 70%를 언어 소통에 사용하는데, 평균적으로 쓰기 9%, 읽기 16%, 말하기 30%, 듣기 45%의 비율로 시간을 사용한다는 사실을 알아냈다. 이처럼 경청은 소통에 있어서 가장 중요한 비중을 차지하는 요소이다(양광모, 2007, 173).

경청은 한자로 '傾聽'이다. 경청의 단어의 의미는 '귀를 기울여 들음'이다. 산업안전대사전에는 경청이란 "상대의 말을 듣기만 하는 것이 아니라, 상대방이 전달하고자 하는 말의 내용은 물론이며, 그 내면에 깔려있는 동기(動機)나 정서에 귀를 기울여 듣고 이해된 바를 상대방에게 피드백(feedback)하여 주는 것을 말한다. 이러한 효과적인 커뮤니케이션은 중요한 기법이다."(산업안전대사전, 2004)라고 설명한다.

경청이란 상대방의 이야기에 집중하는 것이고, 상대방의 내면의 목소리에 다가가서 만나는 것이다. 스테판 대학의 도날드 베트 박사의 연구에 의하면, 일과시간 중 언어적 소통은 쓰기가 4%, 읽기가 11%, 말하기가 22%, 듣기가 63%라고 하였다. 그는 많은 시간을 듣기에 할애하고 있기 때문에 말을 잘하는 것보다 잘 들어주는 것이 성공적인 소통을 하는 방법이라고 주장했다(헬레나, 2005, 79).

경청은 서번트 리더의 행동에서 요구되는 특징 중 하나이다. 그러므로 서번트 리더에게는 소통의 기술, 소통의 리더십이 필요하다. 소통의 반대는 불통이다. 불통하는 리더는 효과적인 리더십을 발휘할 수 없고, 리더십을 발휘할 수도 없기 때문에 영향력을 끼칠 수 없다.

경청은 그냥 상대방의 말을 잘 듣는 것, 이해하는 것과는 다른 의미가 있다. 경청은 상대방의 내면의 목소리를 듣는 것이다. 내면의 목소리는 상대방의 마음을 이해하고, 더 나아가 내면의 감정까지 이해할 수 있는 적극적인 소통 활동이다.

경청은 나의 입장에서 상대방의 말을 듣는 마음과 태도가 아니다. 반대로 나의 입장과 경험이 아니라, 상대방의 입장과 경험에서 상대방의 말을 이해하고, 더 나아가 상대방을 말을 듣는 마음과 태도이다.

경청은 말처럼 쉬운 것이 아니다. 상대방에게 귀를 내주었다고 경청이 아니다. 무의식적으로 상대방의 말을 듣는 것, 내가 상대방의 말을 선택해서 듣는 것은 진정한 경청이 아니다. 이것은 경청이 아니라 유사 경청이다. 유사 경청이란 상대방의 말을 들어주는 것 같지만, 상대방의 감정, 상황, 입장, 경험 등에 대한 이해가 충분하지 않은 상태에서 듣는 것을 말한다. 유사 경청은 상대방의 마음을 열지 못한다. 상대방은 표면적인 말, 피상적인 말만 하게 된다.

우리는 존슨 앤 존슨의 전 회장, 짐버크의 말을 기억하고, 소통하는 사람이 되도록 노력하자. 그는 소통과 경청의 중요성에 대해 "나는 재직 중 하루 일과의 40%를 회사의 핵심가치와 믿음에 대해 직원들과 소통하는 데 할애했다. 그중에서도 가장 중요한 것은 경청이다."(헬레나, 2005, 82)라고 하였다.

그렇다. 경청이 중요하고 필요하다. 그 이유가 무엇일까? 리더는 기계와 함께 일하는 사람이 아니다. 리더는 사람과 함께 일하는 사람이기 때문에 소통이 필요하다. 사람과 소통을 잘하는 사람이 서번트 리더이다. 경청을 잘하는 리더가 되려면 상대방에게 깊은 관심을 가지고 의식적으로 집중해야 하고, 경청이 자연스럽게 습관이 되기까지는 노력과 훈련이 필요하다.

소통 향상을 위한 자기성찰 워크북

1. 자기성찰

■ 영역 1: 나의 소통 스타일은 어떤가?

-나는 주로 말하는 편인가, 듣는 편인가?

-대화 중 침묵을 불편해하는가?

-감정이 섞인 말이 오갈 때 나는 어떻게 반응하는가?

■ 영역 2: 나는 경청을 잘하고 있는가?

-상대의 말을 끝까지 들어주는가?

-말보다는 '표정'과 '눈빛'으로 듣고 있는가?

2. 나의 소통 성찰 일기(주 1회 작성)

항목	내용 작성
이번 주 가장 기억나는 대화는?	
그 대화에서 내가 잘한 점은?	
그 대화에서 내가 아쉬운 점은?	
내가 상대의 마음을 오해한 부분은?	
다음에는 어떻게 대화하고 싶은가?	

3. 나의 소통 목표 설정

이번 주, 나는 다음과 같은 소통 습관을 실천하겠습니다. (2가지 이상 작성)

예시

- 대화 중 휴대폰 보지 않기
- 하루에 한 번은 "내가 잘못했어" 먼저 말하기
- 감정 표현할 때 '나는 ~해서 ~했다' 형식 사용하기

4. 주간 점검용 체크표

점검 항목	잘했어요	보통이에요	부족했어요
상대의 말을 끝까지 듣고 반응했는가?			
말하는 것보다 경청을 더 많이 했는가?			
말투와 표정에서 존중이 느껴지도록 했는가?			
내 감정을 솔직하게, 그러나 공격적이지 않게 표현했는가?			
공감하는 표현을 사용했는가?(예: "그럴 수 있겠다")			
갈등이나 오해가 생겼을 때 바로 풀려고 노력했는가?			
대화 중 방해하는 행동을 하지 않았는가?(예: 스마트폰 보기)			
피드백을 열린 마음으로 받아들였는가?			
내가 먼저 화해의 말을 시도했는가?			

5. 나만의 소통 선언문 만들기

예시

나는 말로 상처를 주기보다 마음을 어루만지는 사람이 되고 싶다.

나는 들으려 노력하고, 말할 땐 진심을 담겠다.

나는 갈등을 피하지 않고, 진실하게 소통하겠다.

작성해 보기

나의 소통 선언문 한 줄

→ 나는 ______________________________ 사람이 되겠다.

수업을 마치면서...

Closing Question

이번 수업을 통하여 내가 배운 것은 무엇인가?

이번 수업을 통하여 내가 조금씩 바뀌고 있는 것은 무엇인가?

이번 수업을 통하여 내가 부족한 것은 무엇인가?

일주일 동안 감사한 일은 무엇인가?(하루에 한 가지 적어보기)

요일	감사한 일
월	
화	
수	
목	
금	
토	
일	

CHAPTER

7

서번트 리더의 역량, 신뢰

수업에 들어가면서...

수업 시작 구호, 다함께 시작!!!

"I AM GOOD, YOU ARE GOOD, WE ARE GOOD, GOOD~, GOOD~, GOOD~"

Opening Question

- 나는 어떤 사람을 신뢰하는가, 그리고 그 이유는 무엇인가?
- 한 번 잃은 신뢰는 회복될 수 있는가? 그렇다면 어떻게 가능한가?
- 조직(가정, 학교, 회사, 국가 등)에서 신뢰가 무너지면 어떤 문제가 생기는가?

■ 신뢰 자가 진단 체크리스트 (10문항)[1]

최근 1개월 간의 자신의 태도와 행동을 기준으로 아래 문항에 응답해 보자.

(1점: 전혀 그렇지 않다 ~ 5점: 매우 그렇다)

번호	문항	전혀 그렇지 않다 (1점)	그렇지 않다 (2점)	보통이다 (3점)	그렇다 (4점)	매우 그렇다 (5점)
1	나는 다른 사람의 말과 행동을 의심 없이 믿는 편이다.					
2	나는 약속을 잘 지키는 사람이라고 생각한다.					
3	나는 누군가 나에게 비밀을 털어놓으면, 나는 그것을 잘 지킨다.					
4	나는 타인이 나에게 실수했을 때, 다시 믿고 기회를 줄 수 있다.					
5	나는 스스로를 신뢰하고 중요한 결정을 내릴 수 있다고 느낀다.					
6	나는 타인이 나를 믿고 의지할 수 있는 사람이라 생각한다.					
7	나는 실수를 하더라도 스스로에 대한 신뢰를 쉽게 잃지 않는다.					
8	나는 처음 만난 사람에게도 일정 수준의 신뢰를 주는 편이다.					
9	나는 누군가를 신뢰하는 데 시간이 걸리는 편이다. (역문항)					
10	나는 공동의 목표를 위해 타인과 신뢰를 기반으로 협력할 수 있다.					

1) 이 체크리스트는 다음의 이론 및 연구를 참고하여 구성하였다: Mayer, Davis, & Schoorman (1995): An Integrative Model of Organizational Trust – 신뢰는 능력, 호의, 정직성의 세 가지 요인에 의해 형성됨을 설명. Rotter (1967): Interpersonal Trust Scale – 대인 신뢰감의 일반적인 태도 측정. Erikson (1950): Psychosocial Development Theory – 초기 신뢰 대 불신의 발달단계 강조. Tschannen–Moran & Hoy (2000): Trust in Schools: A Conceptual and Empirical Analysis – 교육 공동체 내 신뢰에 대한 구성요소 정의. Luhmann (1979): Trust and Power – 사회적 시스템 내에서의 신뢰의 작동 방식에 대한 철학적 접근.

■ **총점 평가 기준** (총점: 10~50점)

총점을 합산하여 본인의 신뢰를 다음과 같이 평가할 수 있다.

점수 범위	신뢰 수준	해석
45~50점	매우 우수	매우 높은 신뢰감. 자신과 타인에 대한 신뢰가 잘 형성되어 있습니다.
31~40점	우수	일반적으로 신뢰감이 있으며, 건강한 대인 관계를 유지할 수 있습니다.
21~30점	개선 필요	신뢰 형성에 어려움이 있을 수 있으며, 자기 인식 및 관계 개선이 필요합니다.
10~20점	심각	매우 낮은 신뢰 수준이며, 자기 신뢰 또는 대인 신뢰 문제로 인해 관계에 제약이 있을 수 있습니다.

1. 신뢰란?

잠깐! 토의 시간

나는 신뢰를 OOO이라고 생각한다. 그 이유를 서로 나누어보자.

예를 들어서, 신뢰는 은행의 예금과 같다. 이것은 『네 자신 속의 또 다른 너를 깨워라』의 저자 마이크 에브라소프(Mike Abrashoff)의 말이다(존 맥스웰/(주)웨슬리퀘스트 옮김, 2006, 159). 그는 이렇게 말하였다.

"신뢰는 은행 예금과 같다. 이것을 불리려면 계속 예금해야 한다. 일이 잘 안되어 돈을 인출해야 할 때도 있을 것이다. 이런 과정을 거치면서 은행에 예치된 돈은 이자가 불어나게 된다."

국어사전에서 신뢰의 뜻은 굳게 믿고 의지함이고, 영어에서 신뢰를 뜻하는 'Trust'는 독일어로 'Trost'에서 비롯된 말로 'Trost'는 편안함(comfort)을 상징한다. 상대방을 신뢰한다는 것은 상대방을 대하는 것이 편안하다는 뜻을 내포하고 있다.

웹스터 사전(Whitney, 1996)에는 신뢰를 다른 사람, 조직 또는 제품에 대한 확신을 의미한다. 즉 신뢰란 상대방이나 상대방의 제품 또는 서비스가 정직하고, 도덕적이고, 공정하다고 믿을 수 있는 확신을 의미한다(이관응, 2001, 33).

호즈머(Hosmer, 1995)는 신뢰란 특정인, 특정 그룹, 특정 조직이 다른 사람, 다른 그룹 내지는 다른 조직에 의존하는 것을 의미한다. 여기서 신뢰는 양자 사이의 관계를 보여주는 것이다. 기업조직에서 신뢰는 상하 간의 관계, 부서 간의 관계, 구성원 개인과 조직과의 관계를 지칭한다. 그래서 신뢰는 관계의 질을 대변하는 개념이다(이관응, 2001, 33-34).

네이버 지식백과에서 "신뢰의 정의"라는 단어를 검색하여 찾아보았다. 세계문화사전(인물과 사상사, 2005)에서는 신뢰의 정의를 다음과 같이 설명해 놓았고, 신뢰와 관련된 내용도 있었다(네이버 지식백과).

신뢰를 뜻하는 영어 단어 'trust'의 어원은 '편안함'을 의미하는 독일어의 'trost'에서 연유된 것이라고 한다. 우리는 누군가를 믿을 때 마음이 편안해진다. 혹시 그 사람이 배신을 할까봐 염려할 필요가 없기 때문에 마음이 편안해질 뿐만 아니라, 배신을 예방하기 위해서 필요한 시간과 노력을 절약하게 해 주는 효과를 얻을 수도 있기 때문이다.

일본계 미국 지식인 프랜시스 후쿠야마(Francis Fukuyama)는 1995년 여름에 출간한 『트러스트』에서 한 나라의 경쟁력은 그 나라가 고유하게 갖고 있는 신뢰 수준에 의해 결정된다고 주장했다. 비교적인 관점에서 보자면 미국 · 일본 · 독일은 고신뢰 사회고, 프랑스 · 중국 · 이탈리아는 저신뢰 사회이다. 후쿠야마의 분류에 따르자면, 한국은 저신뢰 사회다. 그는 한국은 저신뢰 사회라 앞으로 큰 발전을 기대하기 어렵다는 부정적인 평가를 내렸다(프랜시스 후쿠야마/구승회 옮김, 1996).

감베타에 따르면, "뿌리 깊은 신뢰의 부재는 경험을 통하여 치유하기가 매우 힘들다. 왜냐하면 신뢰가 부재하기 때문에 사람들이 사회적 실험을 통해 이를 극복하려는 시도를 하기가 힘들 뿐만 아니라, 더 나쁜 경우에는 신뢰의 부재를 증폭시키는 행동에 빠지도록 만들기 때문이다. 상호 불신이 생기기 시작하면, 상호 신뢰가 올바르다는 것을 알게 되기가 힘들게 된다. 왜냐하면 신뢰는 자기충족적(self-fulfilling)인 성격을 가지고 있기 때문이다."(로저 피들러/조용철 옮김, 1999 재인용).

21세기 정치학대사전에서는 신뢰의 정의를 다음과 같이 설명해 놓았다(네이버 지식백과).

> 사전적 의미는 '믿고 의지함'이다. 신뢰는 규범만큼 강한 규제력을 가지고 있는 것은 아니지만 재차 신뢰관계가 형성되면 상대의 기대를 벗어나는 행위는 억제한다. 그것에 의해 상대의 행위를 예측할 수 있게 된다. 신뢰가 상대의 행위를 예측할 수 있게 할 뿐만 아니라 예기(豫期)할 수 있게 한다는 것을 지적한 것은 N. 루만(Niklas Luhmann)이었다. 행위자는 상대의 행동을 예측할 수 있을 만큼 충분한 정보를 가지고 있지 않기 때문에 신뢰가 필요하다. 신뢰는 수중의 많은 정보를 이용함으로써 상대의 행동을 예기할 수 있게 한다.

2024년 OECD가 발표한 정부신뢰도 조사 결과의 주요 사항은 다음과 같다(행정안전부, 2024.07.15.). 30개국 이상 참여한 조사에서, 2024년 발표한 중앙정부 신뢰도 순위는 30개국 중 15위를 기록했다. 30개국 이상을 대상으로 조사한 결과에서는 2017년 24%(32위), 2019년 39%(22위), 2021년 45%(20위)이다. 2024년 OECD가 발표한 정부신뢰도는 30개국 평균 39.3%로 2022년 20개국 대상으로 조사한 결과인 41.4%에 비해 하락했다. 한국의 정부신뢰도 결과는 영국(26%), 프랑스(34%), 이탈리아(36%), 독일(36%) 보다 높은 수치이다.

2. 신뢰의 중요성, 영향력, 유익

신뢰는 인간관계에서 가장 중요한 요소이다. 신뢰가 인간관계에서 가장 중요한 요소인 이유는, 신뢰가 모든 인간관계의 토대이고, 인간관계를 구성하는 골격이기 때문이다. 워렌 베니스는 그의 저서, 『뉴리더의 조건(On becoming a Leader)』에서 이렇게 말했다.

"성실은 신뢰의 기반이 되며, 신뢰는 리더십의 요소라기보다는 그 산물이다. 신뢰는 구한다고 얻어지는 것이 아니라 남들이 줄 때만 가질 수 있는 것이다. 동료나 따르는 사람들이 주는 것이며, 이것이 없으면 리더가 될 수 없다."

출처: 존 맥스웰/(주)웨슬리퀘스트 옮김(2006). p.155 재인용.

신뢰와 인간관계를 그림과 액자로 비유해서 설명할 수 있다. 인간관계는 액자 안에 있는 그림으로 비유한다면, 신뢰는 그 그림을 둘러 싼 액자와 같다. 그림을 벽에 고정시키려면 그림을 액자에 넣어서 고정시킬 수 있듯이, 인간관계를 잘 유지하려면 동시에 신뢰 구축이 이루어져야 한다.

신뢰가 미치는 영향과 유익에 대해서, 이관응의 『신뢰경영과 서번트 리더십』이라는 책에서는 이렇게 설명하고 있다.

"기업 내부에 구성원들 간의 신뢰, 구성원 개인과 조직과의 신뢰는 일터 자체에 활력을 불어넣으면서 우수인재를 지속적으로 유치하고 유지할 수 있는 중요한 요인이다. 구성원들 간의 신뢰가 높을수록 커뮤니케이션이 활발해지고 그에 따라 정보공유의 질이 높아지면서 상호 간의 협력의 질이 높아진다."

출처: 이관응(2001). pp.31-32.

신뢰가 높을수록 상대방을 편안하게 느끼기 때문에 상호 간 커뮤니케이션도 솔직하고 활발해진다. 상호 간의 관계에서 신뢰를 높인다는 것은 편안함의 정도를 높인다는 뜻이다.

신뢰가 관계에 어떤 영향력을 미치는가에 대해서 살펴보자. 신뢰가 관계의 질에 영향력을 주는지, 영향력을 준다면 무슨 영향력을 미치는지 알아보자.

라이안과 오스트라이히(Ryan and Oestreich, 1998)는 "조직에서 구성원들 간 관계의 질이 훌륭하다는 개념의 핵심에는 신뢰가 자리 잡고 있다."라고 말하였다. 잰드(Zand, 1997)는 "리더십에서 가장 중요한 요인은 신뢰이다. 신뢰란 다른 사람에 대한 믿음을 증가시키는 것이다."라고 하였다(이관응, 2001, 39-40).

이처럼 신뢰가 기본이 되고 있는 일터에서는 구성원들이 비록 서로 다른 입장에 있다고 하여도 서로에 대한 이해가 높을 뿐 아니라 서로 돕고자 하는 경향이 강하다. 또한 신뢰가 높은 일터에서는 구성원들이 상호 간 직급이 다르더라도 서로 상대방을 신뢰하고 도와주려고 하기 때문에 협력 수준이 높아진다. 이처럼 신뢰를 바탕으로 상호 간 관계의 질이 높은 조직에서는 구성원들의 영향력이 위에서 아래로 일방적으로 흐르지 않는다(이관응, 2001, 36-40).

스쯔톰프카(Sztompka, 1999)를 비롯한 많은 학자들은 신뢰를 관계의 질(quality of relationship)로 파악하였다. 신뢰란 두 사람과의 관계에서 한 사람이 다른 사람의 행동을 믿고 따를 때 형성된다. 이러한 신뢰는 개인과 개인, 부서와 부서, 개인과 조직 간 관계를 대변한다(이관응, 2001, 36).

그림 7-1에서 보듯이 켈의 법칙에 의하면, 상하 간 관계에서 심리적 거리는 직급 간 거리의 제곱에 비례한다. 즉 사원과 사원 간 직급 간 관계의 거리를 1로 할 때, 직급의 차이에 의한 사원과 관리자와의 거리는 2가 된다. 이때 사원의 입장에서 볼 때, 사원과 관리자 간 심리적 거리감은 4가 된다.

그렇다. 조직에서의 신뢰와 관계는 밀접하고 정비례한다. 신뢰는 관계의 질을 대변하는 것이다. 신뢰가 높다는 것은 구성원간의 관계의 질이 높다는 것이다. 즉 신뢰가 높으면 관계의 질도 높다. 신뢰가 낮으면 관계의 질도 낮아진다.

신뢰는 영어로 'trust'이다. 이 단어는 독일어 'trost'에서 비롯되었고 그 뜻은 '편안함(comfort)'이라는 의미를 담고 있다. 상대방을 신뢰한다는 것은 상대방을 대하는 것이 편안하다는 뜻을 담고 있다는 것이다. 그래서 상대방에 대한 신뢰가 높을수록 상대방에 편안함을 느끼기 때문에 상호 간 커뮤니케이션도 솔직하고 활발하다. 이를 바탕으로 상호 간 정보공유와 협력의 질도 높아진다. 결국 신뢰가 구성원 간 관계의 질을

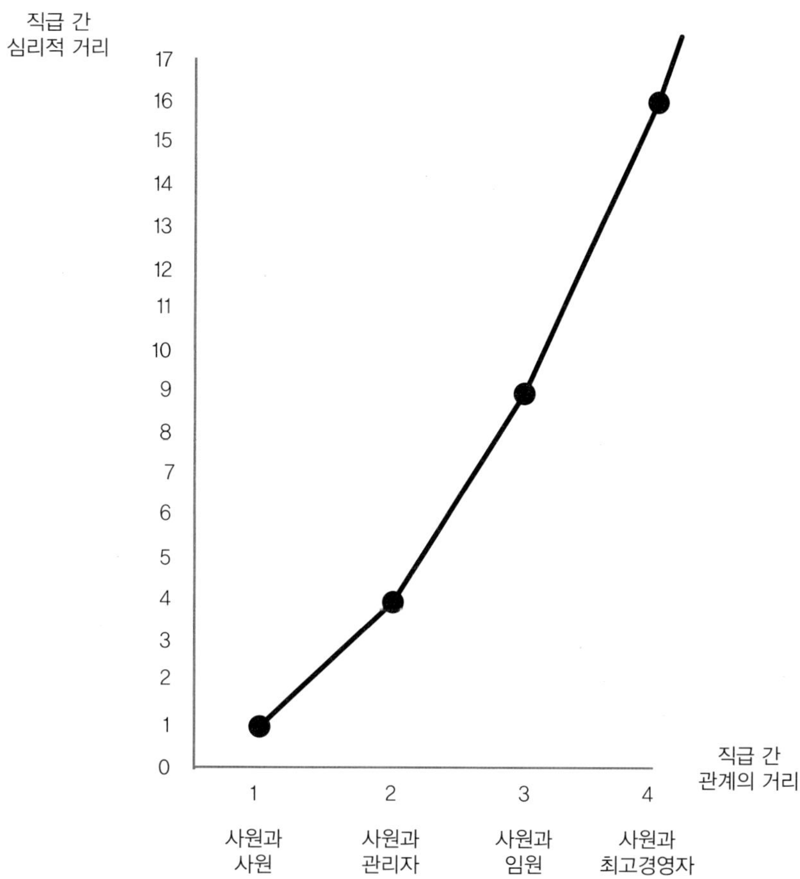

그림 7-1 켈의 법칙(Kel's Law)에 의한 직급 간 거리와 심리적 거리의 관계

출처: 이관응(2001), p.37.

높이고, 커뮤니케이션을 활성화시키고, 협력의 질을 높이기 때문에 조직 전체의 효율성을 높이고, 생산성도 높이게 된다.

라이안과 오스트라이흐(Ryan and Oestreich, 1998)에 의하면 신뢰가 높은 일터는 그렇지 못한 일터에 비하여 다음과 같은 특징이 있다(이관응, 2001, 50-51).

- 구성원들 상호 간에 이해가 높고 서로 돕고자 한다.

- 구성원은 서로의 장점뿐만 아니라 취약점에 대하여도 솔직하게 피드백을 주고받는다.
- 구성원들 간의 상호 영향력이 높다. 즉 구성원 각자는 다른 구성원들의 아이디어와 의사결정에 영향을 미친다. 마찬가지로 다른 구성원들 역시 자신의 아이디어와 결정에 영향을 준다.
- 일터에 유머가 있기 때문에 일하는 것이 즐겁다.
- 문제 해결 방식이 창의적일 뿐만 아니라 서로 간 협력이 높기 때문에 시너지 효과가 높다.
- 구성원들은 서로 배경과 경험 및 관점이 다르지만 서로 상대를 인정하고 존중한다.
- 구성원들은 서로 의견이 다르고 갈등이 생겨도 함께 일을 처리하고자 한다.
- 구성원들은 서로 공동의 목표를 달성해야 한다는 의지가 강할 뿐만 아니라 다른 구성원들이 성공적으로 일을 완수할 수 있도록 도와야 한다는 생각이 강하다.
- 구성원들 간에 서로 정직하고 공감대가 높다.
- 구성원들 간에 커뮤니케이션이 직접적이다. 즉 구성원들은 서로 간에 솔직하기 때문에 돌려서 말하는 것이 없으며 직급의 차이에도 불구하고 각자 느끼는 점을 직접 전달한다.

그림 7-2에서 보듯이 구성원들 간 신뢰가 높을수록 구성원들은 서로 솔직하게 자신의 의견을 말함으로써 커뮤니케이션이 활성화되고, 이를 토대로 정보공유가 활성화된다. 그리고 구성원들 간의 협력 수준과 관계의 질이 높아지게 되어, 시너지 효과 및 공동체에 대한 자신감이 강화되고, 결국 조직은 높은 성과를 창출하게 된다.

우리는 스타웁(Staub, 1994)의 충고에 귀를 열어 놓아야 한다.

> "오늘날 기업의 경쟁력은 신뢰를 바탕으로 한 학습문화를 개발하고 유지할 수 있느냐에 달려 있다."

그는 조직 내의 학습과 창의성, 혁신 및 경쟁력은 신뢰 수준에 비례한다고 했다(이관

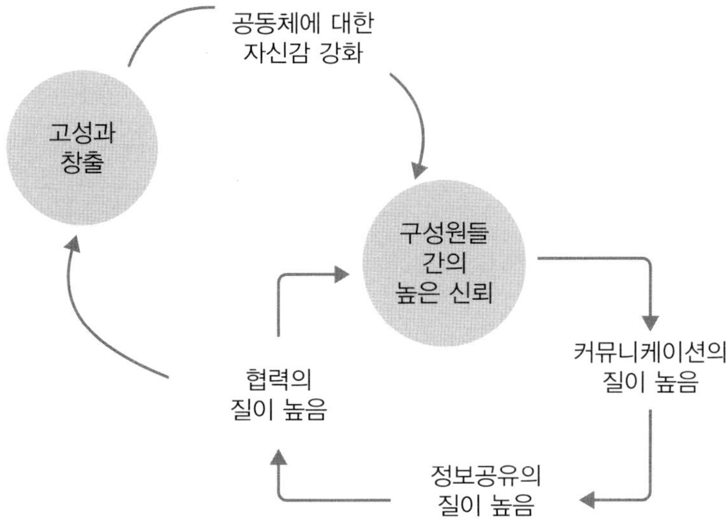

그림 7-2 신뢰와 조직의 성과

출처: 이관응(2001). p.53.

응, 2001, 54-56). 그래서 신뢰는 관계를 유지하는 접착제와 같다. 신뢰가 빠지면 좋은 관계를 형성하는 것은 불가능하다는 말이다.

3. 신뢰와 리더십

신뢰와 관계의 질은 정비례한다. 신뢰가 높다는 것은 구성원들 간 관계의 질, 상하 간 관계의 질이 높다. 그렇다면 신뢰는 리더십과 무슨 연관성이 있을까? 이것을 살펴보자.

잠깐! 토의 시간

신뢰는 리더십과 무슨 연관성이 있다고 생각하는가? 서로의 의견을 나누어보자.

로버트 레버링은 "상사의 리더십 행위가 부하들에게 어떻게 받아들여지고 있느냐에 따라 상사에 대한 부하들의 신뢰 정도가 결정된다."라고 하였다(이관응, 2001, 58).

이것은 조직에서 상하 간 관계의 질을 높이고 신뢰 문화를 조성하는 책임은 상사인 리더의 몫이라는 뜻이다. 그래서 신뢰는 리더십과 밀접한 연관성이 있다. 즉 조직원들의 신뢰를 높이려면 무엇보다도 상사인 리더의 리더십이 절대적으로 영향을 미친다는 것이다.

웨이틀리(Waitley, 1995)는 "상하 간 신뢰가 없다면 리더십은 껍데기에 지나지 않는다"라고 지적하면서, 신뢰에 영향을 주는 리더의 정직성, 도덕성, 윤리의식 등을 리더의 필수적 자질로 지적했다. 또한 코우체스와 포스너(Kouzes and Posner, 1993)는 "리더십의 기초는 신뢰"라고 지적했다(이관응, 2001, 58). 이 말은 리더십은 신뢰의 구축이 기본이라는 것이다. 즉 리더십은 신뢰를 기초로 그 영향력을 발휘할 수 있다는 말이다.

리더가 구성원들로부터 신뢰를 받으면, 신뢰를 바탕으로 구성원들로부터 지지를 받게 되어 그 다음부터는 리더십을 발휘할 수 있다. 반대로 리더가 구성원들로부터 신뢰를 잃으면, 지지를 얻지 못하고, 결국 리더십도 발휘할 수 없게 된다.

리더에 대한 구성원들의 신뢰가 낮으면, 리더에 대한 신뢰도 낮아지는 것뿐만 아니라 동시에 구성원들 간의 신뢰도 낮아진다. 리더에 대한 구성원들의 신뢰가 낮아지면, 리더가 시킨 일에 대한 책임감이 낮아진다. 동시에 구성원 간의 협력도 낮아진다.

그렇다. 조직에서 구성원들 간 관계의 질을 높이고, 신뢰 문화를 구축하기 위해서는 리더의 역할이 중요하다. 이와 같이 신뢰와 리더십은 아주 밀접한 연관성이 있다.

신뢰와 정직은 분리해서 정의할 수 없는 관계이다. 신뢰와 정직은 밀접한 연관성을 가지고 있다. 정직을 잃으면 동시에 신뢰가 떨어진다. 정직을 얻으면 신뢰도 높아진다.

신뢰의 시작은 '정직'이다. 정직과 성실 위에서 행동하는 것, 이것이 신뢰를 형성하는 첫걸음이다. 정직 없이는 신뢰도 없다. 정직은 '속이지 않는 것'이다.

그러므로 신뢰관계를 유지하기 위해서는 가장 먼저 정직해야 한다. 신뢰는 좋은 관계를 유지시키는 접착제 역할을 한다. 신뢰는 윤활유와 같다. 구성원들 간의 충동을 막아주고 더 좋은 성과를 만들어내는 역할을 하기 때문이다.

4. 신뢰를 형성하는 비결

① 먼저 자신에게 정직하라

셰익스피어는 "무엇보다 이것을 명심하라. 자신에게 진실한 사람은, 밤이 지나면 아침이 찾아오듯 타인에게도 거짓을 행하지 못하나니"라고 했다. 이것은 신뢰는 자신에서 비롯된다는 것을 명심하라는 말이다. 자신에게 정직하지 못한 사람은 다른 사람에게도 정직하지 못하기 때문이다.

'자신이 정말 정직한 사람인가?'를 먼저 점검해 보자. 우리는 '거울의 법칙'으로 자신의 정직을 보아야 한다.

② 정직하게 행동하라

상대방에게 신뢰를 받을 수 있는 사람이 되기 위해서는 가장 먼저 정직하게 행동하는 사람이 되어야 한다. 이것이 신뢰를 형성하기 위한 첫 단추가 된다. 정직이 없는 부부는 모래 위에 세운 가정과 같다. 정직이 없는 공동체는 종이로 만든 집과 같다. 신뢰는 말이 아닌 행동으로 회복된다는 사실을 명심하라.

③ 성실한 사람이 되어라

성실이란 단어는 정수(整數, whole number)를 의미하는 수학용어 'integer'와 같은 어원에서 비롯되었다.

라이프 성경사전(생명의 말씀사, 2006)에는 "거짓이 없고 참된 성품. 하나님의 거룩한 속성으로서(창 24:27; 애 3:23), 하나님은 택한 백성의 배교와 불충에도 불구하고 그들과 맺으신 약속을 친히 이행하심으로써 성실하심을 보이셨다(시 36:5; 사 25:1). 한편 성실은 상호 간에 갖는 신뢰의 기본으로서 하나님과 인간, 인간과 인간 사이에 나누는 인격적 교제에 있어서 가장 중요한 요소이다."라고 하였다.

칸트사전(2009)에는 "성실은 인간의 성격(Charakter)의 기본적 특질이며 그의 본질적인 것이다. 성실은 또한 숭고이기도 하다."라고 설명하였다.

그렇다. 성실은 생각과 말, 행동이 조화롭고 일관됨을 의미한다. 성실한 사람은 사적인 일과 공적인 일에서도 가치관이 올바르고, 일관성 있게 행동을 한다. 간디는 "삶의 어느 한 부분에서 그릇되게 행동하는 사람이 다른 부분이라고 해서 옳게 행동할 수는 없다. 삶은 분할이 불가능한 총체이기 때문이다."라고 했다(제임스 C. 헌터/김광수 옮김, 2002, 125). 성실은 신뢰를 형성하게 하는 중요한 요소이다.

잠깐! 토의 시간

앞에서 신뢰를 형성하기 위한 비결을 알아보았다. 내가 생각하고 있는 신뢰를 형성하기 위한 비결은 무엇인가? 서로 토의해 보자.

신뢰를 형성하기 위한 방법에 대해서 『신뢰』라는 책에서 소개한 '신뢰의 7가지 원칙'을 다음과 같이 요약하였다(레스 T. 쏘르바/박종윤 옮김, 2007, 321-343).

첫째, 신뢰받는 리더는 시련의 도가니에서 탄생한다. 인류 역사상 영웅적인 리더십은 늘 극도로 외로운 고통의 도가니에서 형성되었다. 테레사 수녀를 만나본 사람들은 아름다운 신의 여인에게 가장 인상적인 점이 '발의 건막류'라고 말했다. '골수까지 성인'인 여인과 시간을 보낸 사람들은 그녀의 망가진 건강을 알아차리지 못하였다. 발의 고통이 그녀의 섬김을 방해했을까? 그렇지 않았다. 테레사 수녀는 자신의 도가니 속에서 내면에 강철을 형성했고, 거의 날마다 목격되는 죽음에 맞설 수 있는 강건함을 얻었다.

링컨 대통령은 아마 어느 역대 대통령보다 쉼 없는 고난의 불길로 단련된 인물일 것이다. 그는 일곱 살이라는 나이에 가족을 부양하기 위해 집 밖으로 나서야 했고, 아홉 살에 어머니를 잃었고, 스물두 살에 점원 일을 그만두어야 했고, 스물세 살에 부채를 지게 되었고, 오랫동안 사귄 여자 친구에게 청혼을 거절당했다. 그는 의회 선거에서도 거듭거듭 패했다. 마흔한 살에 네 살 난 아들을 잃었고, 마흔다섯 살에 상원에 출마했다가 고배를 마셨다. 마흔일곱 살에 부통령 지명에 실패했고, 마흔아홉 살에 다시 상원에 도전했다가 실패했다. 그리고 쉰한 살에 미국 대통령이 되었다. 링컨에 대해 비판적이었던 에드윈 샌튼(edwin stanton)조차도 링컨 사망 당시 그에 대해 이렇게 말했다.

"인류 역사상 가장 완벽한 통치자가 누워 있다. ... 그리고 이제 그는 역사에 길이 남을 것이다."

둘째, 신뢰받는 리더는 멘토의 도움으로 만들어진다. 역사를 살펴보면 리더십의 거목들은 모두 멘토의 영향을 받았다. 성경 속에서 이드로는 모세의 멘토였고, 모세는 여호수아와 갈렙의 멘토였다. 엘리야는 엘리사의 멘토였다. 바나바는 바울의 멘토였다. 바울은 디모데의 멘토였다. 사도 바울은 교회 건설에서 멘토의 필요성을 강조했다.

"우리는 이 그리스도를 전합니다. 우리는 모든 사람을 그리스도 안에서 온전한 사람으로 세우기 위하여 모든 사람에게 권하며, 지혜를 다하여 모든 사람을 가르칩니다. 이 일을 위하여 나도 내 속에서 능력으로 작용하는 그분의 활력을 따라 수고하며 애쓰고 있습니다."(골로새서 1:28-29, 새번역성경)

셋째, 신뢰받는 리더는 사심 없는 인격을 구현한다. 리더십의 위기는 인재의 위기가 아니라 인격의 위기다. 너무나 많은 리더들이 리더십의 희생보다 갈채에 열중한다. 너무나 많은 리더들이 올바른 일을 하는 것보다 결과에 관심을 둔다. 그 결과 수많은 사람들이 리더에게 불신을 품게 되었다. "진정한 리더십은 신뢰를 연료로 작동하는 인격이다." 이것은 우리가 꼭 기억해야 할 멋진 말이다.

넷째, 신뢰받는 리더는 부름 받았다고 생각한다. 리더가 가지고 있는 부름의 느낌이 과소평가되고 있다고 생각한다. 부름 받은 리더십이라는 개념은 곧바로 야망에 대한 적절하거나 적절하지 못한 생각으로 이어진다. 이것은 부름 받은 리더는 자아나 사욕이 없다는 얘기가 아니다. 하지만 그들은 욕망을 부름에 종속시킨다.

다섯째, 신뢰받는 리더는 특권을 조심스럽게 행사한다.

여섯째, 신뢰받는 리더는 흔들림 없이 목표에 집중한다.

일곱째, 신뢰받는 리더는 추종자의 리더십에 투자한다.

짐 콜린스의 말에 따르면 신뢰받는 리더는 "회사가 다음 세대에 더욱 성공적이기를 진심으로 갈망하고, 그 성공의 뿌리가 자신의 노력으로 거슬러 올라간다는 사실을 대부분의 사람들이 알지 못해도 그 사실을 편안하게 받아들인다." 위대한 리더는 그들의 삶을 다른 사람에게 쏟는다. 그들은 리더십 계발과 후계자 계획에 투자한다.

우리의 신뢰를 끝까지 지켜낼 수 있을까? 왜냐하면 신뢰를 쌓으려면 오래 걸리지만 신뢰를 무너뜨리는 것은 얼마 안 걸리기 때문이다. 우리가 신뢰를 구축하기 위해서는 품성과 노력의 시간이 필요하다.

그렇다. 신뢰는 바로 리더가 호흡하는 공기와 같다. 아무리 건강한 사람이라도 공기를 마시지 못하면 죽는다. 마찬가지로 신뢰가 없는 리더는 실패한다. 신뢰가 없는 리더는 추종자들을 질식하게 하고, 추종자들이 편안하게 숨을 쉬지 못하게 한다.

잠깐! 토의 시간

신뢰받는 리더의 7가지 원칙에 대해서 살펴보았다. 배운 것 중에서 나에게 부족한 것이 무엇이고, 잘하고 있는 것이 무엇인지 서로 자신의 생각을 나누어보자.

1. 신뢰를 무너뜨리는 나의 습관들

[나의 신뢰를 무너뜨리는 습관들 자가진단 체크]

▶ ( ) 실수했을 때 변명부터 한다.

▶ ( ) '내가 뭘 잘못했는데?'라는 말이 자주 나온다.

▶ ( ) 감정을 숨기고 그냥 넘긴다.

▶ ( ) 약속을 잊거나 자주 미룬다.

▶ ( ) 남을 쉽게 판단하고 정죄한다.

▶ ( ) 단점이 보이면 거리를 둔다.

→ 내가 자주 하는 행동 2가지를 선택하고, 그 원인을 적어보세요.

예: "나는 지적당하는 게 두려워서 실수 인정이 어렵다."

---

2. 나의 신뢰 위기 순간 돌아보기

내가 누군가에게 신뢰를 잃은 순간은 언제였나요?

- 사건:
- 그때의 내 행동:
- 상대방의 반응:
- 내가 지금 느끼는 감정:
- 앞으로 같거나 유사한 상황에서 나는 어떻게 다르게 행동할 수 있을까요?

3. 신뢰를 회복하고 싶었던 관계 돌아보기

- 다시 신뢰를 쌓고 싶은 사람은 누구인가요?
- 사람 이름:
- 왜 그 사람과 다시 신뢰를 회복하고 싶은가요?
- 그 사람에게 내가 보여주고 싶은 변화는 무엇인가요?
- 첫걸음으로 내가 실천할 수 있는 것은? (작고 구체적으로)

4. 신뢰를 쌓는 실천 다짐 (7일간 챌린지)

매일 하나씩 실천하며 기록해 보세요.

날짜	실천 내용	결과 및 느낀 점
Day 1	약속 1개 지키기	
Day 2	누군가의 말을 끝까지 듣기	
Day 3	사소한 도움 주기	
Day 4	오늘 하루 정직하게 말하기	
Day 5	고마움 표현하기	
Day 6	실수 인정하고 사과하기	
Day 7	말과 행동의 일치 실천하기	

5. 신뢰 있는 사람이 되기 위한 나의 선언문 만들기

____

예시

나는 말과 행동이 같은 사람이 되겠습니다.

나는 사소한 약속이라도 지키는 사람이 되겠습니다.

나는 실수했을 때 외면하지 않고 인정하는 사람이 되겠습니다.

나는 다시 신뢰를 줄 수 있는 사람이 되겠습니다.

수업을 마치면서...

Closing Question

이번 수업을 통하여 내가 배운 것은 무엇인가?

이번 수업을 통하여 내가 조금씩 바뀌고 있는 것은 무엇인가?

이번 수업을 통하여 내가 부족한 것은 무엇인가?

일주일 동안 감사한 일은 무엇인가?(하루에 한 가지 적어보기)

요일	감사한 일
월	
화	
수	
목	
금	
토	
일	

CHAPTER

8

서번트 리더의 역량, 임파워먼트

수업에 들어가면서...

수업 시작 구호, 다함께 시작!!!

"I AM GOOD, YOU ARE GOOD, WE ARE GOOD, GOOD~, GOOD~, GOOD~"

Opening Question

- 내가 경험한 '가장 실패한 권한 위임'은 어떤 것이었고, 그 이유는 무엇이었는가?
- 진정한 임파워먼트란 단순한 일의 분산인가, 아니면 리더십의 확장인가?
- 효과적인 임파워먼트를 위해 리더가 반드시 내려놓아야 할 것은 무엇인가?

■ **임파워먼트(권한 위임) 자가 진단 체크리스트** (10문항)[1)]

최근 1개월 간의 자신의 태도와 행동을 기준으로 아래 문항에 응답해 보자.

(1점: 전혀 그렇지 않다 ~ 5점: 매우 그렇다)

번호	문항	전혀 그렇지 않다 (1점)	그렇지 않다 (2점)	보통이다 (3점)	그렇다 (4점)	매우 그렇다 (5점)
1	나는 팀원(다른 사람)들이 스스로 판단하고 결정을 내릴 수 있도록 명확한 책임과 권한을 위임한다.					
2	나는 업무를 위임할 때, 단순한 지시보다는 의미와 목적을 함께 전달하려 노력한다.					
3	나는 위임한 업무에 대해 세부적인 통제보다는 신뢰를 바탕으로 자율성을 보장한다.					
4	나는 팀원(다른 사람)들의 강점과 역량에 따라 맞춤형으로 과업을 위임한다.					
5	나는 위임한 후에도 지속적으로 피드백을 제공하며 성장을 도모한다.					
6	나는 실패에 대한 두려움보다, 학습 기회로 여기고 도전할 수 있는 환경을 조성한다.					
7	나는 나의 권한을 줄이더라도 팀원(다른 사람)들이 성장할 수 있도록 기회를 준다.					
8	나는 위임한 일을 통해 팀원(다른 사람)들이 리더십을 체험할 수 있도록 격려한다.					
9	나는 위임 후에도 팀원(다른 사람)이 필요로 할 때 적절한 지원을 제공한다.					
10	나는 위임을 통해 팀(다른 사람)의 성과뿐 아니라, 개인의 성장을 함께 고려한다.					

■ **총점 평가 기준** (총점: 10~50점)

총점을 합산하여 본인의 임파워먼트를 다음과 같이 평가할 수 있다.

점수 범위	임파워먼트 수준	해석
14~50점	매우 우수	탁월한 임파워먼트 리더이며, 권한 위임을 통해 팀원(다른 사람)에게 자율성과 성장의 기회를 부여합니다.
31~40점	우수	좋은 수준의 임파워먼트 실천자이며, 개인 맞춤형 접근과 피드백 강화가 필요합니다.
21~30점	보통	권한 위임은 하지만 충분한 자율성이나 성장 촉진이 부족할 수 있습니다.
11~20점	개선 필요	권한 위임에 소극적이며, 실질적인 권한 이전이나 신뢰가 부족함으로 개선이 필요합니다.
1~10점	심각	권한 위임에 대한 개념과 실천이 매우 부족한 상태이며, 기본적인 인식과 실천 훈련 필요합니다.

"자기 자신을 신뢰하는 리더만이 권한을 다른 사람에게 위임할 수 있다."

이것은 리더십의 대가인 존 맥스웰의 책, 『리더십 21가지 법칙』에 나오는 말이다. 그의 책에는 임파워먼트에 관한 예화가 다음과 같이 소개되었다(존 맥스웰/홍성화 옮김, 2006, 180-181).

헨리 포드(Henry Ford)는 자동차 산업에 혁명적인 발전을 가져온 사람으로서 미국의 기업가에 전설적인 사람이다. 1903년 포드는 자동차의 미래는 평범한 미국인들도 구입할 수 있도록 하느냐의 여부에 달렸다는 신념에서 포드자동차 회사를 공동으로 설립했다. 포드는 이렇게 말했다.

---

1) 참고 자료: Thomas & Velthouse (1990): 임파워먼트의 네 가지 인지 구성요소(의미성, 능력감, 자율성, 영향력). Conger & Kanungo (1988): 임파워먼트는 권한의 부여가 아닌, 내면적 동기의 자극이라는 관점. Spreitzer (1995): 심리적 임파워먼트 척도 개발 - 자율성과 자기결정권 중시. Yukl (2012): 효과적인 리더십 행동으로서 위임 강조 - 팀원 역량 증진 및 리더십 개발.

"나는 다수의 일반 대중을 위해서 차를 만들겠다. 내가 만드는 차는 한 가족이 모두 탈 수 있을 만큼의 크기이면서 동시에 한 사람이 타고 관리하는 데 지장이 없을 정도의 아담한 크기가 될 것이다. 자동차는 최고의 자재로, 최고의 기술자들에 의해서, 최신 기술을 사용해서 고안된 가장 단순한 디자인이 될 것이다. 그러나 가격은 대단히 낮게 책정해서 평범한 직장인이라면 비싸서 못 사는 일이 없게 하겠다. 그래서 그들이 하나님이 만든 이 광대한 땅에서 가족들과 함께 즐거운 시간을 만끽할 수 있게 하겠다."

포드는 T모델로 자신의 비전을 실현시켰다. 그리고 그것은 20세기 미국인들의 삶을 혁신적으로 변화시켰다. 1914년까지 포드사는 미국 내에서 생산되는 자동차의 거의 절반을 생산했다. 포드 자동차는 미국의 대표적인 성공스토리처럼 보였다.

그러나 포드에 관한 이야기가 모두 긍정적인 것만은 아니다. 그 이유 중의 하나는 그가 '임파워먼트의 법칙'을 받아들이지 않았다는 점이다. 포드는 임파워링 리더와 정반대의 사람이었다. 그는 항상 그의 밑에 있는 리더들을 깎아내리고 뒤에서 감시하고 있는 것처럼 보였다. 심지어 회사 내의 종원원들을 조사하고 사생활을 감독하는 부서를 만들기도 했다. 시간이 지나면서 그는 점점 더 괴팍해져갔다.

헨리 포드의 아들, 에드셀(Edsel)은 어릴 때부터 포드사에서 일했다. 헨리 포드는 결국 아들에게 회사의 대표직을 물려주면서 아들의 뛰어난 리더십 아래에서 포드사의 미래는 밝다고 공개적으로 말하기도 했다. 그러나 그렇게 말하면서도 동시에 그는 아들을 깎아내리고 조직 내의 다른 리더를 지지했다. 또 회사에서 누군가가 두각을 나타내면 즉시 그를 끌어내렸다. 그 결과 유능한 경영자들은 하나하나 회사를 떠나갔다. 1947년에 헨리 포드의 아들, 에드셀은 먼저 세상을 떠났다.

에드셀의 맏아들인 26세의 헨리 포드 2세가 회사의 경영권을 이어받았다. 헨리 포드 2세는 15년 동안 이익을 내지 못했다. 그래서 그는 제너럴 모터스의 임원 출신으로 경험이 많은 브리치를 부사장으로 영입했다. 브리치는 제너럴 모터스에서 150명 이상의 유능한 임원들을 데려왔고 1949년이 되자 드디어 포드사는 다시 정상 궤도에 진입했다.

그런데 헨리 포드 2세도 그의 할아버지 헨리 포드와 같이 '임파워먼트의 법칙'이 없는 사람이었다. 헨리 포드 2세의 전기를 쓴 피터 콜리어(Peter Collier)와 데이빗 하러워츠(David Horowitz)의 글을 보면 그가 어떤 사람인가를 알 수 있다.

"헨리의 생존 본능은 약점과 교활함의 결합이라는 형식으로 표출되었다. 그는 크루소에게 원하는 것을 사실상 무엇이든지 할 수 있는 권한을 부여하였다. 브리치에게 주었던 그의 신임을 철회해서 대신 브리치의 부하인 크루소에게 줌으로써 헨리 포드는 회사의 성공에 절대적으로 필요한 두 사람을 서로 대적하게 만들었다. 헨리 포드는 브리치를 더 이상 신임하지 않았지만 공식적인 지위는 유지시켰다. 그렇게 하는 것이 자신이 마음대로 회사를 움직이는 데 유리하다고 생각했기 때문이다. 헨리 포드는 크루소를 견제하고 싶어지면 크루소의 공식적인 상사로서 브리치의 지위를 유용하게 사용하였다."

포드사는 2명의 리더가 임파워먼트의 법칙을 지키지 않았다. 이것이 포드사를 망하게 한 가장 큰 요인이었다. 이들은 왜 임파워먼트가 부족했을까? 이들은 자기 자신에 대한 신뢰가 부족했기 때문이다. 분명한 것은 리더로서 성공하려면 부하들에게 힘을 주는 리더가 되어야 한다는 것이다. 부하에게 임파워먼트를 주어야 한다. 포드의 사장이었던 아이어코카는 포드를 떠난 다음에 이렇게 이야기했다.

"내가 경험한 바에 의하면 헨리 포드 2세는 강한 리더들을 제거해 버리는 못된 습관을 갖고 있었다."

헨리 포드와 헨리 포드 2세의 실패의 원인은 무엇인가? 임파워먼트의 법칙을 지키지 않았기 때문이다. 가장 먼저는 자신에 대한 신뢰가 부족했기 때문이고, 리더들을 찾아서, 키우고, 필요한 자원과 권한을 주고, 그들에 대한 신뢰가 부족했다. 우리가 서번트 리더가 되길 바란다면, 시어도어 루스벨트의 충고를 기억해야 한다. 그는 "가장 훌륭한 경영자는 좋은 사람을 뽑아서 자신이 원하는 일을 할 수 있도록 해준 다음에 그들이 그 일을 하는 동안 불필요한 간섭을 하지 않도록 절제할 수 있는 사람이다."라고 충고하였다.

잠깐! 토의 시간

앞에서 소개한 헨리 포드와 헨리 포드 2세에 관한 경영방식과 이야기를 통해서 무엇을 느꼈는가? 느낀 것을 서로 말해 보자.

1. 임파워먼트란?

임파워먼트는 영어로 'Empowerment'이다. 임파워먼트란 "조직 현장의 구성원에게 업무 재량을 위임하고 자주적이고 주체적인 체제 속에서 사람이나 조직의 의욕과 성과를 이끌어 내기 위한 '권한부여', '권한이양'의 의미이다."(네이버 지식백과)

오브리 맬퍼스와 윌 맨시니는 『리더를 세운다는 것은』이라는 책에서 권한 위임(Empowerment)이란 "사역을 책임지고 있는 기존 리더가 특정한 영역 내에서 새로운 리더에게 의도적으로 권위를 넘겨주는 행위"(오브리 맬퍼스 & 윌 맨시니/안정임 옮김, 2008, 59)라고 정의하였다.

보렌(Boren)은 "임파워먼트는 구성원이 가지고 있는 파워(Power)를 신뢰하는 데서 출발한다. 즉 신뢰를 바탕으로 구성원의 능력과 잠재력을 키워주는 방법이다."라고 정의하였다. 조직의 구성원들은 임파워먼트를 통해 직무와 역할을 극대화시킬 수 있고, 자신의 역량을 최대로 발휘할 수 있다. 더 나아가 임파워먼트는 조직 구성원들의 성장에도 도움을 준다.

2. 임파워먼트의 특징

첫째, 임파워먼트는 자신을 신뢰하는 사람만이 가질 수 있는 특권이다. 임파워먼트는 자신을 신뢰하지 못하는 사람에게는 주어지지 않는다. 자신에 대한 깊은 신뢰를 바탕으로 시작된다. 자신을 신뢰할 수 있기 때문에 자신의 힘을 다른 사람에게 나누어 줄 수 있다. 또한 임파워먼트는 조직의 조직원들에 대한 깊은 신뢰가 바탕이 되지 않으면 그들에게 임파워먼트를 줄 수 없다. 그렇다. 자신을 신뢰하는 사람만이 다른 사람을 신뢰할 수 있고, 자신의 힘과 지위를 다른 사람에게 맡길 수 있는 용기, 임파워먼트의 법칙을 시행할 수 있다. 그리고 자신을 신뢰하는 리더만이 조직의 구성원을 높일 수 있다. 마크 트웨인은 "누구에게 공이 돌아가는가에 신경을 쓰지 않으면 위대한 일을 해낼 수 있다."고 말했다(존 맥스웰/홍성화 옮김, 2005, 189). 나의 공을 다른 사람에게 공을 돌릴 때 위대한 일을 해낼 수 있다. 이것이 임파워먼트 법칙의 효과이다.

잠깐! 토의 시간

과연, 나는 자신을 얼마나 신뢰하고 있는가? 나를 신뢰하는 이유는 무엇인가? 서로 의견을 나누어보자.

자신을 신뢰할 수 없는 사람은 서번트 리더가 될 수 없다. 서번트 리더는 자신을 신뢰하는 것부터 시작된다. 자신을 신뢰하는 서번트 리더만 임파워먼트 법칙을 시행할 수 있다.

둘째, 임파워먼트는 서번트 리더에게 꼭 필요한 요소이다. 서번트 리더는 조직의 모든 구성원들이 성장할 수 있도록 자신에게 부여한 권한을 지원하고자 하는 책임의식을 가진 사람이어야 한다. 서번트 리더에게 임파워먼트 요소가 없다면 그는 보스형 리더이다. 보스형 리더는 자신의 힘과 지위를 계속해서 유지하며 키워나가기 위해 조직을 장악하는 사람이다. 반대로 임파워먼트의 서번트 리더는 조직의 구성원들을 자신의 명령과 힘 앞에 굴복시켜 충성을 강요하는 사람이 아니라 조직의 구성원들을 파트너로 여기고 성장의 대상으로 보며 구성원들이 성장하도록 책임감을 느끼고 지원한다.

셋째, 임파워먼트는 나눌 때 영향력이 더 커진다. 존 맥스웰의 『리더십 21가지 법칙』에는 "공을 다른 사람에게 돌릴 때에만 위대한 일을 해낼 수 있다."라는 말이 있다(존 맥스웰/홍성화 옮김, 2005, 190). 임파워먼트는 가르침을 받는 사람뿐만 아니라 멘토에게도 강력한 영향을 미친다. 다른 사람을 성장시키면 자신도 성장하기 때문이다. 링컨은 임파워먼트를 잘한 대통령이었다. 그는 남북 전쟁 중에 자신이 신뢰할 수 있는 부하를 찾기 위해 노력했다. 그는 1863년 미드(George G. Meade) 장군에게 지휘권을 맡겼다. 미드가 사령관으로 임명된 지 몇 시간 지나지 않아서 링컨은 다음과 같은 메시지를 보냈다.

> "여러 가지 상황을 고려해 볼 때 지금까지 장군보다 더 중요한 임무를 부여받은 사람은 없었습니다. 나는 장군이 정부가 장군에게 보낸 신뢰를 저버리지 않을 것이라고 확신합니다. 총사령부는 장군에게 세세한 사항까지 지시하여 방해하지 않을 것입니다. 장군은 상황에 따라서 본인이 생각하는 가장 적절한 방법으로 자유스럽게 작전을 수행하시기 바랍니다. 장군의 작전구역 내에 있는 모든 군대는 장군의 지시를 받을 것입니다."
>
> 출처: 존 맥스웰/홍성화 옮김(2005). p.189.

링컨 전문가인 도날드 필립스(Donald T. Phillips)는 링컨에 대해서 이렇게 말했다. "전쟁기간 내내 링컨은 전투에서 패배하거나 좋은 기회를 놓쳤을 때 거기에 대한 공식적인 책임을 자기가 졌다."(존 맥스웰/홍성화 옮김, 2005, 192) 이것은 링컨이 가지고 있는 임파워먼트의 법칙이다. 그는 자신에 대한 확고한 신뢰를 바탕으로 다른 사람에게 자신의 힘과 지위를 나누어 주었다. 임파워먼트의 법칙이 그가 승리한 비결이었다.

스톡데일(Stockdale)은 "리더십은 반드시 호의에 뿌리를 내려야 한다. 그것은 팔로워들을 돕겠다는 분명하고 마음이 담긴 다짐을 말한다. 우리에게 필요한 리더들은 다른 사람들을 돕고자 하는 마음이 너무 강해서 실제로 자기 자신의 직무상의 필요까지도 버릴 수 있는 마음이 따뜻한 사람들이다. 그러나 이런 리더들은 직업이 없거나 팔로워들이 없는 경우가 결코 없다. 이상하게 들릴지 모르지만 리더들은 권위를 버림으로써 권위를 얻는다."(존 맥스웰/홍성화 옮김, 2005, 189)라는 말을 남겼다. 서번트 리더가 되고 싶다면, 그의 충고를 귀담아 두어야 한다.

3. 성경에 나타난 임파워먼트의 사례들

성경에는 임파워먼트의 사례들이 있다. 성공적인 임파워먼트의 사례도 있고, 실패한 임파워먼트의 사례도 있다. 이 2가지 사례를 살펴보면서 나는 어떤 스타일의 사람인가를 점검해 보자.

① 성공한 임파워먼트의 사례: 모세

구약성경 출애굽기 18장 24-26절에 나오는 모세의 임파워먼트 사례를 살펴보자.

> "이에 모세가 자기 장인의 말을 듣고 그 모든 말대로 하여 모세가 이스라엘 무리 중에서 능력 있는 사람들을 택하여 그들을 백성의 우두머리 곧 천부장과 백부장과 오십부장과 십부장을 삼으매 그들이 때를 따라 백성을 재판하되 어려운 일은 모세에게 가져오고 모든 작은 일은 스스로 재판하더라"

모세는 이스라엘 백성들은 가나안땅으로 인도하는 과정에서 혼자서 많은 일들을 처리하였다. 이런 광경을 목격한 그의 장인, 이드로가 모세에게 이렇게 하라고 조언하였다. 구약성경 출애굽기 18장 17-23절을 읽어보자. 장인 이드로가 모세에게 임파워먼트에 관한 방법을 제안하는 이야기이다.

모세의 장인이 그에게 이렇게 말하였다.

'자네가 하는 일이 옳지 못하네. 그렇게 하면 자네와 백성이 쉽게 지쳐 버리고 말 걸세. 자네 혼자서 처리하기에는 일이 너무 많아. 이제 내 말을 듣게. 내가 자네에게 몇 가지 조언을 해 주겠네. 하나님이 자네와 함께 하실 것이야. 자네는 하나님 앞에서 백성의 대변자가 되어 그들의 문제를 하나님께 말씀드리고 백성에게 하나님의 법과 명령을 가르치며 그들이 어떻게 살아야 하고 무엇을 해야 할 것인가를 보여주게. 그리고 자네는 백성들 가운데 하나님을 두려워하며 진실하고 청렴 결백한 유능한 인재들을 뽑아 1,000명, 100명, 50명, 10명씩 각각 담당하게 하여 언제나 그들이 백성들을 재판할 수 있도록 하게. 그들이 처리할 수 있는 문제는 그들 스스로 처리하게 하고 그들이 해결할 수 없는 어려운 문제는 자네에게 가져오게 하여 자네가 직접 재판해 주게. 이와 같이 그들이 자네와 짐을 나누어 지게 되면 자네 일이 보다 쉬워질 걸세. 만일 자네가 이렇게 하고 또 하나님도 이것을 승낙하신다면 자네는 이 일을 감당할 수 있을 것이며 백성들도 만족스러운 표정으로 돌아갈 걸세.'

잠깐! 토의 시간

이 이야기를 읽고, 모세가 지도자로서 잘 한 점이 무엇이라고 생각하는가? 서로 의견을 나누어 보자.

모세는 장인이 조언한 임파워먼트의 제안을 받아들였다. 그는 장인의 제안을 곧바로 시행하였다. 출애굽기 18장 24-26절을 읽어보자.

"그래서 모세는 자기 장인의 조언을 그대로 받아들여 이스라엘 백성 가운데 유능한 인재들을 뽑아 그들에게 각각 1,000명, 100명, 50명, 10명씩 맡겨 지도자로 일하게 하였다. 그래서 그들이 항상 백성들을 재판했는데 어려운 문제는 모세에게 가져가고 그들 스스로 해결할 수 있는 쉬운 문제는 그들이 직접 재판하였다."

모세는 유능한 지도자를 뽑고, 그들에게 백성들을 각각 1,000명, 100명, 50명, 10명씩 맡겼다. 그리고 그들에게 임파워먼트를 하도록 하였다.

② 실패한 임파워먼트의 사례: 사울 왕

구약성경, 사무엘상 18장 5-9절을 읽어보자.

다윗은 사울이 어떤 임무를 주어서 보내든지 맡은 일을 잘 해냈다. 그래서 사울은 다윗을 장군으로 임명하였다. 온 백성은 물론 사울의 신하들까지도 그 일을 마땅하게 여겼다. 다윗이 블레셋 사람을 쳐죽이고 군인들과 함께 돌아올 때에, 이스라엘의 모든 성읍에서 여인들이 소구와 꽹과리를 들고 나와서, 노래하고 춤추고 환호성을 지르면서 사울 왕을 환영하였다. 이 때에 여인들이 춤을 추면서 노래를 불렀다. "사울은 수천 명을 죽이고, 다윗은 수만 명을 죽였다." 이 말에 사울은 몹시 언짢았다. 생각할수록 화가 치밀어올랐다. "사람들이 다윗에게는 수만 명을 돌리고, 나에게는 수천 명만을 돌렸으니, 이제 그에게 더 돌아갈 것은 이 왕의 자리밖에 없겠군!" 하고 투덜거렸다. 그날부터 사울은 다윗을 시기하고 의심하기 시작하였다.

잠깐! 토의 시간

이 이야기를 읽고, 사울 왕의 실수가 무엇인지 서로 의견을 나누어 보자.

또, 사울 왕이 다윗을 바라보는 시선이 바뀐 것은 무엇 때문인가? 그 이유는 무엇인가? 서로 의견을 나누어 보자.

사울 왕에게 부족한 점은 무엇이고, 그 부족한 점을 극복하기 위해서는 어떻게 해야 하는가? 서로 의견을 나누어 보자.

이야기에 나오는 사울은 어떤 사람인가? 사울은 부러울 것 없는 사람이었고 두려울 것 없는 사람이었다. 사울은 좋은 조건, 환경, 배경, 여건 등을 갖춘 사람이었기 때문이다. 사울의 외모는 장신에 미남이었다. 그는 신조어인 '루저(키 180cm 이하인 남자는 패자라는 뜻)'라는 말을 듣지 않았을 것이다. 사울은 집안 배경도 있었다. 그의 아버지는 유력한 사회 지도자급의 사람이었다. 사울은 백성들이 바랐던 최초의 왕이었다. 그래서일까, 백성들은 그의 리더십에 순종했고, 충성했다. 사울은 크고 작은 전쟁에서 늘 승리로 이끄는 장수였다. 이런 여러 가지 조건과 상황들로 보아, 그는 부족할 것도, 두려워할 것도 없는 조건을 갖춘 왕이었다.

이 세상 사람들은 누구나 남과 비교하는 습성을 가지고 있다. 사울 왕도 예외는 아니었다. 그는 다윗과 비교하였다. 사울은 처음부터 다윗과 비교하지는 않았다. 사울은 다윗을 신뢰하였고, 칭찬했던 왕이었다. 사울은 다윗을 자기 군대의 사령관 중 한 사람으로 임명하여 세워준 사람이었다.

그런데 사울이 변했다. 무엇이 사울을 변하게 하였는가? 다윗이 블레셋 사람 골리앗을 죽이고 승리하고 돌아올 때, 사울이 이스라엘의 모든 성에서 사는 여자들의 노래를 들었기 때문이다.

> "여인들이 뛰놀며 노래하여 이르되 사울이 죽인 자는 천천이요 다윗은 만만이로다 한지라"(삼상 18:7)

사울은 자기의 백성들이 자기의 업적을 칭찬하기를 기대했을 것이다. 왜냐하면 다윗은 사울의 부하이기 때문이다. 다윗의 승리가 아니고 사울의 승리이기 때문이다. 사울은 다윗의 승리와 업적이 자신의 승리와 업적이라고 생각하지 않았다. 사울은 다윗에게 하는 칭찬의 노래가 자신을 칭찬하는 노래라고 생각하지 않았다.

만약에 그가 다윗의 승리, 다윗의 칭찬의 노래가 자신의 승리, 칭찬의 노래라고 생각했더라면, 그는 더 기쁘고 행복했을 것이다. 사울은 다윗과 비교하는 순간 열등감, 즉 낮은 자존감이 생겼다. 사울은 다윗을 만나기 전에는 자신과의 비교 상대가 없었다. 그런데 다윗은 사울의 비교 상대가 될 정도로 모든 면에서 뛰어난 사람이었다.

사울은 상향비교를 하기 시작하였다. 그 후, 사울은 불쾌하여 혼잣말로 중얼거렸다.

> '도대체 이것이 어찌된 셈인가? 저들이 다윗에게는 수만을 돌리고 나에게는 수천을 돌리다니! 다음번에는 저들이 다윗을 자기들의 왕으로 세우겠구나.' 그날부터 그는 계속 다윗을 질투의 눈으로 바라보았다.(사무엘상 18:8-9)

사울 왕은 부러울 것이 없는 사람이었다. 비교할 것 없는 완벽한 사람이었다. 그런데 왜 사울은 다윗과 자신을 비교했을까? 그것은 사울의 마음에 질투심, 시기심이 들어갔기 때문이다. 사울의 질투심과 시기심이 다윗과의 비교의식을 갖게 하였다. 비교의식이 다윗을 죽이려고 하는 행위로까지 진행되었다. 질투심, 시기심, 비교의식이 결국 사울을 "낮은 자존감(열등감)"을 가진 사람이 되게 하였다. 사울은 "영적 자존감"이 낮은 사람이 되었다.

박노해 시인의 〈행복은 비교를 모른다〉를 읽어보자. 행복과 불행이 무엇인지를 깨닫게 될 것이다.

> 나의 행복은 비교를 모르는 것
> 나의 불행은 남과 비교하는 것
> 남보다 내가 앞섰다고 미소 지을 때
> 불행은 등 뒤에서 검은 미소를 지으니
> 이 아득한 우주에서 하나뿐인 나는

오직 하나의 비교만이 있을 뿐
어제의 나보다 좋아지고 있는가
어제의 나보다 더 지혜로워지고
어제의 나보다 더 깊어지고 성숙되고 있는가
나의 행복은 하나뿐인 잣대에서 자유로워지는 것
나의 불행은 세상의 칭찬과 비난에 울고 웃는 것

4. 임파워먼트의 서번트 리더십 계발하기

① 자존감을 높여라

자존감이란 '자신을 어떻게 평가하는가'(self-esteem)이다. 곧 자신을 높게 평가하는지 또는 낮게 평가하는지에 대한 레벨을 의미한다. 또한 자존감은 자신이 얼마나 쓸모 있는 사람인지 느끼는 것을 의미한다. 그리고 자존감은 자신을 얼마나 사랑하는지, 얼마나 자신에게 만족하고 있는지에 대한 지표이자 가늠하는 잣대와 같다(윤홍균, 2016, 10-18).

자존감과 임파워먼트와는 정비례한다. 자존감이 높은 사람은 임파워먼트도 높다. 자존감이 낮은 사람은 임파워먼트도 낮다. 자존감이 높은 사람일수록 다른 사람에게 임파워먼트하는 것을 두려워하지 않는다. 사울 왕은 자존감이 낮은 사람이었다. 그래서 다윗에게 임파워먼트를 주지 못했다. 사울 왕은 많은 것을 소유한 사람이었다. 그는 왕으로서 높은 지위, 권력, 힘, 물질, 명예, 모든 것을 가진 사람이었다. 하지만 그는 자존감이 낮았다. 자존감이 낮았기 때문에 다윗을 시기하고 미워하고 심지어는 죽이려고까지 했다. 이 낮은 자존감은 사울 왕을 비교의식이 강한 사람으로 만들었다. 사울 왕은 다윗에게 비교의식을 갖게 된 후부터 그에게 임파워먼트를 제공하지 않았다. 그렇다. 사울 왕과 같이 자존감이 낮은 리더는 절대로 다른 사람에게 임파워먼트를 제공해 줄 수 없다. 반대로 자존감이 높은 사람은 다른 사람과 경쟁하거나 다른 사람과 비교하지 않는다. 자존감이 높은 사람은 다른 사람이 더 잘되도록 지원하고, 자신의 힘과 지위를 그에게 주려고 한다.

② 자리 욕심을 버려라

임파워먼트를 방해하는 요인 중에서 가장 큰 것이 자기 자리를 유지하려고 하는 욕구이다. 임파워먼트가 약한 리더는 자신의 부하에게 임파워먼트를 주면 자신이 혹시나 자신의 힘과 권위가 약해질까 걱정한다. 그러나 사실은 정반대이다. 부하에게 임파워먼트를 제공하고 자신의 힘과 지위를 지원하면 할수록 반대로 자신의 힘과 권위는 올라간다. 우리가 조직의 구성원들을 임파워(empower)하고, 그들의 능력 계발에 도움을 주고, 우리의 자리와 권위를 그들이 맡을 수 있게 한다면 우리는 조직에서 소중한 존재가 되고, 꼭 필요한 사람이 될 수 있다. 이것이 임파워먼트 법칙의 역설이다. 존 맥스웰은 임파워먼트의 역설을 "조직에 없어서는 안 될 사람으로 만드는 유일한 방법은 자신을 없어도 되는 존재로 만드는 것이다."(존 맥스웰/홍성화 옮김, 2005, 188)라는 말을 남겼다.

③ 변화를 두려워하지 마라

사람은 나이를 먹어 갈수록 몸도 약해지고, 비전도 약해지고, 비전을 이루기 위한 열정도 식고, 특히 변화에 대한 심한 두려움을 가지게 된다. 노벨상을 수상한 작가인 존 스타인벡(John Steinbeck)은 "나이가 들어갈수록 변화 특히 발전적인 변화에 저항하는 것은 인간의 본성이다."라고 하였다(존 맥스웰/홍성화 옮김, 2005, 188). 임파워먼트와 변화는 동역자와 같다. 같은 목적과 목표를 향하여 같은 방향으로 함께 걷는 동행자와 같다. 임파워먼트는 항상 변화를 동반해야 하기 때문이다. 그렇다. 임파워먼트 리더는 변화를 두려워하지 말아야 한다. 조직 구성원들의 혁신과 성장은 변화의 대가이기 때문이다.

리더가 변하면 조직이 변한다. 가장 먼저 변해야 하는 존재는 나 자신이다. 즉 리더이다. 핸드릭스는 "당신이 계속 지도자의 입장에서 서기 원한다면 당신은 끊임없이 변화해야 한다."고 말하였다. 디어사(Deere and Co)의 회장 윌리엄 헤윗(William Hewitt)은 사람들이 변화하기를 싫어한다는 주장을 지지하면서 다음과 같이 말했다.

> "지도자가 되기 위해서는 일평생 새로운 아이디어를 수용하려는 자세가 필요하다. 당신이 얼마나 훌륭한 리더십을 발휘하느냐는 새로운 아이디어를 평가하고, 변화 자체를 위한 변화와 사람들의 행복을 위한 변화를 구별할 수 있는 능력에 달려 있다."
>
> 출처: 존 맥스웰/강준민 옮김(2003). pp.102-104.

그런데 우리는 때때로 변화를 거부한다. 왜일까? 실패가 두려워서이다. 엘버트 휴바드(Elbert Hubbard)는 사람이 저지를 수 있는 가장 큰 실수는 실패를 두려워하는 것이라고 말했다(존 맥스웰/강준민 옮김, 2003, 114). 그렇다. 많은 사람들은 실패를 두려워하여 변화를 거부한다. 또 한 가지는 사람들은 부정적인 생각에 사로잡혀 있다는 것이다. 변화의 목적이 나랑 상관이 없다고 하는 부정적인 생각이다. 서번트 리더가 되고 싶다면 변화에 대한 실패를 두려워하지 말고, 잘못된 습관과 생각에서 깨어나야만 조직을 변화시킬 수 있다.

현재에 지나치게 안주하다

1940년대 당시 스위스 시계는 세계에서 가장 인정받는 좋은 시계였다. 그 결과 전 세계의 시계 판매율 80%를 차지하였다. 1950년대 말에 전자 시계가 스위스 시계 회사의 지도자들에게 소개되었다. 그들은 자기들이 이미 최고의 시계와 최고의 기술자들을 소유하고 있다고 자부했기에 새로운 아이디어를 거부했다. 그래서 디지털 방식에 대한 아이디어는 세이코(Seiko)회사로 넘어갔다.
1940년에 스위스 시계 공장은 8만 명을 고용했던 대규모 회사였으나 오늘날에는 1만8천 명에 불과하다. 1940년에는 전 세계에서 팔린 시계의 80%가 스위스 제품이었는데 오늘날에는 디지털시계가 80%를 장악하고 있다. 이것은 많은 조직체와 사람들이 변화하기보다는 차라리 죽음을 택한다는 대표적인 예이다.

출처: 존 맥스웰/강준민 옮김(2003). p.114.

④ 임파워먼트를 방해하는 것들을 찾아서 제거하라

리더가 조직의 구성원들에게 임파워먼트를 하고 싶지만 제대로 임파워먼트를 발휘하지 못하는 경우가 있다. 이것은 조직의 구성원들에게 넘을 수 없는 장애물을 설치했기 때문이다. 즉 임파워먼트를 방해하는 것들이다. 그렇다면 임파워먼트를 발휘할 수 없도록 하는 방해요인들을 찾아보자.

잠깐! 토의 시간

지금 나에게 임파워먼트를 방해하는 것은 무엇인가? 서로 의견을 나누어 보자.

⑤ 구성원의 힘을 길러주어라

에드마르 소리아노(Edmar Soriano)의 "위대한 리더는 구성원을 리더로 성장시킨다."(제임스 M. 쿠제스 & 베리 Z. 포스너/김예리나 옮김, 2008, 313)라는 말처럼, 임파워먼트 리더는 구성원의 힘을 길러주고 성장시키는 사람이다. 임파워먼트 리더는 구성들의 능력을 향상시키고, 자기 능력에 대한 믿음을 높여주고, 공로를 인정함으로써 주인의식과 책임 의식을 심어준다. 다른 사람들에게 힘을 주기 위해서는 구성원의 능력과 자신감을 길러주고, 자기 결정권을 강화해 주어야 한다. 그렇다. 임파워먼트의 리더는 통제하고 명령하는 사람이 아니라, 코치가 되어야 한다.

이솝 이야기

황소 네 마리가 살고 있는 풀밭에서 사자 한 마리가 어슬렁거리고 있었다. 사자는 여러 차례 황소들을 사냥해 보려고 했지만 사자가 다가올 때마다 황소들은 서로 꼬리를 맞대었다. 그래서 사자가 어느 쪽으로 다가와도 황소의 뿔에 가로막히게 되었다. 그러던 어느 날 황소들 사이에 내분이 일어났다. 황소들은 각자 한쪽 구석으로 가서 혼자서 풀을 뜯게 되었다. 사자는 한 마리씩 차례로 황소들을 공격했고 결국은 네 마리 모두 잡아먹히고 말았다.

출처: 사이먼 사이넥/이지연 옮김(2014). p.41.

임파워먼트(권한 위임) 향상을 위한 자기성찰 워크북

1. 임파워먼트를 하지 못하는 나의 심리적 장애 분석

■ 아래 항목 중 내가 자주 해당되는 이유를 선택해 보세요.

□ "내가 더 잘하니까…" (능력 중심 통제)

□ "시간 없어서 그냥 내가 해버려…" (속도 중심 통제)

□ "실패하면 내가 책임지잖아…" (책임 회피 두려움)

□ "상대방을 못 믿어…" (신뢰 부족)

□ "그 사람은 원래 못해…" (고정된 시선)

■ 스스로에게 질문해 보세요.

"내가 통제할수록 상대방은 어떤 감정을 느끼고 있을까?"

____

____

2. 임파워먼트를 하지 않는 리더의 특징 (셀프테스트)

아래 문항 중 자신에게 해당하는 항목에 체크해 보세요.

□ 내가 빠지면 아무 일도 안 되는 구조가 편하다

□ 누군가 맡은 일을 보면 자꾸 간섭하고 싶어진다

□ 실수를 허용하기보다 완벽한 결과가 좋다

□ 사람을 키우는 것보다 일이 빨리 끝나는 게 중요하다

□ 한 사람에게 기회를 자주 주지 않는다

결과 및 해석: 3개 이상 해당된다면 '통제 중심 리더십' 성향이 강합니다.

3. 내가 권한을 위임하지 못했던 경험 돌아보기

어떤 일을 스스로 다 했는가?

그 이유는 무엇이었는가? (예: 불신, 완벽주의, 성격, 습관)

그 결과 상대방은 어떻게 반응했는가?

그 상황에서 위임했다면 어떤 변화가 있었을까?

어떤 상황에서 "내가 하는 게 더 낫지"라고 느끼는가?

---

4. 임파워먼트를 받은 나를 상상하라

다음 문장을 완성해 보세요.

지금은 아니더라도 그렇게 될 수 있는 나를 떠올리며 써보세요.

"나는 더 이상 __________에 얽매이지 않고, __________을 선택할 수 있다."
"나는 나의 의견을 __________ 앞에서도 당당히 말할 수 있다."
"나는 공동체 안에서 나의 __________으로 영향력을 끼치고 있다."

5. 임파워먼트 리더가 되기 위한 선언문 만들기

예시

"나는 오늘부터 한 사람에게 최소 하나의 일을 '위임'하고, 그 과정에서 배우고, 격려하며, 함께 성장하는 리더가 되겠습니다."

수업을 마치면서...

Closing Question

이번 수업을 통하여 내가 배운 것은 무엇인가?

이번 수업을 통하여 내가 조금씩 바뀌고 있는 것은 무엇인가?

이번 수업을 통하여 내가 부족한 것은 무엇인가?

일주일 동안 감사한 일은 무엇인가?(하루에 한 가지 적어보기)

요일	감사한 일
월	
화	
수	
목	
금	
토	
일	

CHAPTER

9

서번트 리더의 역량, 겸손

수업에 들어가면서...

수업 시작 구호, 다함께 시작!!!

"I AM GOOD, YOU ARE GOOD, WE ARE GOOD, GOOD~, GOOD~, GOOD~"

Opening Question

- 진정한 겸손은 자기 비하와 어떻게 다른가?
- 나는 언제 겸손했으며, 언제 교만했는가?
- 현대 사회는 겸손한 사람을 어떻게 평가하는가?

■ **겸손 자가 진단 체크리스트** (10문항)[1]

최근 1개월 간의 자신의 태도와 행동을 기준으로 아래 문항에 응답해 보자.

(1점: 전혀 그렇지 않다 ~ 5점: 매우 그렇다)

번호	문항	전혀 그렇지 않다 (1점)	그렇지 않다 (2점)	보통이다 (3점)	그렇다 (4점)	매우 그렇다 (5점)
1	나는 내 약점과 실수를 솔직하게 인정할 수 있다.					
2	나는 다른 사람의 의견과 조언을 진심으로 경청하려 노력한다.					
3	나는 내 성공을 내 능력뿐만 아니라 주변 사람들의 도움 덕분으로 여긴다.					
4	나는 타인이 나보다 뛰어날 수 있음을 자연스럽게 받아들인다.					
5	나는 다른 사람의 업적이나 성과를 진심으로 축하하고 존중한다.					
6	나는 항상 배우고 성장할 필요가 있음을 인식하고 있다.					
7	나는 다른 사람의 강점을 적극적으로 인정하고 칭찬한다.					
8	나는 스스로를 과대평가하거나 과소평가하지 않으려고 한다.					
9	나는 팀이나 공동체 안에서 내 역할과 한계를 잘 인식하고 있다.					
10	나는 내 지식이나 경험이 제한적일 수 있음을 자주 생각한다.					

1) 학문적 근거: Owens, B. P., Johnson, M. D., & Mitchell, T. R. (2013). Expressed Humility in Organizations: Implications for Performance, Teams, and Leadership. Organization Science. Tangney, J. P. (2000). Humility: Theoretical Perspectives, Empirical Findings, and Directions for Future Research. Journal of Social and Clinical Psychology. 이 체크리스트는 Owens et al. (2013), Tangney (2000) 등의 이론적 연구에 기반해 겸손을 자기 인식, 타인 존중, 성장 지향성이라는 핵심 축으로 세분화하여 구성했다.

■ **총점 평가 기준** (총점: 10~50점)

총점을 합산하여 본인의 겸손을 다음과 같이 평가할 수 있다.

점수 범위	겸손 수준	해석
45~50점	매우 우수	매우 겸손한 편이고, 높은 수준의 자기 인식과 타인 존중을 잘 합니다.
40~44점	우수	꽤 겸손한 편이고, 전반적으로 겸손하지만 일부 영역은 더 성장을 요구합니다.
30~39점	보통	기본적인 겸손은 있으나 일부 영역에서 부족할 수 있습니다.
20~29점	개선 필요	겸손함이 낮은 편이고, 자기 인식과 타인 존중의 노력이 필요합니다.
10~19점	심각	겸손함이 매우 낮은 편이고, 기본적 태도와 습관이 부족하여 집중적인 개선이 필요합니다.

기독교 역사상 가장 탁월한 교부라고 일컬어지는 성 어거스틴에게 하루는 제자가 물었다.

"스승님, 하나님 앞에서 최고의 덕이 무엇입니까?"

어거스틴이 대답하기를 "겸손이다."라고 했다.

다시 "두 번째 높은 덕은 무엇입니까?"라고 묻자,

두 번째도 "겸손이다."라고 답했다.

또 다시 "세 번째 덕은 무엇입니까?"라고 물었다.

어거스틴은 동일한 어조로 "역시 겸손이다"라고 답했다.

이런 스승의 대답에 의아해하면서 제자들이 또 다시 물었다.

"스승님, 그렇다면 겸손의 반대는 무엇입니까?"

어거스틴은 이렇게 대답했다. "그것은 교만이다."

너무나 평범한 대답이었기에 제자들은 또 다시 질문을 이어갔다.

"그렇다면 교만은 무엇입니까?"

이 질문에 어거스틴은 "'나는 겸손한 자다'라고 생각하는 것 자체가 바로 교만이다."라고 뜻깊은 대답을 제자들에게 말했다.

그렇다. '나는 참 겸손한 사람이다'라고 생각하는 것이 교만이다. 나는 나 자신을 어떤 사람이라고 생각하는가? 서번트 리더는 어떤 사람이 되어야 하는가? 서번트 리더십의 기초는 바로 겸손이다. 겸손한 사람으로 되어가는 것이 바로 서번트 리더로 가는 준비과정이다.

1. 겸손이란?

한자로 "謙(겸)"은 '겸손하다', '사양하다'라는 의미이고, "遜(손)"도 마찬가지로 '겸손하다'라는 의미이다. 국어사전(금성출판사, 1998)에 보면 겸손은 '남을 존중하고 자기를 내세우지 않는 태도가 있는 것, 또는 그 '태도', 또는 '남을 높이거나 자기를 낮춤'(민중서림, 1993)이라고 기술하고 있다(김은미, 2007, 45-46).

겸손은 영어로는 'humility'이다. 'humility'의 의미는 "겸손한 상태, 혹은 자기의 의견을 내세우지 않는 것, 지극히 온순하며, 스스로 낮춤: 자부심이나 오만함의 반대"(Oxford English Dictionary)이다. 그렇다. 겸손의 의미는 자기를 스스로 낮추는 것이고, 자기를 스스로 내세우지 않는 것이다.

우리나라 속담에 '벼는 익을수록 고개를 숙인다', '물은 깊을수록 소리가 없다', '벼슬은 높이고 뜻은 낮추어라', '지위가 높을수록 마음을 낮추어라' 등이 있다. 이것은 높은 위치에 올라갈수록 더욱더 겸손한 사람이 되어야 함을 가르치는 격언이다.

김재홍의 "주역에서 겸손에 대한 철학적 소고"에서 겸손의 의미를 다음과 같이 설명하였다(김재홍, 2015, 174-188).

> 동서를 막론하고 겸손은 실존적인 사회 속에서 가장 아름다운 덕목으로 간주하였다. 주역(周易)에서 겸손의 의미를 찾아볼 수 있다. 주역의 소학편에는 "사람의 덕행은 겸손과 사양이 제일이다."라는 말이 있고, 주역의 서경에는 "자만한 자는 손해를 자처하고 겸손한 자는 이익을 받으니, 이는 하늘의 도리이다."라는 말이 있다. 구약성경에는 "사람의 마음의 교만은 멸

망의 선봉이요 겸손은 존귀의 앞잡이니라"라고 하였다. 이것은 동서양이 모두 교만함을 경계하고, 겸손함을 덕목으로 삼고 있음을 알 수 있다.

또한 주역에는 "겸손은 형통하니 군자는 끝이 있다."라는 말이 있다. 이 구절의 의미는 군자는 자기 자신이 겸손하면 어떤 곳에서 어떤 일에 있어서도 반드시 형통할 수 있다는 말이다. 즉 겸손한 군자라야 비로소 끝을 온전히 할 수 있는 것이다. 겸손이란 보통 사람도 할 수 있는 일이지만 끝까지 지속할 수 없다는 의미로 보인다.

겸손한 사람은 스스로 몸을 낮추지만 그 높은 겸손의 덕을 넘어 설 수는 없으니 이것은 군자의 유종의 미가 되는 것이다. 겸손은 만사가 형통하게 된다. 겸손은 만민을 따르게 한다. 즉 큰 공로가 있으면서도 자랑하지 않는 군자에게 만민이 신복하게 된다는 것이다.

공자는 "군자의 도에는 세 가지가 있는데 나는 하나도 능한 것이 없다, 나는 나면서부터 아는 사람은 못 된다. 다만 옛것을 좋아해서 서둘러 그것을 구하고자 하는 사람일 뿐이다."라고 가르쳤다(윤보미, 2010, 23). 이 가르침은 공자가 스스로에게 자평한 것이다. 이것은 공자가 겸손의 예로서 제시한 것이다. 군자에게 있어서 겸손이란 자기를 먼저 닦음으로써 잘못에 제 책임을 먼저 물을 줄 알고, 자신의 무능을 탓할지언정 남이 알아주지 않는다 하여 서운해하지 않으며, 늘 태연하고 교만하지 않는 것을 뜻한다. 겸손은 군자의 품성이다. 겸손은 군자의 큰 덕이다. 겸손은 자신을 낮추는 것이고, 교만하지 않는 것이다.

테레사 수녀의 겸손에 대한 정의에 대해서 살펴보자. 그녀는 겸손의 정의를 무엇이라고 했는가? 그녀는 『영혼의 성』에서 겸손을 "자기를 아는 것"이며 "진리 안에 사는 것"이라고 말했다. 그리고 그녀는 "높고 높은 당신을 우러러 보노라면 낮고 낮은 우리가 다가오는 것, 당신의 맑으심을 우러러 보노라면 우리의 더러움이 보이는 것, 당신의 겸손을 익히 생각하노라면 겸손에서 아득히 먼 자신을 우리는 보는 것입니다."라고 말하였다(양윤정, 2015, 35). 자신을 아는 것은 자기 자신을 바라볼 때 나타나는 것이 아니라, 하나님을 바라볼 때 나타나는 것이다. 자신을 아는 것은 자신의 노력으로 되는 것이 아니라 하나님의 은혜다. 즉 겸손은 자신을 아는 것이고, 진리 안에서 삶을 사는 사람에게 나타나는 행위이다. 그래서 테레사 수녀는 "우리의 행복이신 그리스도께로 눈을 돌립시다. 거기서 우리는 참다운 겸손을 배우게 될 것입니다."라고 말하였다(양윤정, 2015, 37). 그렇다. 최고의 겸손은 하나님과 동행하며 하나님의 뜻에 따라 사는 것이다. 이것이 테레사 수녀가 주장하는 겸손의 정의이다.

『비전성경사전』에 소개된 겸손에 대한 설명은 다음과 같다(하용조, 2001, 32).

> 성경에서 말하는 겸손은 하나님 앞에서 자신이 하나님의 뜻을 행할 수 없는 죄인인 것을 알고 스스로 자랑하는 것을 버리고 낮은데 처하여 하나님께 긍휼을 구하는 마음의 자세를 말한다. 겸손은 하나님이 그의 백성에게 바라는 것이다. 하나님은 겸손한 자와 함께하시고 그들의 소원을 들어주시며 은혜를 베풀어 주신다. 이것은 성경에서 일관되게 강조하는 성도의 주요 덕목 중 하나이다.

성경적인 겸손이란 다른 것이 아니라 하나님께서 모든 것 되심에 대한 피조물로서의 동의이며, 하나님께서 모든 것 되심에 대한 피조물로서의 순복이다(앤드류 머레이/채대광 옮김, 2007, 51).

2. 겸손에 대한 오해

겸손의 의미가 무엇이라고 했는가? 겸손은 자기를 스스로 낮추는 것이고, 자기를 스스로 내세우지 않는 것이라고 하였다. 그런데 우리는 자기를 내세우지 않고 낮추는 것이 마치 자신감이 없다, 수동적이다, 스스로를 비하하는 것이라고 오해하는 경우가 있다. 이것은 겸손의 의미를 오해하는 것이다.

첫째, 겸손을 마치 자신의 능력이 없어서 자신감이 없거나 자신을 스스로 비하하는 것으로 오해한다. 이것은 잘못된 생각이다. 에몬스(Emmons)는 "겸손하다는 것은 자신을 낮추어 평가하는 것이 아니라 스스로에 대한 정확한 의견을 갖는 것"이라고 정의하였다. 또한 템플턴(Templeton)은 "겸손한 사람은 자신이 똑똑할 수는 있어도 세상의 모든 것을 알지는 못한다는 것을 인식하고 있다."고 묘사하면서 겸손을 "자기중심적인 사고와 자기 도취에서 벗어나 자신을 세상의 일부로 인식하는 자세"라고 보았다(윤보미, 2010, 11). 그렇다. 겸손은 자기 자신의 능력을 정확하게 아는 것이다. 자신의 능력을 알게 하는 것이 겸손이다. 자신의 한계를 알게 될 때 겸손이 나타난다. 겸손은 자신을 정확하게 이해할 수 있는 인식의 눈과 같다.

둘째, 겸손은 자신의 가치를 낮추는 것이라고 오해한다. 그래서 자기의 가치를 비하하는 경우가 있다. 이것은 잘못된 생각이다. 겸손은 자신의 가치를 낮추지 않으면서 다른 사람의 가치를 높이 평가하는 것이다. 겸손은 스스로의 가치를 폄하하는 것이 아니라, 자신의 가치를 높이고, 동시에 다른 사람의 가치도 높이는 마음과 태도이다.

겸손의 대표적인 연구자인 탱니(Tangney)는 겸손에 의미를 재해석하였다. 그는 여러 학자들의 의견을 종합하여 겸손에 대한 의미 6가지를 다음과 같이 소개하였다. ① 자신의 능력과 성취에 대한(평가절하가 아닌) 정확한 이해 ② 자신의 실수, 불완전함, 한계를 인정할 수 있는 능력 ③ 새로운 생각, 상반되는 정보, 충고에 대한 개방적 자세 ④ 자신의 능력과 성취를 균형 있는 관점에서 바라보는 것 ⑤ 자기 자신에 대한 초점을 약화시키거나 '자신을 잊을 수 있는' 능력 ⑥ 사람이나 사물이 세상에 기여할 수 있는 다양한 방법뿐 아니라 세상 모든 것의 소중함을 인식하는 것(윤보미, 2010, 11).

3. 겸손한 리더들의 특성

콜린스(Collins)는 겸손한 리더들을 연구하였다. 그는 《포춘(Fortune)》지에 게재된 1,435개 회사들 중, 15년 이상 '좋은 기업을 넘어 위대한 기업'으로 꾸준히 성장해 온

11개 회사에 대해서 조사하였다. 연구결과는 다음과 같았다. 그는 겸손한 리더들의 공통점이 "조용한, 자신을 낮추는, 겸손한, 조심스러운, 정중한, 나서기 싫어하는" 등의 단어로 수식되는 리더들이라는 것을 발견하였다(윤보미, 2010, 19). 이것은 겸손한 리더들의 특징이 자기중심적이 아니라 다른 사람을 생각하고 배려하는 타인 중심적이라는 것이고, 또한 그들에게서 강력한 카리스마를 찾아볼 수가 없었다는 것이다.

콜린스는 경영 관련 잡지에서 겸손과 관련된 인터뷰 자료와 사례 연구들을 수집하였다. 그 결과를 토대로 겸손한 리더들의 행동 특성을 다음의 13가지로 정리하였다(윤보미, 2010, 20).

① 새로운 패러다임에 개방적
② 다른 사람들로부터 열정적으로 배우고자 함
③ 자신의 한계를 알고 있으며 이를 고치려고 노력함
④ 실패를 수용
⑤ 충고를 구함
⑥ 다른 사람들을 발전시킴
⑦ 진정으로 돕고자 함
⑧ 다른 사람들을 존경함
⑨ 협력해 준 사람들의 공을 인정하고 그 공을 함께 나누고자 함
⑩ 절제된 자세로 성공을 받아들임
⑪ 자기애에 빠지지 않고 아첨하지 않음
⑫ 독설을 피함
⑬ 검소함

김은미는 대학생 86명을 대상으로 "겸손한 사람은 어떤 사람인지?(성격, 태도), 겸손한 행동은 어떤 행동인지?"라는 개방형 설문지를 사용하였다. 이 설문지를 분석하고 연구하여 겸손한 사람과 겸손하지 않은 사람의 특성을 다음과 같이 발표하였다(김은미,

2007, 61-65).

겸손한 사람은 타인을 배려한다는 응답이 가장 많이 나왔으며, 그 다음으로 자신의 장점을 드러내지 않으며, 인격적으로 성숙되었으며, 타인 앞에서 자신을 낮추며, 내성적인 성격을 가진 사람으로 나타났다. 그리고 기타 소수 응답으로 남과 잘 어울린다, 처세술이 능하다, 예의가 바르다, 착하다, 자기 행동에 자신감이 없는 사람이다 등이 나타났다.

반대로 겸손하지 못한 사람의 특성은 자신을 드러낸다(즉 체, 척, 과시, 과장)가 가장 많았고, 그 다음은 대인관계 차원(즉 자기중심적이다. 타인을 무시한다. 타인 배려가 없다)이었다. 기타 소수의 의견으로는 타인을 배려하지 않거나 자신에 대해 반성하지 않는다는 결과가 나타났다.

겸손한 행동은 어떤 행동을 하는지에 대한 설문에 대한 결과로는, 자신을 낮추고(23.4%), 타인을 배려하는 행동(17.4%), 그러면서 타인을 높이는 것(15.1%) 순이었다. 반대로 겸손하지 않은 행동을 묻는 질문에 대한 결과로는, 과장, 과시하는 행동(41,9%)이 가장 많았고, 다음으로는 거만한 태도(16.3%), 타인을 무시한다(12,8%), 타인을 배려하지 않는 행동(7.0%) 순이었다.

4. 성경에서 배우는 겸손[2)]

구약성경에 나타난 겸손은 사람과 사람 사이의 겸손이 아니다. 하나님과 이스라엘 백성들 사이의 관계에서 나타난 겸손이다. 이스라엘 백성들의 겸손은 하나님께 복종하는 정신 및 행위이고, 하나님의 특별한 돌보심을 받은 자들의 조건으로 여겨졌다.

역대하에 나오는 “겸비하여”라는 말의 의미는 하나님 앞에 자기를 낮추는 것으로서,

---

2) 양윤정(2015). pp.5-9.

겸손이란 인간이 하나님의 의지나 심판에 자기를 복종케 하는 구체적인 행동이다.

미가서는 "여호와께서 네게 구하시는 것은 오직 정의를 행하며 인자를 사랑하며 겸손하게 네 하나님과 함께 행하는 것이 아니냐(미 6:8)"고 하면서 겸손이란 하나님과 함께 행하는 일임을 가르쳐 주고 있다.

이와 같이 구약성경에서 겸손은 하나님께 복종하는 행위이며, 자신들을 구원하신 하나님과의 올바른 관계를 계속적으로 유지하기 위한 근본적인 명령이다.

신약성경에 나타난 겸손의 단어들은 장소, 지위, 상태 등이 "낮은" 것을 의미하고, 주로 "낮은 지위, 천한, 보잘 것 없는" 등으로 나타난다. 신약에서의 겸손이란 자신이 죄인이라는 것을 깨닫는 것이고, 교만을 버리고, 낮은 데 처하는 마음가짐이다.

예수 그리스도는 겸손의 본을 보여주셨다. 예수 그리스도는 제자들에게 자신의 삶을 통하여 겸손을 가르쳐 주셨다. 그분의 최고의 겸손의 본은 하나님의 아들이심에도 불구하고 십자가를 지시고, 십자가 위에서 죽으신 것이다. 또 하나의 겸손의 본은 몸을 굽히시고 제자들의 발을 씻어 주신 것이다. 겸손은 말이 아니다. 겸손은 실천이다. 겸손은 몸에 배어야 하는 것이다. 예수 그리스도는 겸손의 모범을 몸으로 가르쳐주신 겸손의 실천가이셨다.

신약성경에 나타난 겸손은 그리스도인의 여러 덕행 가운데 하나이다. 또한 겸손은 자신을 자랑하지 않는 것이고(롬 12:16; 고후 11:7) 자신보다 남을 낫게 여기는 것이다.(빌 2:3) 성경은 겸손한 자를 높이신다고 가르쳤다.

> "누구든지 자기를 높이는 자는 낮아지고 누구든지 자기를 낮추는 자는 높아지리라."(마 23:12)

하나님은 겸손한 자를 가까이 하신다. 반대로 하나님은 교만한 자를 멀리하신다. 예수님은 자신에게서 배워야 할 것 2가지를 가르쳐 주셨다.

> "너희는 내게 와서 배워라 나는 마음이 온유하고 겸손하니, 온유와 겸손을 배우라"(마 11:29)

그러므로 우리는 예수님의 가르침을 배워야 한다. 특별히 예수님의 온유와 겸손을 배워야 한다. 겸손은 삶으로 보여주는 것이고, 인격이다. 겸손은 머리를 숙이고 허리를 굽히는 자세를 뜻하는 것이 아니다. 성경적인 겸손은 하나님의 능하신 손 아래서 하나님을 높이는 것이다. 그래서 주님은 "하나님의 능하신 손 아래서 겸손하라."(벧전 5:6-7)라고 하셨다. 하나님께 겸손한 자는 사람들에게도 겸손하다. 만약에 하나님께만 겸손하고 사람에게는 교만하다면 그는 진짜 겸손한 사람이 아니다.

5. 겸손한 사람이 되기 위한 방법

① 자신보다 남을 높게 여겨라

성경은 겸손이란 "자신보다 남을 낫게 여기는 것이다."(빌 2:3)라고 가르쳤다. 남을 낫게 여기는 것은 남을 무시하지 않고 존중하는 것이다. 남을 무시하는 사람에게는 남을 존중하고자 하는 마음이 없다. 남을 존중하는 마음이 있는 사람은 자신보다 남을 높게 여긴다. 프란치스코는 "참된 겸손은 억지로 자신을 억제하고 낮추려고 행동하는 데에 있지 않다. 오히려 단순하게 진리 앞에 서서 하나님이 보시는 대로 자기 자신을 있는 그대로 받아들이는 것이다."(양윤정, 2015, 19)라고 하였다. 겸손은 자기 자신을 낮추는 것이 아니라, 오히려 남을 존중하는 것이다. 참된 겸손은 상대방이 나보다 지혜롭지도 못하고, 능력과 재능도 부족하고, 지위와 위치가 낮고, 모든 면에서 나은 것이 없는데도 끝까지 자신보다 낫게 여기고 존경하는 마음과 태도이다. 이것이 참된 겸손한 사람의 특징이다. 이와 같이 참된 겸손은 하나님 앞에 비친 자신이 아무것도 아닌 것을 알게 될 때 주어지는 것이다.

② 교만을 버려라

성경은 "교만은 패망의 선봉이요 거만한 마음은 넘어짐의 앞잡이니라"(잠언 16:18)이라고 가르쳤다. 교만은 자신을 남보다 낫다는 생각과 태도에서 나온다. 교만한 사람은 남을 무시하거나 질투한다. 자신보다 못난 사람에게는 우쭐대며 무시한다. 반대로 자신보다 뛰어나면 경쟁심을 가지고 질투한다. 겸손한 사람은 남에게 자신을 과시할 필요가 없다. 반대로 교만한 사람은 남에게 자신을 자랑하고 과시하려고 한다. 하나님은 겸손한 사람을 사랑하신다. 반대로 교만한 사람을 미워하신다. 성경은 "진실로 그는 거만한 자를 비웃으시며 겸손한 자에게 은혜를 베푸시나니"(잠언 3:34)라고 했다. 교만은 겉으로만 겸손한 척하는 것이다. 이것을 바리새파적 겸손이라고 한다. 프란치스코는 겸손에 대해 "겉모양에 있는 것이 아니라 형제를 사랑하는 마음에서 솟아난 작은 자로서의 모습이다."라고 하였다. 그의 말대로 겸손은 다른 사람을 교만한 마음으로 바라보는 것이 아니라 사랑하는 마음으로 바라보는 것이다.

③ 겸손을 일상에서 보여주어라

찰스 스펄전은 "우리 자신을 평가하는 합당한 잣대는 겸손이다."라고 말하였다. 겸손한 사람인지, 교만한 사람인지는 자신이 평가하는 것이 아니라 주변 사람들이 평가하는 것이다. 겸손은 우리의 형제들과의 관계, 우리의 이웃들과의 관계, 우리의 직장과 사회 구성원들과의 관계 속에서 반드시 드러나고, 그 사람의 일상을 살펴보면 알 수 있다. 성경은 일상 속에서도 겸손을 "존경하기를 서로 먼저하며"(롬 12:10), "높은 데 마음을 두지 말고 도리어 낮은 데 처하며 스스로 지혜 있는 체 하지 말라"(롬 12:16), "사랑은 자랑하지 아니하며 교만하지 아니하며"(고전 13:4), "모든 겸손과 온유로 하고 오래 참음으로 사랑 가운데 서로 용납하고"(엡 4:2), "아무 일에든지 다툼이나 허영으로 하지 말고 오직 겸손한 마음으로 각각 자기보다 남을 낫게 여기고"(빌 2:3)와 같이 실천하라고 가르쳤다.

성경은 일상생활 속에서 겸손하라고 가르쳤다. 성경은 특별히 다른 사람과의 관계에서 겸손한 마음과 행동이 드러나야 한다고 가르쳤다. 성경에서 강조하고 가르치는 겸손은 아무리 하나님 앞에서만 겸손하다 해도 사람들 앞에 겸손을 보여주지 못하면 소용이 없다는 것이다. 이것은 바로 일상 속에서 겸손을 배우고 실천하라는 성경의 가르침이다. 우리는 아빌라의 테레사 수녀의 말을 기억하자.

"겸손을 잃으면 모든 것을 잃는다."

④ 권력보다는 권위로 일하라

전통적인 리더십은 권력을 기초한다. 반대로 서번트 리더십은 권위를 기초한다. 권력이란 "타인의 선택 여부와 상관없이 당신의 지위나 힘을 이용하여 타인이 당신의 의지대로 행동하도록 강요 또는 강제하는 능력"(제임스 C. 헌터/김광수 옮김, 2006, 59)을 말한다. 반대로 권위는 권력과 다른 개념이다. 권위란 "당신의 개인적 영향력을 통해 타인이 당신의 의지대로 기꺼이 행동하도록 하는 기술"(제임스 C. 헌터/김광수 옮김, 2006, 60)을 말한다. 권위는 권력, 지위, 돈, 학위 등이 부족하거나 없어도 가질 수 있다. 예를 들어서 권력과 돈도 없고, 지위도 낮지만 높은 인격을 겸비하고 겸손한 사람이라면, 비록 권력은 가질 수 없지만 권위는 가질 수 있다. 권력은 세습이 가능하고, 돈으로도 살 수 있고, 팔 수도 있다. 하지만 권위는 권력과는 다르다. 권위는 세습이 불가능하고, 돈으로 살 수 없고, 팔 수도 없다. 권력은 자신이 원하면 자신의 힘과 돈으로 가질 수도 있지만 권위는 자신이 원한다고 해서 가질 수 없다. 권위는 타인이 인정하는 것이다. 권위는 사람 그 자체를 말하는 것이다. 권위는 인격과 타인에게 미치는 영향력 등에 의해서 부여된다.

⑤ 다른 사람에게 공을 넘겨라

콜린스의 겸손한 리더들의 행동 특성 13가지 중 하나를 소개하자면, "협력해 준 사람들의 공을 인정하고 그 공을 함께 나누고자 함"이 있다. 그렇다. 겸손한 리더는 함께 일한 사람들에게 공을 넘기고, 공을 함께 나눌 줄 아는 사람이다. 함께 하는 사람과 공을 나눌 수 없는 사람은 리더가 아니다. 심지어는 함께 일한 사람의 공을 빼앗는 리더도 있다. 프란치스코는 겸손을 번개로 비유해서 말했다. 그의 말의 뜻은 "번개가 갑자기 내리치고 난 후에는 어느 누구도 번개를 발견할 수 없는 것처럼, 겸손한 자는 어떤 일을 행하고 난 후 사람들로 하여금 자기 자신을 아무것도 아닌 것처럼 여기라"(양윤정, 2015, 20)는 것이다. 그렇다. 겸손한 리더는 남의 공을 가로채지 않는다. 함께한 사람과 공을 나누거나 그들에게 공을 넘겨줄 수 있는 사람이다.

겸손 향상을 위한 자기성찰 워크북

1. 겸손에 대한 깊은 이해

■ 성찰 주제

"겸손은 자신을 비하하는 것이 아니라, 타인을 존중하는 태도이다."

■ 활동

겸손과 관련된 명언 3개를 찾아 쓰고, 내 생각을 덧붙이기

___

___

___

___

2. 나의 교만 패턴 발견하기

■ 질문

내가 교만해지는 상황은 언제인가?

___

___

내 말이나 행동에서 무심코 나타나는 교만의 모습은?

___

___

3. 겸손을 실천하기 위한 작은 습관 만들기

■ 도전과제

- 하루 1회, 타인의 장점을 진심으로 칭찬하기
- 실수했을 때 '변명 없이' 사과하기

■ 작성

"내가 오늘 실천할 작은 겸손 행동은?"

___

___

4. 겸손한 피드백 수용 훈련

■ 연습

- 누군가 내게 조언할 때 방어하지 않고 듣는다.
- 마음에 들지 않는 피드백도 감사히 받는다.

■ 질문

최근 받은 피드백 중 받아들이기 힘들었던 것은 무엇이었는가?

___

___

5. 겸손 성장 플랜 만들기

■ 최종 작성

나는 앞으로 어떤 겸손 습관을 키울 것인가?

___

___

■ 나만의 겸손 선언문 만들기

예시

"나는 실수했을 때 기꺼이 사과하며, 타인의 이야기에 귀 기울이고, 나보다 남을 먼저 존중하는 사람이 되겠다."

수업을 마치면서...

Closing Question

이번 수업을 통하여 내가 배운 것은 무엇인가?

이번 수업을 통하여 내가 조금씩 바뀌고 있는 것은 무엇인가?

이번 수업을 통하여 내가 부족한 것은 무엇인가?

일주일 동안 감사한 일은 무엇인가?(하루에 한 가지 적어보기)

요일	감사한 일
월	
화	
수	
목	
금	
토	
일	

CHAPTER

10

서번트 리더의 역량, 존중[1)]

1) 10장의 내용은 한만오가 『사람다운 사람』이라는 책에서 쓴 내용 중 4장이다. 즉 '존중하면 사람을 얻는다'의 내용을 인용한 것이다. 장종현 편저(2017). pp.76-90.

수업에 들어가면서...

수업 시작 구호, 다함께 시작!!!

"I AM GOOD, YOU ARE GOOD, WE ARE GOOD, GOOD~, GOOD~, GOOD~"

Opening Question

- 나는 어떤 상황에서 상대를 존중하지 못하는가?

- 서로 다른 세대(예: 청년과 노인) 사이의 존중은 어떻게 형성되고 유지될 수 있는가?

- 존중은 권위에 대한 복종과 어떻게 다른가?

■ 존중 자가 진단 체크리스트 (10문항)[2)]

최근 1개월 간의 자신의 태도와 행동을 기준으로 아래 문항에 응답해 보자.

(1점: 전혀 그렇지 않다 ~ 5점: 매우 그렇다)

번호	문항	전혀 그렇지 않다 (1점)	그렇지 않다 (2점)	보통이다 (3점)	그렇다 (4점)	매우 그렇다 (5점)
1	나는 나와 생각이나 신념이 다른 사람을 비난하지 않고 존중하려 노력한다.					
2	나는 상대방의 말을 끊지 않고 끝까지 경청하려고 한다.					
3	나는 나보다 약한 위치에 있는 사람도 평등하게 대하려 한다.					
4	나는 타인의 문화, 종교, 배경의 차이를 열린 마음으로 받아들인다.					
5	나는 타인의 감정이나 의견을 가볍게 여기지 않고 진지하게 고려한다.					
6	나는 갈등 상황에서도 상대방의 인격을 존중하며 대화하려 노력한다.					
7	나는 타인의 사생활과 경계를 존중한다.					
8	나는 타인의 선택과 자율성을 인정하고 지지하려 한다.					
9	나는 연령, 성별, 직업, 지위에 상관없이 모두를 존중하는 태도를 유지하려 노력한다.					
10	나는 실수한 사람을 정죄하기보다 배려하는 태도로 대하려 한다.					

2) 학문적 근거: Rosenberg & Hovland(1960): 태도(Attitude)는 인지적, 정서적, 행동적 요소를 포함하며, 존중은 이 세 가지 요소 모두에서 나타난다고 본다. Kitchener(1985): 타인을 존중하는 것은 윤리적 성숙(Ethical Maturity)의 핵심 요소이며, 성숙한 도덕성은 자율성과 권리를 인정하는 태도와 연결된다. Lawrence Kohlberg(1981): 도덕 발달 이론에서 타인의 권리와 존엄성 존중이 높은 수준의 도덕성(Conventional 및 Post-conventional 단계)에서 필수적인 가치임을 강조한다. Milton Bennett(1993): 문화 간 민감성 모델(Developmental Model of Intercultural Sensitivity)에서도 타문화 존중은 성숙한 인간관계의 핵심 단계로 제시된다.

■ **총점 평가 기준** (총점: 10~50점)

총점을 합산하여 본인의 존중을 다음과 같이 평가할 수 있다.

점수 범위	존중 수준	해석
45~50점	매우 우수	매우 높은 존중 태도를 가지고 있으며, 타인을 깊이 이해하고 존중하는 능력이 뛰어납니다.
38~44점	우수	좋은 존중 태도를 가지고 있으며, 일상에서 대부분 잘 실천하고 있습니다.
30~37점	보통	보통 수준의 존중 태도를 보이고, 상황에 따라 존중이 약해질 수 있으니 주의가 필요합니다.
20~29점	개선 필요	존중 태도가 부족한 편이고, 자기 성찰과 함께 개선 노력이 필요합니다.
10~19점	심각	존중에 심각한 문제가 있을 수 있으며, 타인을 대하는 태도에 대한 근본적인 변화가 필요합니다.

어느 초등학교에서 가을 운동회가 열렸다. 6학년 아이들이 달리기 시합을 할 차례가 되었다. 출발선에 선 아이들은 총소리와 함께 힘차게 달려 나갔다. 그 가운데 한 아이는 작은 키와 큰 덩치 때문에 달리기에서 매번 꼴등을 차지했다. 초등학교 6년 동안 달리기만 하면 꼴찌를 했던 그 아이는 마지막 운동회에서도 또 꼴찌로 달리고 있었다. 그런데 이날 이 학교 운동회에서는 앞서 달려가던 학생들이 30미터 지점을 남겨두고 그 아이가 오기를 기다린 뒤 손을 마주 잡았다. 이는 6년 내내 꼴찌 한 친구를 위해 미리 계획된 것으로 알려졌다. 결국 5명의 소년은 함께 손을 잡고 결승선을 통과해 모두 1등이 됐고 꼴찌를 하던 학생은 고마움에 눈물을 흘렸다. 이 장면을 바라보던 많은 사람들이 감동의 눈물을 흘렸다. 이 소식을 접한 누리꾼들은 "존경할 만한 어린이네요" 등의 반응을 보였다.

이 이야기는 실제로 있었던 것으로 어느 일간지에 소개된 내용을 정리한 것이다. 어린아이들이 대견스럽고, 다른 사람을 존중하고 배려하는 마음이 기특하다. 이와는 반대로 대한항공 땅콩 리턴 사건은 국내외적으로 문제가 되었고, 재벌가의 갑질 논란을 촉발시켰다. 이 사건은 사람을 무시하고 존중하지 못한 행동에서 나온 것이다. 서번트 리더가 되기 위해서는 사람을 존중하는 성품이 필요하다.

1. 존중이란?

존중은 상대방을 높이고 소중하게 대하는 마음과 태도를 말한다. 존중은 사람이나 사물의 가치를 귀하게 여기고 소중하게 여기는 것을 의미한다. 존중은 다른 사람의 인격, 행위, 생각, 스타일, 가치관, 철학, 습관, 행동과 생활태도, 말과 얼굴 표정, 주장까지 높이고 귀중히 여기는 것을 말한다. 존중은 상하 간의 관계, 동료 간의 관계, 가족 간의 관계, 친구 간의 관계, 부부간의 관계, 부모와 자녀 간의 관계, 공동체 간의 관계 등에서 꼭 필요한 성품 중 하나다. 존중은 공동체를 세우고 귀하게 만들어준다. 자신을 소중하게 여기는 만큼 상대방과 공동체를 소중하게 여기고 높이는 마음과 태도가 있기 때문이다.

존중(尊重)이란 말뜻의 한자말을 풀이하면 높을 존(尊)은 '높이다', '지위가 높다', '우러러보다'의 뜻이고, 무거울 중(重)은 '무겁게 하다'라는 뜻을 지닌다. 국어사전에는 '소중하게 여김', 또는 '소중하게 여겨 받듦'이라 되어 있다. 영어로 존중(respect)은 사전적 의미로 존경, 경의, 가치 있는 것에 대한 찬양에서 나오는 존경의 의미다.

사람은 누구나 자신만이 가지고 있는 가치와 존재의 의미가 있다. 그 가치와 존재의 의미를 인정하는 것이 존중이다. 존중은 어떤 사람에게 임의로 가치를 부여하는 것이 아니라 그 사람이 이미 가진 가치를 인정하는 것이다. 어떤 사람을 존중한다는 것은 그 사람의 의지, 의도, 욕구, 기질, 성격 등을 고려하는 마음과 태도를 가지고 있는 것을 의미한다. 따라서 다른 사람을 대할 때 그의 장점과 가치, 개성, 능력 등을 인정하고 무엇보다도 겸손한 태도로 상대방을 배려해야 한다. 존중은 자기존중, 타인존중, 상호존중, 인간존중, 공동체 존중 등으로 나타난다.

존중은 행동으로 나타나야 한다. 존중하는 마음과 행동이 일치하지 않는 것은 위선적이기 때문이다. 동시에 존중하는 마음도 없이 행동만 보이는 것도 위선적이다. 존중하는 마음 없이 존중하는 행동만 보인다면 이는 일시적인 행동일 뿐 생활화가 될 수 없고, 위선적인 행위일 뿐이다. 그러므로 존중은 존중하는 마음과 감정이 행동과 일치해서 나타나야 한다.

2. 성경에서 말하는 존중이란?

첫째, 성경에서 말하는 존중의 원리는 하나님을 존중하는 사람은 존중을 받는다는 것이다. 성경은 "나를 존중히 여기는 자를 내가 존중히 여기고 나를 멸시하는 자를 내가 경멸하리라"(사무엘상 2:30)고 하였다. 하나님은 하나님 자신을 존중히 여기는 사람을 존중히 여기고 하나님 자신을 멸시하는 사람을 경멸하시겠다는 것이 성경적 존중의 원리라고 명확하게 가르쳐주셨다. 여기서 하나님을 멸시한다는 것은 하나님의 말씀을 무시하며 하나님의 말씀에 순종하지 않는 것을 말하는 것이다.

존중은 상대방을 보배롭게 여기는 것이고 소중하게 여기는 것이다. 또한 가장 가치 있게 여기는 것이다. 존중이 이렇게 소중한 까닭은 하나님이 그를 존중히 여기고 귀하게 여기시기 때문이다. 그러므로 내가 하나님에게 존중받고 싶다면 먼저 내가 하나님이 귀하게 여기시는 것을 존중하면 되는 것이다.

둘째, 성경에서 말하는 존중의 원리는 '황금률'이다. '황금률'은 예수님의 산상수훈 안 보석과 같은 가르침으로, 무엇이든지 남에게 대접을 받고자 하는 대로 먼저 남을 대접하라는 것이다(마태복음 7:12). 이것은 대접 받고 싶을 때 먼저 남을 대접하게 되면 똑같이 다른 사람으로부터 대접을 받게 된다는 원리다. '황금률'의 원리 속에는 인간관계의 법칙, 행복의 법칙, 대접받는 법칙과 비결이 담겨 있다. '황금률'의 원리를 실천하기 위해서는 가장 먼저 다른 사람이 대접받기 원하는 것이 무엇인지를 아는 것이다. 동시에 그들이 원하는 것을 아래와 같이 실천해 보는 것이다.

사람들이 대접받기 원하는 요소들

① 사람은 이해받기 원한다.
② 사람은 사랑받기 원한다.
③ 사람은 칭찬받기 원한다.
④ 사람은 격려받기 원한다.

⑤ 사람은 위로받기 원한다.
⑥ 사람은 인정받기 원한다.
⑦ 사람은 신뢰받기 원한다.
⑧ 사람은 배려받기 원한다.
⑨ 사람은 존경받기 원한다.
⑩ 사람은 용서받기 원한다.

출처: 강준민(2011).

셋째, 성경에서 말하는 존중의 원리는 존중할 수 없는 사람까지도 존중하라는 것이다. 존중할 수 있는 사람을 존중하는 것을 누구나 할 수 있다. 하지만 존중할 수 없는 사람, 즉 능력과 권력, 지위가 없는 사람을 존중하는 것은 누구나 할 수 있는 것은 아니다. 예수님은 존중하기 어려운 사람을 존중할 때 더 많은 상을 기대할 수 있다고 하셨다.

"또 네 이웃을 사랑하고 네 원수를 미워하라 하였다는 것을 너희가 들었으나 나는 너희에게 이르노니 너희 원수를 사랑하며 너희를 박해하는 자를 위하여 기도하라"(마태복음 5:43-44).

"너희가 너희를 사랑하는 자를 사랑하면 무슨 상이 있으리요 세리도 이같이 아니하느냐"(마태복음 5:46).

나를 존중하는 사람을 존중하는 것은 누구나 할 수 있는 것이라서 상은 받을 수 없다는 말이다. 하나님은 존중할 수 없는 사람까지도 존중히 여기는 성품의 사람을 더 귀하게 여기시고 상을 주시는 분이다. 사람은 하나님을 존중하지 않고 사람을 멸시하려고 하는 본성을 가지고 있지만, 하나님의 말씀을 통하여 하나님을 경외하고 사람을 존중하는 사람으로 개선될 수 있다.

넷째, 성경에서 말하는 존중의 원리는 남을 나보다 낫게 여기는 것이다. 성경은 "아무 일에든지 다툼이나 허영으로 하지 말고 오직 겸손한 마음으로 각각 자기보다 남을 낮게 여기고"(빌립보서 2:3)라고 하였다. "자기보다 남을 낫게 여기고"라는 말은 영어로는 "consider others better than yourselves"(NIV)이다. 이것은 다른 사람을 높이고 귀하게 대하라는 의미다. 다른 사람은 먼저 존중하고 높이면 나도 역시 존중받고 높임을 받을 수 있다.

3. 존중하면 사람을 얻는다

존중은 사람을 끄는 힘이 있다. 사람들을 존중해 주는 사람 주변에는 많은 사람이 모이고 마음의 문을 연다. 자신을 존중해 주는 사람의 말을 적극적으로 따라가고 싶어하고 그에게 존경심을 갖게 된다. 반대로 무시하는 사람 주변에는 사람들이 모이지 않고 마음의 문을 열지 않는다. 그의 앞에서는 어쩔 수 없이 복종은 하지만, 그의 등 뒤에서 욕하고 미워하거나 존경하지 않는다. 존중해 주는 사람에게는 목숨을 바치고, 존중해 주지 않는 사람에게는 마음에도 없는 복종을 할 뿐이다. 존중하면 사람을 얻는다. 존중은 사람을 끄는 매력이요, 강력한 힘이 있기 때문이다.

존중은 또 존중을 낳는다. 내가 먼저 남을 존중해 주면 그 존중이 다시 나에게 돌아오는 것이다. 그래서 존중은 메아리와 같다. 또한 존중은 씨앗과 같다. 씨앗처럼 아주 작은 것을 심었지만 많은 열매와 풍성한 결실을 얻을 수 있기 때문이다. 무슨 대가를 바라고 상대방을 존중하는 것은 바람직하지 못하다. 존중은 대가와 보상이 따르지만 순수한 마음으로 시작해야 한다. 순수한 마음으로 하나님을 존중하고 사람들을 차별 없이 존중할 때 그 존중은 더 빛을 발하고, 더 큰 열매로 다시 돌아오게 될 것이다.

존중은 관계를 좋게 만든다. 존중은 모든 인간관계와 가정생활, 학교생활, 사회생활의 기반이요, 필수요소다. 존중과 인간관계는 매우 밀접한 연관성이 있다. 저명한 연설가이자 미국의 판매왕으로 올랐던 레스 기블린(Les Gibeullin)은 "사람은 누구나 이기적이다. 사람은 누구나 다른 사람보다도 자기 자신에게 더 관심이 많다. 사람은 누구나 다른 사람으로부터 존경과 인정을 받고 싶어 한다. 좋은 인간관계를 유지하고 싶다면 이 3가지를 기억하라"고 말했다. 존중이 없는 좋은 관계는 유지될 수도 없다는 것이다. 어윈 페더만(Irwin Federman)은 "권위는 직위에서 나오고, 존중은 행동에서 나온다."라고 하였다. 좋은 관계를 유지하고 싶다면 먼저 존중하는 마음과 태도를 가져야 한다. 순수한 마음과 행동으로 다른 사람을 존중하고 인정하면 다른 사람과의 관계를 좋게 만들 수 있다. 서로 존중하지 않는 인간관계는 오래 갈 수 없다.

존중은 다양성을 가져온다. 창의성의 기초는 다양성이고, 다양성의 기초는 다른 사람을 인정하고 존중하는 것에서부터 시작된다. 존중은 다른 사람의 창의성과 다양성을 인정하는 것이다. 존중의 시작은 상대방의 다른 점을 인정하는 것이다. 때로는 자신과 다른 의견과 생각을 존중하고 인정하는 것이 필요하다. 교육부의 자료에 따르면 2024년 기준으로 우리나라 초 · 중 · 고(각종 학교 포함)에 재학 중인 다문화 학생 수는 약 193,814명이 넘는다고 한다. 피부색, 얼굴 생김새, 문화와 풍습이 다른 타 문화권의 사람들을 차별하거나 무시해서는 안 된다. 오히려 이들의 다양성과 다름을 인정해 주는 것이 이들을 존중해 주는 것이다.

존중이란 나와 다른 것은 무조건 반대하거나 틀린 것이 아님을 인정하는 것이다. "타인을 인정하라. 그리하면 당신의 가치를 인정받을 수 있다"는 격언이 있다. 미래 사회는 획일적인 것만 강조해서는 안 되고 다양성의 조화를 이루어야 한다. 편견은 차별을 만들고 차별은 무시와 멸시를 가져온다. 하지만 존중은 편견을 없애고 나와 다른 사람까지도 존중하는 마음과 태도를 갖게 만든다.

존중은 하나님의 복을 받는 중요한 열쇠다. 하나님의 약속을 받을 수 있는 기회를 부여하기 때문이다. 하나님을 존중하면 하나님이 주시는 복과 약속하신 상을 받을 수 있다. 반면에 하나님을 존중하지 않는 사람은 하나님의 상이 없다는 뜻이다. 존 비비어는 『존중』이라는 책에서 "존중은 하나님께 복을 받는 중요한 열쇠다. 존중에는 큰 보상이 따르는데, 하나님은 바로 당신이 그 보상을 얻기 원하신다. 당신의 삶을 크게 향상시키는 힘, 바로 그 힘이 존중에 있다."라고 하였다.

4. 자신 존중, 타인 존중, 상호 존중

21세기와 다문화권 시대를 살아가는 우리 교육과 생활의 최우선적인 과제는 자신과 타인 존중, 그리고 상호 존중을 가르치는 일이다. 자기 자신에 대한 존중이 타인에 대한 존중의 기초가 되고, 상호 존중의 뿌리요, 원천이 된다.

첫째, 자신에 대한 존중(self-respect)이다. 자신을 존중하는 것이 최우선되어야 한다. 자신을 사랑하고 존중해야 하는 이유는 하나님이 사람을 사랑하고 보배롭고 존귀하게 여기시기 때문이다. 성경은 "네가 내 눈에 보배롭고 존귀하며 내가 너를 사랑하였은즉"(이사야 43:4)라고 하였다. 하나님은 사람을 이 세상에서 가장 보배롭고 가장 존귀하게 여기시고 사랑하신다는 뜻이다. 또 하나의 이유는 자기 자신을 존중해야 타인을 존중할 수 있기 때문이다. 자신을 존중하는 사람은 타인을 존중할 뿐 아니라 상호 존중을 잘하게 된다. 자신을 사랑하고 존귀하여 여기는 자존(自尊)이 먼저 있어야 한다. 자신을 사랑하고 귀하게 여기는 마음과 태도가 없는 사람은 타인도 사랑하거나 귀하게 여길 수 없고 바르게 존중할 수 없기 때문이다. 쇼펜하우어(Schopenhauer)는 그의 저서 『희망에 대해서』라는 책에서 "자신을 잃어버리지 마라. 자신을 존중할 줄 아는 사람만이 다른 사람을 존중할 수 있다"고 말했다.

자기를 존중하는 사람은 결코 남을 차별하거나 무시하거나 비방하지 않는다. 최관경은 "상호 존중감을 형성하는 평등교육"이란 그의 논문에서 "자기 자신을 존중하는 사람은 한결같이 사람을 좋아하고 신뢰한다. 긍정적이고 낙천적이다. 겸손하고 예의가 바르다. 개방적이고 활동적이다. 정직하고 순수하다. 정신적으로나 육체적으로 건강하다. 일을 좋아하고 즐긴다. 늘 창조적인 소망을 추구한다. 절제하고 인내할 줄 안다. 신념과 열정이 있다"고 했다(최관경, 2008, 259). 자신을 존중히 여기는 사람은 자신을 무시하는 사람보다 실패와 좌절 속에서도 더 잘 이겨내고 성공할 수 있다. 또한 자신에 대해서 긍정적이고 자기가 가치 있고 보람 있는 삶을 영위한다. 타인과의 관계도 원만하고 타인을 이해하고 수용하는 범위도 넓다.

둘째, 다른 사람에 대한 존중(Other-respect)이다. 다른 사람을 존중하라는 것은 다른 사람을 자신처럼 사랑하고 존귀하게 여기고 존엄성과 권리를 인정하고 대접하라는 것이다. 성경에서 말하는 황금률의 원리와도 같다. 다른 사람에게 존중과 대접을 받고 싶으면 먼저 남을 존중하고 대접하라는 것이다. 플라톤은 "다른 사람이 나에게 행하기를 바라는 것처럼 다른 사람에게 행하라"고 했다. 사람은 누구나 하나님의 위대한 창조물이고 걸작품이기 때문에 존엄하게 여겨야 한다. 자신을 사랑하고 존귀하게 여기는 사람에게 요구되는 더 넓은 존중의 범위가 다른 사람을 존중하게 여기는 것이다. 자신이 타인으로부터 사랑과 존중을 받고 싶으면 필연적으로 타인을 사랑하고 존중해 주어야 한다.

셋째, 상호 존중(Mutual-respect)이다. 상호 존중은 상대방의 사고, 감정, 가치관, 습관, 삶의 스타일, 자라온 환경 등이 다르다는 것을 알고, 상대방의 입장에서 이해하는 것이다. 자신과 다른 사람과의 관계를 이해하고 서로 존중하는 것이다. 자유와 평등의 민주국가와 사회, 가정과 학교, 직장과 공동체 등은 상호 존중을 바탕으로 시작된다. 존중은 상호 존중을 낳고, 무시는 상호 무시를 낳는다. 상호 존중은 평등한 사회와 국가, 공동체를 세우는 기초이고, 조화로운 삶을 살아가는 방법이다. 존중은 상호 존중과 상호 신뢰를 낳는다. 반대로 무시는 상호 무시와 상호 불신을 낳게 된다(최관경, 2008, 261).

5. 일상에서 존중을 실천하는 방법

① 남편과 아내 간에 서로 존중하라

가정에서 존중의 문화가 무너지면 학교, 사회, 직장, 국가에서도 존중 문화가 무너진다. 가정은 존중을 배우는 최초의 장소이기 때문이다. 가정에서 존중의 문화가 정착되기 위해서는 성경의 원리에 따라서 실천해야 한다. 먼저 남편은 아내를 존중해야 한다. 성경은 "남편들아 이와 같이 지식을 따라 너희 아내와 동거하고 그를 더 연약한 그릇이요 또 생명의 은혜를 함께 이어받을 자로 알아 귀히 여기라"(베드로전서 3:7)고 가르친다. 여기서 '연약한 그릇'이란 아내를 의미한다. 성경은 '남편은 아내를 귀히 여기고 존중하라'고 말한다. 그 이유는 아내가 남편보다 약한 존재이기 때문이고, 아내는 하나님의 선물인 자녀(생명의 은혜)를 낳는 가정의 파트너요, 공동 상속자이기 때문이다. 남편이 가장(리더)으로 세움 받는 이유는 아내를 사랑하고 존중하라고 하는 것이다.

아내도 역시 남편을 존중해야 한다. 현숙한 아내는 남편을 존중함으로써 건강한 가정을 세우기 때문이다. 레슬러 패로트(Lesley Parrott)는 "칭찬받으려고 하는 것이 남자의 일차적 욕구다"라고 하였다. 아내가 남편을 세워 주고 자녀에게 용기를 주어 천국과 같은 가정을 만들 수 있는 것은 바로 존중이다. 아내는 남편에게 순종하는 것이 남편을 존중하는 것이다. 아내는 남편에게 순종함으로 남편에게 사랑을 받기 때문이다. 아내는 남편의 가치를 인정하고 칭찬하는 것이 남편을 존중하는 것이다. 남편은 아내의 칭찬을 바란다.

건강한 가정이 되기 위해서는 부부가 서로 존중하는 마음과 태도가 있어야 한다. 부모는 자녀의 거울이기 때문에 부부가 서로 존중하는 모습을 자녀들에게 보여주어야 한다. 만약에 부부가 서로 무시하고 존중하지 못하는 말과 행동을 자녀들 앞에서 보여준다면 그들의 자녀들도 그들의 부모의 말과 행동하는 대로 배우게 될 것이다.

② 부모와 자녀 간에 서로 존중하라

자녀는 부모를 존중해야 한다. 부모를 존중하는 것은 우리 민족이 가장 중요하게 여기는 윤리 강령이기 때문이다. 우리나라는 부모를 공경하고 존중하는 효 사상이 5천 년 역사를 이어왔다. 최성규는 "효는 대한민국 5천 년 역사를 이어 온 힘이다. 효는 한국인만의 정신은 아니다. 유교만의 문화유산도 아니다. 효는 이념과 시대와 종교와 지역을 뛰어넘어 사람이 사는 곳이라면 어디서나 받아들여질 수 있는 보편적인 가치관이다. 동시에 하나님의 명령으로서 반드시 지켜야 할 성경적인 정신문화다"라고 효와 부모 존중을 강조했다. 효는 부모를 존중하는 마음과 태도에서 시작된다. 하나님은 모세에게 십계명을 주셨는데, 그중에서 5계명이 네 부모를 공경(존중)하라는 명령이다.

"네 부모를 공경하라 그리하면 네 하나님 여호와가 네게 준 땅에서 네 생명이 길리라"(출애굽기 20:12)

성경은 부모를 존중하고 공경하면 잘되고 장수의 복의 상을 주시겠고 약속하였다.

"자녀들아 주 안에서 너희 부모에게 순종하라 이것이 옳으니라 네 아버지와 어머니를 공경하라 이것이 약속 있는 첫 계명이니 이는 네가 잘 되고 땅에서 장수하리라"(에베소서 6:1-3)

또한 부모도 자녀를 사랑하고 존중해야 한다. 자녀를 존중하고 귀하여 여기면 자녀는 행복하다. 자녀는 부모로부터 격려와 칭찬, 인정의 말을 듣고 싶어 한다. 자녀는 부모로부터 사랑하고 귀하게 여겨진다는 것을 귀로 듣고 눈으로 보고, 마음으로 느끼고 싶어 한다. 부모로부터 사랑과 칭찬을 받고 자란 자녀는 자기를 사랑하고 자신감이 넘치고 자기 자신을 존중하게 된다. 반대로 자주 부모로부터 꾸중과 질책만을 받고 자란 자녀는 자존감이 낮고 자신을 사랑하고 존중하는 것이 어렵다. 성경은 "보라 자식들은 여호와의 기업이요 태의 열매는 그의 상급이로다"(시편 127:3)라고 하였다. 자녀는 하나님께서 주신 상급이요, 보상이다. 즉 자녀는 하나님의 선물이다. 그러므로 부모는 하나님의 선물인 자녀를 귀하게 여기고 사랑으로 양육해야 한다.

부모를 존중하는 것은 제안이나 권고가 아니라, 계명이다.

"네 아버지와 어머니를 공경(존중)하라 이것은 약속이 있는 첫 계명이니"(에베소서 6:2).

부모를 존중한다면 그들과 대화할 때 존경과 사랑의 눈으로 바라볼 것이다. 존중이 행동과 말은 물론 생각으로도 나타날 수 있지만, 모든 참된 존중은 마음에서 비롯된다는 것을 잊지 마라. 그러므로 평소 부모에게 건방지거나 경망스럽거나 불손하게 말한다면, 자신이 부모를 참으로 존중하지 않는다는 증거다. 마음에 가득한 것을 입으로 말하기 때문이다.

출처: 존 비비어/윤종석 옮김(2009).

③ 친구, 연인, 직장동료, 남녀 간에 서로 존중하라

친구 사이, 연인 사이, 선배와 후배 사이, 남자와 여자 사이에는 서로 존중하는 마음이 있어야 한다. 편하고 마음이 서로 잘 통하는 사이라서 격의 없이 대하는 경우가 있는데, 친하고 가까운 사이라고 해서 때로는 막말을 하고 예의 없이 대해 서로 상처를 주기도 한다. 서로 간에 존중하지 않으면 섬김과 사랑도 사라진다. 섬김과 사랑이 사라지면 관계에 금이 가기 시작한다.

이성 간의 사랑의 관계도, 친구와 선후배 간 우정의 관계도 서로 존중하는 마음에서 시작된다. 사랑과 우정이 유지되기 위해서는 일방적으로 존중하는 것이 아니라 서로 아껴주고 돌보아주고 배려해 주는 마음과 자세가 필요하다.

또한 졸업 후 직장생활에서 만난 직장 동료에게도 존중하는 마음과 자세가 필요하다. 직장에서 윗사람은 아랫사람에게, 아래 사람은 윗사람에게서 존중을 받고 싶어 한다. 직장 동료 간에 서로 존중하는 분위기가 있는 회사일수록 화목하고 인간관계가 좋고 일의 효율성도 높다. 동료를 사랑하고 존중하는 사람은 회사와 동료로부터 인정받고 승진도 빠르다.

자아존중감(self-esteem)이 높은 사람의 특징

- 자기 신체(외모)에 대한 만족도가 높다.
- 긍정적이며 성공에 대해 확신한다.
- 자신이 속한 나라, 가정, 학교, 교회, 직장에 대해 긍정적이다.
- 자신이 가치 있고 보람된 삶을 살고 있다고 생각한다.
- 새로운 상황, 경험, 일에 대해 개방적이다.
- 자신의 잘못, 실수, 실패를 인정하며 자신에게 정직하다.
- 부정적 감정(불안, 분노, 슬픔 등)을 잘 수용하고 조절한다.
- 긴장과 도전적 상황에서도 당황하지 않고 유연하게 잘 대처한다.
- 자신은 물론 상대방도 있는 그대로 인정하고 받아들인다.
- 자신의 감정, 의견을 상대방을 불편하게 하지 않으면서 자유롭게 표현한다.

• 상대방의 의견과 생각을 진지하게 대한다.
• 자신의 재능, 소유물, 그리고 자신이 이룬 일들을 소중하게 여긴다.
• 칭찬과 애정, 감사하는 마음을 주고받는 것을 자연스럽게 행한다.

출처: 정동섭(2017).

④ 경영자(상사)와 종업원(부하) 간에 서로 존중하라

폴 마르시아노(Paul Marciano)가 쓴 『존중하라』라는 책의 표지에는 "존중받는 직원이 일을 즐긴다"라는 말이 있다. 이 책에서 팔머 교수는 "누구보다도 존경하는 리더의 모습은 친절하고 겸손하며, 너그러운 바음으로 타인의 아픔을 공감할 줄 하는 사람이다"라고 설명하고 있다. 종업원은 경영자의 인정과 존중을 받을 때 더 즐겁게 일할 수 있다. 그러므로 경영자와 종업원 간에는 존중, 신뢰, 배려, 파트너십 등이 필요하다. 전 세계 최대의 우편 물류 기업인 도이치 포스트 디에이치엘(DHL)의 회장인 프랑크 아펠(Frank Appel)은 "리더십 철학이 무엇이냐?"는 기자의 질문에 "존경과 결과의 균형입니다"라고 말했다.

경영자는 종업원을 존중하고 종업원은 경영자를 존중해야 한다. 존중이 있는 기업은 절대로 망하지 않는다. 『리스펙트』의 저자 저널리스트 데보라 노빌(Deborah Norville)의 말을 기억하자.

> "직장에서 성공하고 싶은가? 직원들의 생산성을 높이고 싶은가? 가정과 직장에서 원만한 대인관계를 유지하고 싶은가? 예의가 지켜지는 세상에 살고 싶은가? 창의력과 자신감을 높이고 싶은가? 놀랍게도 한 가지만 있으면 이 모든 것이 가능하다. 그것은 바로 존중이다."

⑤ 스승과 제자 간에 서로 존중하라

스승은 제자에게 존중받고 싶어 하고 반대로 제자도 스승으로부터 존중받고 싶어 한다. 시인이면서 철학자인 랠프 월도 에머슨(Ralph Waldo Emerson)은 "교육의 비결은 학생들을 존중하는 데 있다"고 말했다. 존중이 없는 교육은 변화가 없다. 제자를 존중하지 않는 스승에게는 자신을 존중하고 따르는 제자도 없다. 살아 있는 교육, 사람을 살리는 교육은 스승과 제자 사이에 피어나는 존중의 마음에서 시작된다.

⑥ 강자(갑)와 약자(을) 간에 서로 존중하라

사람은 강자에게는 약하고 약자에게는 강하다. 우리는 피부 색깔과 얼굴 생김새가 다른 다문화권 사람들, 정신적이거나 신체적으로 장애를 가지고 있는 사람들, 나이가 들어서 거동이 불편한 노인들, 먹을 것과 집이 없어서 거리에서 잠을 자는 노숙자들, 시급을 받고 일하는 아르바이트 학생들 등 사회 전반에 존재하는 사회적 약자들에게 진심으로 존중의 마음과 태도를 보여주어야 한다. 나 스스로에게 질문하여 보자. "나는 과연 강자에게 약하고, 약자에게 강하는 사람은 아닌가?" 나보다 약한 사람들을 존중하기 위해서는 어떻게 해야 하는지 성경의 가르침을 참고하여 찾아보자. 우리는 존중이 그 해답이라는 사실을 알게 될 것이다.

"형제를 사랑하여 서로 우애하고 존경하기를 서로 먼저 하며"(로마서 12:10)

"마음이 약한 자들을 격려하고 힘이 없는 자들을 붙들어 주며 모든 사람에게 오래 참으라"(데살로니가전서 5:14)

존중 향상을 위한 자기성찰 워크북

1. 존중, 나를 향한 태도

■ 스토리

하루 종일 타인을 배려하느라 지친 A는 밤이 되자 스스로에게 짜증을 냈다. "왜 이렇게 못났을까." 그는 알지 못했다. 자신을 존중하지 못하는 사람이 타인을 온전히 존중할 수 없다는 것을.

■ 질문

나는 스스로를 어떻게 대하고 있나요?

___

나 자신에게 어떤 말, 어떤 표정, 어떤 시간을 주고 있나요?

___

■ 자기성찰

최근 나를 무시하거나 몰아세운 적은 없었나요?

___

오늘 나에게 존중의 말 한마디를 건네 보세요.

___

■ 실천 미션

거울을 보며 "괜찮아, 오늘도 수고했어."라고 자신에게 말하기

2. 나와 다른 사람 존중하기

■ 과제

오늘 나와 가치관이 다른 사람과 대화해보세요. (예: 나이 차이, 종교, 정치 등)

■ 성찰

어떤 차이를 느꼈나요?

그럼에도 불구하고 내가 존중할 수 있었던 지점은?

---

3. 말의 온도 체크

오늘 내가 한 말 중, 다음에 해당하는 말을 써보세요.

- 기분 좋게 만든 말:

- 상처 줄 수도 있었던 말:

- 하지 못했지만 하고 싶었던 존중 표현:

4. 존중 표현 일기 쓰기

- 오늘 하루 중 누군가에게 존중을 표현한 순간은 언제였나요?

- 말, 표정, 행동 중 어떤 방식이 가장 효과적이었나요?

5. 나만의 존중 선언문 만들기

나 자신과 타인을 존중하기 위한 나만의 원칙을 3가지 이상 작성해 보세요.

예시

감정을 앞세우기보다 먼저 경청한다.

상대의 상황을 완전히 알기 전에는 판단하지 않는다.

사소한 말 한마디도 따뜻하게 표현하려 노력한다.

수업을 마치면서...

Closing Question

이번 수업을 통하여 내가 배운 것은 무엇인가?

이번 수업을 통하여 내가 조금씩 바뀌고 있는 것은 무엇인가?

이번 수업을 통하여 내가 부족한 것은 무엇인가?

일주일 동안 감사한 일은 무엇인가?(하루에 한 가지 적어보기)

요일	감사한 일
월	
화	
수	
목	
금	
토	
일	

CHAPTER

11

서번트 리더의 역량, 인격

수업에 들어가면서...

수업 시작 구호, 다함께 시작!!!

**"I AM GOOD, YOU ARE GOOD, WE ARE GOOD,
GOOD~, GOOD~, GOOD~"**

Opening Question

- 오늘날 우리 사회가 인격적으로 가장 결핍되어 있는 부분은 무엇인가?
- 인격은 지식보다 더 중요한가?
- 좋은 인격은 어떻게 형성되는가? 가정, 교육, 경험, 신앙 중 무엇이 가장 큰 영향력을 주는가?

■ 인격 자가 진단 체크리스트 (10문항)[1)]

최근 1개월 간의 자신의 태도와 행동을 기준으로 아래 문항에 응답해 보자.

(1점: 전혀 그렇지 않다 ~ 5점: 매우 그렇다)

번호	문항	전혀 그렇지 않다 (1점)	그렇지 않다 (2점)	보통이다 (3점)	그렇다 (4점)	매우 그렇다 (5점)
1	나는 약속을 잘 지키고 신뢰를 얻는 편이다.					
2	나는 실수했을 때 변명하지 않고 책임을 인정한다.					
3	나는 타인의 입장을 고려하여 행동하려고 노력한다.					
4	나는 정직하고 솔직하게 말하고 행동하려고 한다.					
5	나는 화가 나도 감정을 절제하고 예의 있게 표현한다.					
6	나는 맡은 일을 끝까지 성실하게 수행하는 편이다.					
7	나는 잘못된 것을 보면 침묵하지 않고 바른 말을 하려 한다.					
8	나는 다른 사람의 성공을 진심으로 축하할 수 있다.					
9	나는 규칙이나 법을 지킬 필요성을 인식하고 존중한다.					
10	나는 상황이 어려워도 나의 가치와 신념을 지키려고 한다.					

1) 학문적 근거: Peterson & Seligman(2004), Character Strengths and Virtues: A Handbook and Classification. McCrae & Costa(1999), Five-Factor Theory of Personality. Cloninger(1993), A Psychobiological Model of Temperament and Character → 인격은 성실성, 정직성, 타인 존중, 책임감, 자기 통제력 등 도덕적/사회적 성숙성을 포괄하는 것으로 정의하였다.

■ **총점 평가 기준** (총점: 10~50점)

총점을 합산하여 본인의 인격을 다음과 같이 평가할 수 있다.

점수 범위	인격 수준	해석
45~50점	탁월한 인격	매우 높은 책임감, 정직성, 자기통제력을 보유한 사람입니다.
40~44점	높은 인격	안정적이고 성숙한 인격의 사람입니다.
30~39점	보통 수준	강점과 약점이 혼재하고, 추가 성찰이 필요합니다.
20~29점	낮은 인격	자기 성찰과 의식적인 개선이 필요합니다.
10~19점	심각한 인격	기본적인 책임감, 타인 존중, 정직성이 부족하여 중점적 개선이 필요합니다.

"인격은 우리가 무엇을 했는가가 아니라 우리가 어떤 사람인가 하는 것이다."

– 빌 하이벨스

"한 사람의 인격이란 그 자신이 만든 건축물이다."

– 루이스 네벨슨

우리나라의 온라인 취업포탈회사에서 직장인 3,700명을 대상으로 비공식적 설문조사를 실시한 결과(2012)를 보면, '하극상 충동 경험'을 조사해 본 결과는 77.3% 정도가 '있다'라고 대답했으며, 하극상 충동을 일으키는 유형의 상사들 중 불합리한 일을 지시하는 상사(12%), 무능한 상사(11.9%), 언어폭력 하는 상사(8.6%), 팀원들을 무시하는 상사(7.2%), 사적인 일등을 지시하고 권력 남용하는 상사(6.5%) 등 대인적 차원에서 무례하고 부당한 처우 등의 사례를 들고 있다. 이런 조사결과는 상사에게 부당한 처우를 당하는 부하들이 많으며, 많은 경우 이로 인해 심각한 스트레스를 경험한다는 것을 나타내고 있다(김영수, 2016, 6).

직장 상사의 비인격적 감독(abusive supervision)은 조직원에게 심각한 스트레스를 주며 직무 관련 태도나 행동은 물론 심리적 건강에도 부정적 영향을 준다고 보고된다. 작업현장에서 비인격적 감독이 미치는 영향은 다양한 상호 인간관계적 · 환경적 · 개인적 변수와 관련이 있다. 개인 차원의 비인격적 감독은 피해자에게 심리적 긴장감, 생활의 불만족, 심리적 스트레스, 좌절감 또는 무력감 등 다양한 부정적 결과에 영향을 준다. 비인격적 감독이 직장-가정 갈등, 심리적 스트레스와 부하 직원의 조직몰입(organizational commitment)의 부정적 관계를 실증적으로 뒷받침하였다.

이 연구에서 비인격적 감독은 부하직원의 생활 만족, 직무, 규범적-정서적 몰입에 대해 부정적 관계를 찾아내었고, 비인격적 감독으로 인해 유발한 개인의 심적 스트레스가 조직유효성을 저해한다는 결과를 나타냈다. 그 외에 '비인격적 감독'이 조직유효성에 끼치는 직접적 영향에 대한 여러 연구에서 상사의 '비인격적 감독행위'는 부하직원들의 조직 및 대인 차원에서 일탈행위와 밀접하게 관계되며, 부하들의 조직몰입과 직무만족도를 감소시키고 심적 스트레스를 유발하며, 부하 직원의 음주행위, 조직시민행동의 저하를 이끌며, 해당 종업원의 가정과 직장 내의 갈등을 초래하고 가족들에 대한 직접적인 공격에도 역시 영향을 주었다. 또한 조직공정성을 감소시키고, 자발적인 이직을 증가시켰고 저항 및 반생산적 행위를 유발시켰다(김영수, 2016, 14-15).

필자는 위인들의 전기를 읽으면서 공통점 한 가지를 발견했다. 그들이 맨 처음 승리를 거둔 것은 자기 자신과의 싸움에서였다. '자기 훈련'이란 말은 헬라어의 '붙잡다', '꼭 쥐다'라는 어원에서 파생되었다. 자기 훈련이란 자신을 놓치지 않고 꼭 붙잡고 살아가는 것이다. 자신을 지배하는 사람이 가장 강한 사람이다. 이 세상을 움직이고 변화시킨 리더들의 힘은 무엇일까? 그것은 바로 인격이다. 『세상을 변화시킨 리더들의 힘』이란 책에서 윌리엄 조지는 리더의 인격을 "진실된 리더는 군림하는 권위가 아니라 따뜻한 인격으로 조직과 사람을 움직인다."라고 정의한다. 조직과 사람들에게 감동을 주고 영향력을 끼치는 것은 권위, 능력, 지위, 돈, 명성, 학위가 아니라 인격이다. 훌륭한 명예가 금과 같다면 따뜻한 인격은 금광과 같다. 인격은 명예보다 우선이며 인격이 사람의 명예를 결정한다.

인격은 아무도 보는 사람이 없을 때의 행동, 태도, 생각, 가치관이다. 인격은 다른 사람들에게 영향력을 주는 강력한 리더십의 영역에서 중요한 위치를 차지하고 있다. 미국 리더십의 권위자인 워렌 베니스는 이렇게 말했다. "나는 기술적 역량 부족 때문에 리더의 자리에서 물러나는 사람은 단 한 명도 보지 못했다. 그러나 인격의 부재 때문에 물러나는 사람들은 많이 보았다."

비전을 가진 사람이라도 훌륭한 인격이 뒷받침되지 않으면 비전을 이룰 수가 없다. 왜냐하면 비전을 함께 공유하고 이루어갈 사람들이 그의 주변을 떠나기 때문이다. 인격은 사람을 얻는 최고의 힘이다.

1. 인격이란?

서번트 리더십은 인성과 비례한다. 시몬 수사는 "리더십과 인성과 사랑이 동의어이다."라는 말을 하였다. 제임스 헌터는 "리더십은 계발이다. 곧 리더십은 인성 계발이다."라고 하였다. 그는 리더십은 스타일이나 개성의 문제가 아니라, 인성에 대한 문제라고 강조하였다.

영국의 교회 음악 작곡가인 존 루터의 "좋은 인격은 탁월한 재능보다 더 칭송받을 만하다"라는 말이 있다. 이것은 좋은 인격이 능력과 재능보다도 더 중요하다는 의미이다. 우리 주변에는 능력과 재능을 가진 리더들은 많지만 좋은 인격을 갖춘 리더를 찾는 것은 쉽지 않다. 이와 같이 인격이 중요함에도 불구하고 인격에 대한 연구가 부족한 편이다. 체스터턴이 "많은 사람들이 세상을 변화시키는 것에 대해서는 생각하지만 자신을 변화시키는 것에 대해서는 생각하지 않는다."라고 말한 것처럼, 우리는 자신의 능력과 재능을 갖추는 데에만 관심을 갖고 있지만 인격에 대해서 알고, 인격을 갖춘 리더가 되기 위한 인격수업을 실천하는 것은 부족한 편이다.

진교훈의 『인격』이라는 책에서는 인격을 "사람들이 갖추고 있는 사회적 인간으로서의 품격이나 자격"이라고 정의하고 있다. 빌 하이벨스(Bill Hybels)는 『아무도 보는 이가 없을 때 당신은 누구인가?』라는 책에서 "인격은 다른 사람들이 우리에 대해 생각하는 바, 그러니까 평판과는 다르다. 인격은 성공이나 성취와도 다르다. 인격은 우리가 무엇을 했는가가 아니라 우리가 어떤 사람인가 하는 것이다."라고 하였다. 그는 계속해서 인격은 "이 세상에서 가장 절실히 필요한 것이다. 모든 사람이 굳건한 인격의 소유자라면 전쟁과 굶주림, 가장 파탄, 범죄, 가난은 사라질 것이다."라고 설명하였다.

진정한 인격은 아무도 보는 사람이 없을 때 나타난다. 아무도 지켜보는 사람이 없을 때 하는 행동, 말, 그리고 여러 가지의 표현들이 진짜 인격이다. 사무엘 스마일즈(Samuel Smiles)는 『사무엘 스마일즈의 인격론』이라는 책에서 "인격은 이 세상에서 가장 중요한 동력 가운데 하나이다. 그리고 고매한 인격은 인간 본성 가운데 가장 고귀한 본성이다"라고 정의하면서 그 이유를 인격이 최상의 인간을 보여주기 때문이라고 덧붙여 말하였다. 인생을 지배하는 것은 지식, 능력, 천재성이 아니라 인격이다. 지식, 능력, 천재성은 존경심을 불러일으킬 수는 없지만 인격은 존경심을 불러일으키기 때문이다. 그는 계속해서 인격에 대해서 이렇게 정의하였다.

> "인격은 재산이다. 가장 고결한 재산이다."

사무엘 스마일즈(Samuel Smiles)의 『사무엘 스마일즈의 인격론』이라는 책에서는 "인격은 사람들이 높고 긍정적으로 평가하는 재산이다. 인격에 투자하는 사람들은 세속적인 의미의 부자는 되지 못하더라도, 존경과 명성이라는 응분의 보상을 받게 될 것이다."라고 말하였다. 인격은 눈에 보이지도 않고, 만져지지도 않는 재산이지만 인격은 세상을 움직이는 것이 바로 인격이다. 인격은 사람을 움직이는 큰 위력을 가지고 있다. 『인격의 힘』이라는 책에는 인격에 대해 "숨겨진 가치, 흔들리지 않는 경쟁력이다." 라고 정의한다. 인격은 가치 뒤에 있는 숨겨진 가치와 같다. 인격은 어떤 능력과 힘을 갖춘 것보다도 더 경쟁력과 힘이 있다.

인격과 위대한 인물과도 연관성이 있다. 에이브러햄 링컨(Abraham Lincoln)은 "나는 이 나라 행정부의 자리에서 떠날 때 거기에 한 친구를 남겨 두기 원하는데, 그것은 바로 내 안에 있는 고결한 인격이란 친구이다"라고 하였고, 토머스 제퍼슨(Thomas Jefferson)은 "하나님께서는 고결한 인격을 가진 사람을 위대한 인물로 사용하신다"고

하였다. 이 두 사람의 말처럼, 위대한 인물의 조건 중에서 가장 먼저 갖추어야 하는 것이 바로 인격이고, 인격과 위대한 사람과는 밀접한 관계가 있다.

인격은 지위와 능력과 정비례하지 않는다. 대부분의 사람들은 성공한 사람, 지위와 능력을 갖춘 사람은 인격의 사람일 것이라고 생각하는 경향이 있다. 하지만 사회적 지위가 높다고 해서 반드시 인격이 좋은 것은 아니다. 능력과 자격을 갖추었다고 인격도 갖춘 것도 아니다. 일을 잘하는 리더, 성공한 리더라고 해서 반드시 인격을 갖춘 사람이라고 단정지을 수는 없을 것이다. 지위가 높고, 능력을 갖추고, 일을 잘하고, 성공한 리더 중에서도 인격에 문제가 있는 사람은 반드시 있다는 것이다. 존 맥스웰은 『인간관계의 원칙』이라는 책에서 "아무리 많은 직함이나 학위, 직책, 호칭, 수상 경력, 자격증 그리고 그 밖의 아무리 화려한 경력도 사람들에게 정직이나 성실이란 인간의 기본적인 덕목을 대신해 줄 만큼 큰 영향력을 끼치지는 못한다."라는 말을 하였다.

2009년 4월, 취업포털 사이트인 잡코리아에서 102명의 여성 비서들에게 "비서의 눈으로 바라본 존경하고 싶은 CEO는 누구인가?"라는 설문을 실시했다. 답변은 '인간적인 CEO'(57.8%)가 1위였고, '배려할 줄 아는 CEO'(35.3%), '열정 있는 CEO'(30.4%), '경영 능력이 뛰어난 CEO'(29.4%), '카리스마형 CEO'(12.7%) 순이었다.

반대로 여성 비서들이 가장 싫어하는 스타일의 CEO는 '감정에 치우치는 다혈질 CEO'(55.9%), '말만 하면 다 되는 줄 아는 막무가내 CEO'(53.9%), '이른 출근, 늦은 퇴근, 휴일 근무의 일 중독형 CEO'(39.2%), '업무에 사사건건 참견하는 잔소리형 CEO'(36.3%), '옷, 헤어스타일 등 외모에 참견하는 시어머니형 CEO'(20.6%) 순이었다. 설문을 근거로 국내 비서들이 생각하는 바람직한 CEO의 모습을 그려보니 '인간적이고 배려할 줄 아는 열정적인 리더'였다. 여기에 언급된 인간성, 배려, 열정은 학교 성적이나 지적 능력과는 무관한 지극히 인격적인 요소이다.

앞에서 설명한 것은 존경받는 리더(CEO)에 관한 설문 내용의 결과로, 한만오의 『아파하는 청춘에게 주는 하나님의 쪽지』라는 책에서 인용한 글이다. 이 설문의 내용을 통하여 좋은 리더의 조건이 무엇인가를 아는 데 도움이 될 것이다. 이것은 서번트 리더의 조건과도 연관성이 있다.

2. 인격의 힘

① 인격은 사람을 끄는 힘이다

인격은 재능과 능력보다도 힘이 있다. 무기보다도 강력하고, 돈보다도 위력이 있다. 무엇과도 비교할 수 없을 만한 힘이 있는 것이 인격이다. 요즘 현대인들이 좋아하는 리더는 바로 돈과 지위, 권력으로 사람을 이끄는 리더가 아니라 인격으로 사람을 이끄는 리더이다. 왜냐하면 사람을 끄는 힘이 인격에서 나오기 때문이다. 어떤 리더가 이 시대의 진정한 리더일까? 따르고 싶은 리더와 따르고 싶지 않은 리더의 차이는 무엇일까? 기억하자. 잘 생기고, 능력 있고, 뛰어난 리더가 아니라, 인격이 좋은 리더이다. 인격이 좋은 리더는 사람을 끄는 힘과 사람을 끄는 리더십을 소유하고 있기 때문이다.

② 인격은 사람을 얻는 힘이다

인격이 좋은 사람 주변에는 사람들이 몰려온다. 왜 사람들이 주변에 모이는 것일까? 그 이유는 친화력이 높고, 공동체에서 부드럽게 인간관계를 잘 맺고 있기 때문이다. 인격이 좋은 사람은 늘 자신을 낮출 줄 아는 겸손을 겸비하였기 때문에 상대방은 높여주고, 자존감을 세워준다. 그리고 상대방을 믿어주고, 신뢰하는 경향이 높기 때문에 함께 일하기를 좋아한다. 이와 같은 이유들 때문에 인격이 좋은 사람 주변에는 사람이 몰리고, 따르는 사람들이 많다.

③ 인격은 보이지 않는 힘이다

사람의 인격을 볼 수 있을까? 그래서 빌 하이벨스 목사는 "인격은 아무도 보는 사람이 없을 때 진정한 인격이 드러난다."라고 했다. 인격의 가치는 돈으로 계산할 수도 없고, 돈으로 바꿀 수도 없다. 인격의 가치는 얼마나 될까? 사무엘 스마일즈는 『사무엘 스마일즈의 인격론』이라는 책에서 "인격이란 최고의 재산이다. 가장 고결한 재산이다. 인격은 사람들이 높고 긍정적으로 평가하는 재산이다."라고 말했다. 그래서 인격은 보이지 않지만 무한한 가치가 있는 사람만이 소유한 하나님께서 주신 가장 큰 재산이다.

④ 인격은 공동체를 건강하게 하는 힘이다

상사로부터 인격을 존중받은 아래 사람일수록 더 건강하게 일할 수 있다. 상사는 아래 사람이 하나님께서 창조하신 인격체요, 독립적인 존재라는 사실을 꼭 기억해야 한다. 만약에 상사로부터 인격의 존중을 받지 못하는 순간부터 아래 사람은 상사에게 반항심을 품게 된다. 상사라고 해서 함께 일하는 사람들의 인격을 무시하거나 상처를 주어서는 안 된다. 상사는 아래 사람의 독립적인 존재로 인정하고, 이들의 인격을 최대한 존중해 주어야 한다. 이와 같이 상사로부터 인격의 대우를 받은 아래 사람일수록 건강한 자존감을 갖춘 건강한 사람이 된다.

⑤ 인격은 실력을 높여주는 힘이다

"실력이 칼이라면 성품은 칼집이다."

『좋은 부모 되기 40일 프로젝트』라는 책을 읽다가 가져온 말이다. 이 말은 무슨 의미를 주는 것일까? 아무리 좋은 칼이라도 반드시 칼집이 있어야 하는 것이다. 만약에 좋은 칼이라도 칼집이 없으면 위험하고, 금방 칼날이 무뎌진다. 칼집이 칼날을 보호해 주기 때문일 것이다. 좋은 칼일수록 좋은 칼집이 필요하다. 그래야 더 좋은 칼의 진가가 나타난다. 실력 있는 리더가 되고 싶은가? 그럼, 먼저 실력보다 인격의 사람이 돼라. 인격은 실력을 빛나게 하는 힘이 있기 때문이다. 앞으로의 세상은 실력만 갖춘 사람보다는 인격 안에 실력을 갖춘 사람을 더 필요로 할 것이요, 사용할 것이다.

⑥ 인격은 경쟁력이다

미국 메이저리그에 입성한 신인선수들 중 약 5%만이 메이저리그에서 살아남는다. 나머지 95%의 신인선수들은 시기만 다를 뿐 결국 끝까지 가지 못하고 중도 탈락을 하고 만다. 최종 5%의 선수와 중도탈락 95%의 선수의 차이점은 실력이 아니라 인격이다. 실력과 재능이 우수해도 인격이 없으면 메이저리그에서 살아남을 수가 없다고 한다. 뛰어난 인격이 능력과 재능보다도 더 큰 성공을 보장하는 것이다. 실제로 메이저리그에 입성한 신인선수들은 야구훈련과 별도로 인격훈련을 개인적으로 받는다고 한다. 야구라는 분야에 있어 재능과 기술이 최고만이 모인 집단인 메이저리그에서도 최종 생존 전략은 남들과 차별화된 인격이다.

인격은 쉽게 흔들리지 않으며, 엄청난 잠재력을 발휘하는 경쟁력이다. 성공하는 기업의 경쟁력은 자본과 기술이 아니라 인격을 갖춘 인재들이다. 최고가 되고 싶다면 탁월한 능력을 갖추는 것에 앞서 명품 인격을 갖추어야 한다. 좋은 인격은 탁월한 재능보다 더 칭송받을 만하다. 사람을 감동시키는 것은 능력과 돈이 아니라 그 사람의 인격이다. 사람을 움직이게 만드는 힘이 바로 인격이다.

위대한 지도자라도 인격이 없으면 대중의 속마음까지 움직이게 할 수는 없다. 진정으로 위대한 사람은 인격으로 사람들의 마음을 사로잡을 수 있는 사람이다. 성공하는 리더들의 공통점은 인격의 사람이다. 인격을 갖춘 사람은 주변의 사람들에게 존경과 사랑을 받게 되어 성공하게 된다. 존경받는 리더십은 인격에서부터 나온다. 인격과 리더십은 정비례한다. 훌륭한 인격의 사람은 성공적으로 리더의 역할을 수행한다.

⑦ 인격은 함께 일하는 사람을 리더로 키우는 첫발이다

함께 일하는 사람들을 리더로 세우고 싶으면 아래의 글을 읽어보라. 이것은 한만오의 『아파하는 청춘에게 주는 하나님의 쪽지』라는 책에서 인용한 것이다.

이 세상을 움직이고 변화시킨 리더들의 힘은 어디에서 나오는 걸까? 『세상을 변화시킨 리더들의 힘』(무굴 판다, 2006)에 나오는 메드트로닉 전 회장 윌리엄 조지는 인격을 이렇게 정의한다.

> "진실된 리더는 군림하는 권위가 아니라 따뜻한 인격으로 조직과 사람을 움직인다."

인격은 사람을 키우고 모으는 힘이 있다. 조직과 사람들에게 감동을 주고 영향력을 끼치는 것은 권위, 능력, 지위, 돈, 명성, 학위가 아니라 인격이다. 훌륭한 명예가 금과 같다면 따뜻한 인격은 금광과 같다. 부흥사 무디(D. L. Moody)는 “우리가 자신의 인격을 돌볼 때 명예는 우리의 인격을 보살펴 준다”라고 말했다. 인격은 명예보다 우선이며 인격이 사람의 명예를 좌우한다.

⑧ 인격은 배려이다

『신뢰받는 리더』라는 책에는 신뢰받는 리더에 관한 설문조사 결과가 나온다. 신뢰받는 리더의 특징과 능력을 알아보기 위해 다양한 조직에서 근무하고 있는 백여 명의 사람들에게 다음과 같은 질문을 했다.

“자신의 회사에서 가장 신뢰받는 리더의 특징과 능력은 무엇인가?”

사람들은 공통적으로 배려, 정직, 신뢰, 솔직함, 성실, 일관성 등을 언급했고 그중에서 배려와 정직함이 각각 1위와 2위를 차지했다. 배려는 상대방을 존중하는 마음에서 나온다. 상대방을 존중하는 배려의 마음은 스스로를 존중할 줄 아는 자존감에서 나온다. 존중하는 마음은 상대방을 자신보다 낫게 생각하는 마음이다. 교만한 사람은 상대방을 배려하지 않고 상대방의 지위, 직업, 권력, 돈 등에 따라 태도를 자주 바꾼다. 그러나 겸손한 사람은 누구에게나 공평하고 겸손하게 대하되 그런 행동으로 무엇이 얻어지길 바라지 않는다.

⑨ 인격은 평판이다

평판은 가장 중요한 재산이다. 평판은 우리에 대한 주변 사람들의 생각과 말이다. 인격이 좋은 사람일수록 평판이 좋다. 평판은 내 인격의 얼굴이다. 좋은 평판을 얻고 있다는 것은 좋은 인간관계를 맺고 있다는 것뿐만 아니라 사람들로부터 존경과 인정을 받고 있다는 말이다. 성공한 사람들은 언제나 자신의 행동이 다른 사람들에게 어떻게 평가받고 있는지 생각하면서 살아간다.

⑩ 인격이 운명이다

존 맥케인은 『인격이 운명이다』라는 책에서 "나는 운명을 믿지 않는다. 단지 인격을 믿을 뿐이다"라고 말했다. 그러면서 그는 인격의 힘에 대해서 이렇게 강조했다.

> "인생을 지배하는 것은 재능이 아니라 인격이다. 운명을 결정하는 것은 인격이다. 인격 말고는 다른 아무것도 없다. 아무리 강력한 적도 내게서 인격을 훔쳐갈 수는 없다. 아무리 친한 친구도 내게 인격을 선물할 수는 없다."

리더는 인격을 갖추어야 한다. 인격을 갖추지 않으면 사람들이 따르지 않는다. 새무얼 스마일즈는 "천재성은 감탄을 자아내지만 인격은 존경을 불러일으킨다"라고 했다. 대부분의 사람들은 처음에는 눈에 보이는 요소들, 천재성, 능력, 재능 등에 감동하지만 나중에는 눈에 보이지 않는 인간성에 감동한다.

⑪ 인격은 열정이다

훌륭한 인격에는 열정을 불러일으키는 힘이 있다. 군인들에게 죽음을 불사하도록 용기를 불어넣는 것은 열정이다. 그러나 이 열정의 공급처는 지휘관의 훌륭한 인격이다. 조직원들에게 열정을 심어주는 것은 리더의 훌륭한 인격이다. 자녀들에게 열정을 심어주는 것은 부모의 훌륭한 인격이다. 학생들에게 열정을 심어주는 것은 선생님의 훌륭한 인격이다. 훌륭한 인격을 가진 사람은 다른 사람들에게 열정을 심어준다. 훌륭한 사람의 인격은 다른 사람들에게 긍정적인 영향력을 끼친다.

라 로슈푸코는 "열정은 늘 대단한 설득력을 지닌 오직 하나의 웅변가다"라고 말했다. 사람의 마음을 움직이려면 강력한 열정이 필요하다. 훌륭한 인격을 갖춘 사람은 열정을 불러일으킬 수 있다. 훌륭한 인격을 가진 사람은 의도하지 않아도 자연스럽게 다른 이들을 감동시켜 그들에게 열정을 불러일으키기 때문이다.

⑫ 인격은 행동으로 모범을 보이는 것이다

인격은 행동으로 나타난다. 인격자는 본을 보여주는 사람이다. 실천과 행동이 없는 인격은 죽은 인격이다. 죽은 인격은 다른 사람들에게 영향력을 끼치지 못하며 사람들을 움직이는 힘을 발휘하지 못한다.

인도의 지도자 간디는 실천하는 리더였다. 그는 '벌거벗은 수도승'이라는 조롱에도 굴하지 않고 가난한 대중의 생활방식을 실천하며 검소하게 살았다. 권력을 휘두르는 대신 비폭력운동을 전개했다. 만델라는 27년간의 수감 생활의 고난 속에서도 관대함과 인내로써 인종차별 정책을 폐지하고 조국의 화합을 가져오게 했다.

리더로서 해야 할 가장 중요한 일은 모범이 되는 것이다. 말한 것을 실천하고 솔선수범을 보이는 것이다. 아무도 보는 이가 없다고 하더라도 누군가가 보고 있는 듯이 행동해야 한다. 이것이 행동하는 인격이다. 새뮤얼 스마일즈는 "햇빛이 아주 작은 구멍을 통해서도 보일 수 있듯이 사소한 일이 사람의 인격을 설명해 줄 것이다"라고 했다. 여기서 말하는 '사소한 일'이 바로 솔선수범이다.

3. 인격의 핵심 덕목은?[2)]

① 정직

정직은 인격이다. 인격의 사람은 정직하다. 와츠(Watts)는 "인격은 아무도 보지 않을 때 올바른 일을 하는 것이다."라는 말을 하였다.

---

2) 한만오, 『아파하는 청춘에게 주는 하나님의 쪽지』(서울: 도서출판대서, 2011), pp.220-242.의 자료를 참고하였다.

링컨이 가게 문을 막 닫으려는 밤늦은 시간에 한 손님이 갑자기 들어왔다.

"여보게, 링컨! 집에 손님이 찾아왔는데 마침 마실 차가 똑 떨어졌지 뭔가? 그래서 들렀네. 차 500g만 주게나!"

이렇게 해서 물건을 판 링컨은 다음날 아침, 가게 문을 열고 물건들은 정리하다 저울의 눈금이 잘못되어 있는 것을 발견했다. 저울의 눈금이 '0'이 아닌 50g을 가리키고 있는 것이었다. 순간 링컨은 어제 밤늦게 찾아왔던 손님을 떠올렸다. 그는 즉시 그 손님의 집으로 달려가 자기의 실수를 말하고 50g의 차를 되돌려주며 이렇게 말했다.

"급하게 문을 닫으려는 마음에 저울의 눈금을 제대로 확인해 보지 못하고, 손님에게 손해를 입혀 죄송합니다."

결국 이런 일들은 마을 주님들을 감동시켰고, 링컨은 '정직한 에이브'라는 호칭을 얻게 되었다.

출처: 전광(2008).

하나님은 링컨처럼 정직한 사람을 사용하신다. 정직을 잃으면 인격의 중심을 잃는 것과 같다. 만약 정직이 빠진 훌륭한 리더를 보았는가? 그 사람이 CEO든, 정부 관료든, 신도를 이끄는 목사든, 아이의 부모든, 학생들을 가르치는 교사나 교수든, 정직이 빠진 리더라면 너무나 쉽게 넘어지게 될 것이다. 정직은 하나님을 기쁘게 한다. 하나님은 정직한 자에게 힘을 주신다. 이것이 성경의 가르침이다.

"주님의 도가 정직한 사람에게는 힘이 되지만, 악행을 하는 사람에게는 멸망이 된다."(잠언 10:29, 새번역)

"속이는 저울은 주님께서 미워하셔도, 정확한 저울추는 주님께서 기뻐하신다."(잠언 11:1, 새번역)

② 인간관계

인격은 인간관계다. 인간관계의 건강이 인격의 건강을 좌우한다. 그만큼 인간관계가 중요하다. 관계가 좋은 사람은 대부분 인격의 사람이다. 인격은 다른 사람과의 관계를 통하여 나타난다. 인격이 좋은 사람들은 다른 사람과의 풍성한 좋은 관계를 잘 맺는다.

좋은 인격의 사람들은 부부관계가 좋다. 좋은 인격의 사람들은 부모와 자녀와의 관계도 좋다. 좋은 부부관계에서 자란 아이들은 부부관계가 좋지 못한 아이들보다도 다른 사람과의 인간관계를 더 잘 맺는다.

> "성품이 좋은 사람들의 특징은 삶의 위기에서 더 좋은 가치로 사람들과의 갈등을 해결하는 능력이 있습니다. 인간관계를 성공적으로 만들어 가는 능력이 바로 그 사람의 성품인 것입니다. 관계 맺기의 비밀은 내가 먼저 감사하고, 먼저 용서를 구하고, 잘 되지 않는 것은 요청함으로 도움을 청하고, 그리고 내 마음을 표현하여 다른 사람들과 잘 소통하는 방법을 아는 것입니다."(이영숙, 『행복을 만드는 성품』, pp. 203-204)

> "또, 우리가 여러분을 사랑하는 것과 같이, 주님께서 여러분끼리 서로 나누는 사랑과 모든 사람에게 베푸는 여러분의 사랑을 풍성하게 하고, 넘치게 해 주시기를 빕니다."(데살로니가전서 3:12)

이런 질문을 자신에게 던져보자.

> "나는 평생 동안 몇 명의 사람과 관계를 맺고 사는가?"
> "나는 평생 동안 몇 명의 중요한 사람과의 관계를 맺고 사는가?"

어떤 결과가 나올까? 쉬운 질문은 아니다. 사회학자 솔라 풀의 이야기를 들어보자. 그는 "사람이 평생 중요하게 알고 지내는 사람의 수는 3,500명"이라고 했다.

필자는 그의 말에 동의할 수 없었다. 왜냐하면 그가 주장한 3,500명이라는 숫자가 내가 생각하는 것보다 훨씬 많았기 때문이다. 그냥 알고 지내고 있는 사람의 숫자라면 이해가 되는데, 중요하게 알고 지내는 사람의 숫자가 3,500명이라고 하니, 이해가 되지 않았다.

잠깐! 토의 시간

나는 지금까지 몇 명의 사람과 관계를 맺고 있는가? 서로 의견을 나누어 보자.

인간관계는 한자로 '人間關係'이고, 사전적인 의미는 '인간과 인간, 또는 인간과 집단과의 관계를 통틀어 이르는 말'이다. 영어로는 'relationship', 'human relations'이다. 인간관계는 사람(人)과 사람(人) 사이(間)의 관계(關係)를 말한다.

산업안전대사전에서는 "사람 대 사람의 상호작용 또는 상호행위의 양식이다. 따라서, 산업계뿐만 아니라 사회의 모든 곳에 존재한다. 기업에 있어서 인간의 작업행동을 요소로 분석하고, 요소동작이 자극에 대응해 반응한다는 기계관(機械觀)보다 인간성을 중심으로 한 관리방식이 필요로 하는 곳에 인간관계의 문제가 있다."(네이버 지식백과)라고 설명한다.

양광모는 『인간관계 맥을 짚어라』라는 책에서 사람과 사람이 관계를 맺는다는 것이 무엇인지, 관계의 의미가 무엇인지를 "관계를 맺는다는 것은 길들인다는 것이다. 서로에게 하나밖에 없는 존재, 서로에게 필요하고 아쉬운 존재가 되는 것이다. 그러나 현대인은 관계보다는 비즈니스를 좋아한다. 현대인은 길들여지는 것보다 give & take를 추구한다. 그러나 진정한 친구를 만들고 싶다면 관계를 맺어야 한다. 수만 명의 사람 중에 하나밖에 없는 사람이 되어야 한다."(양광모, 2007, 15-16)고 설명하였다.

양광모의 정의를 다시 정리하자면, 인간관계는 서로에게 하나밖에 없는 존재라고 존중하는 것이고, 서로에게 필요한 존재가 되도록 배려하는 것이다. 이렇게 하는 것이 진정한 인간관계라고 말할 수 있다. 인간관계를 일방통행이 아니라 쌍방통행으로 이루어지는 것이다. 그렇다. 인간관계는 상대적이다. 인간관계는 서로 사랑하는 것이지, 짝사랑을 하게 되면 역효과가 나타난다. 인간관계는 메아리와 같다. 내가 먼저 상대방을 사랑으로 대하면 상대방도 사랑으로 응답하는 것이다. 내가 먼저 섬김으로 대하면 상대방도 섬김으로 응답하는 것이다.

인간관계는 성경적인 원리이다. 성경에는 인간관계에 대해서 많이 언급하고 있다. 그 예를 들어보자.

> "비판을 받지 아니하려거든 비판하지 말라 너희가 비판하는 그 비판으로 너희가 비판을 받을 것이요. 너희가 헤아리는 그 헤아림으로 너희가 헤아림을 받을 것이다."(마태복음 7:1-2)

인간관계는 황금률의 법칙이다.

> "그러므로 무엇이든지 남에게 대접을 받고자 하는 대로 너희도 남을 대접하라."(마태복음 7:12)

이 구절을 영어 성경의 표현으로 다시 풀어보자면, "어떤 일이든지 다른 사람들이 네게 해 주는 대로 너도 다른 사람에게 하라."이다. 필자는 이 구절을 이렇게 설명하고 싶다.

> "상대방으로부터 대접하고 싶으면 먼저 상대방을 대접하라는 것이다."

이것을 성경에서 가르치는 '황금률의 법칙'이라고 한다. 이 황금률의 법칙대로 적용해서 실제적인 효과를 보여준 기업의 예를 소개하면 다음과 같다(이대희, 2013, 102).

"남에게 대접받고자 하는 대로 너희도 남을 대접하라"라고 외친 사우스 웨스트 항공사의 리더 콜린 버렛은 고객이 받기 원하는 친절을 직원들에게 몸소 실천해 보였다. 그 결과 직원들의 변화가 뒤따랐다. 항공기 조종사는 직접 격납고에 짐을 싣는 것을 도와주고, 승무원은 몸이 불편한 승객을 집까지 데려다 주었다. 그 모든 것이 자신이 받고자 하는 친절이었다. 뿐만 아니라 직원들은 자신들의 실천이 회사의 비용을 감소하고 수익을 향상시킬 수 있다고 느꼈다. 황금률을 효과적으로 회사에 적용해서 성공한 예이다.

이대희의 『크리스천의 인간관계』라는 책을 읽다가 좋은 자료를 발견하여 다음과 같이 정리하여 소개한다(이대희, 2013, 12-13).

미국의 카네기재단의 조사에 의하면 "직무수행상의 성공에 기술적인 지식은 15%밖에 공헌하지 못하지만 인간관계 기능은 85%의 공헌을 한다."는 통계가 나왔다. 보통 사람들이 직장생활에서 실패하는 이유는 기술적인 일이 아닌 인간관계가 실패했기 때문이다.

하버드대학 직업지도부의 조사 결과에 의하면 직장에서 해고당한 수천 명의 남녀 중에서 대인관계가 서투른 것이 직무수행상에 비해 2배가량 높았다. 또 하버드대학을 졸업하고 사회에 나가 활동하고 있는 졸업생 1,500여 명을 조사 대상으로 하여 50여 년을 동일한 졸업생에게 5년 단위로 똑같은 질문을 했다. 20대의 청년 때부터 70~80대의 노인이 될 때까지 동일한 내용의 질문지에 답한 내용을 분석했다. 이때 던진 질문 내용은 딱 한 가지였다.

"지금 현재 당신의 행복을 결정하는 행복의 조건을 한 가지만 든다면 어떤 것을 들 수 있습니까?"

이와 비슷한 조사가 있다. 조지 베일런트 하버드대학 의과대학 교수는 하버드대학 2학년 학생 268명의 생애를 72년간 추적 조사해 하버드 공부벌레들의 인생보고서 『행복의 조건』을 내놓았다. 수재들의 삶을 행복과 불행으로 갈라서게 한 요인이 무엇이지를 집중 분석했는데 결과는 의외였다. 그들의 인생을 좌우한 것은 부나 학벌, 명예가 아니라 바로 47세 무렵까지 형성한 인간관계였다.

앞에서 설명한 설문의 분석결과에서, 가장 많은 대답은 "인간관계가 행복을 결정한다."는 것이었다. 이것은 사회생활 중에서 인간관계가 얼마나 중요한지를 보여주는 대목이다.

계속해서 존 맥스웰의 『리더의 조건』이라는 책에서 소개된 인간관계 설문 결과 내용은 다음과 같다(존 맥스웰/전형철 옮김, 2012, 188).

이그제큐티브 피메일(Executive Female) 1991년 5월호에는 고용주를 대상으로 실시한 '직원에게 요구되는 3가지 주요 자질'에 대한 설문 결과가 실렸다. 그 중 첫 번째는 단연 인간관계에 대한 것이었다. 응답자의 84%가 인간관계 능력을 손꼽은 것이다. 학력과 경험을 3가지 주요 자질에 응답한 사람은 오직 40%밖에 되지 않았다.

그렇다. 직원들에게도 대인관계의 능력이 이처럼 요구된다면 하물며 리더에게는 얼마나 중요한 것이겠는가? 인간관계의 능력은 리더에게는 필수요건이요, 리더의 조건이다.

한편, 카네기연구소의 조사결과에 따르면, 성공에 있어서 중요한 요소의 85%는 인간관계이다. 보스턴대학에서 7세 어린이 450명을 40년간 조사한 결과에 따르면, 성공에 가장 큰 영향을 미친 것은 다른 사람과 어울리는 능력이었다(양광모, 2007, 63).

A. E. 위컴 박사의 연구조사에 따르면, 직장에서 해고되는 사람들의 90%는 인간관계 때문이며, 나머지 10%만이 업무와 관련된 이유로 해고된다고 한다. 2006년 1월, 삼성전자 대리급 직원을 대상으로 조사한 바에 따르면 '조직 내 인간관계 갈등(29%)'이 직장생활에서 가장 힘든 점, 1위에 올랐다(양광모, 2007, 64). 그렇다. 직장인은 1/3 이상을 회사에서 보낸다. 결국 인생의 1/3을 직장동료들과 함께 사는 셈이다.

③ 자제력

자신을 통제하는 자제력은 인격의 핵심이다. 인격은 자신을 통제할 수 있느냐에 달려 있다. 나폴레온 힐은 『나폴레온 힐 성공의 법칙』이라는 그의 책에서, 자제력에 대해서 다음과 같이 말하였다.

> "열정은 행동에 이르게 하는 매우 중요한 원천이다. 반면에 자제력은 이 행동이 그릇된 방향이 아닌 올바른 방향으로 향하도록 균형을 맞추어주는 평형 바퀴와 같다."

계속해서 그는 "사람들이 겪는 대부분의 불행은 자제력 부족으로 생겨난다."라고 말하였다.

자제력이 부족하면 자신의 인격에 치명적인 타격을 입힐 뿐만 아니라, 다른 사람에게까지도 심각한 상처를 준다. 실패한 사람들의 대부분은 능력이 아니라, 자제력의 부족이다. 순간적인 자신의 감정과 행동을 자제하지 못하면 자신의 생명과 재산뿐만 아니라, 다른 사람의 생명과 재산까지도 파괴할 수 있다. 교도소에 수감한 사람들에게 "어떻게 해서 교도소에 들어오게 되었는가?"를 질문하면 대부분의 사람은 이렇게 말하였다.

"내가 실수한 것은 나의 자제력의 부족이었습니다."

자신을 통제할 수 있는 사람은 무슨 일을 하든지 간에 치명적인 실패와 실수를 줄일 수 있다

자신을 통제하는 자제력은 인격 도약의 첫 걸음이다. 그 토대위에 정직, 열정, 모범적인 삶, 좋은 인간관계, 배려 등이 설 수가 있다. 자제력은 자신을 억제하고, 자신을 통제하는 것을 말한다. 자신의 순간적인 감정을 통제하고, 자신이 처음에 생각하고 결심한 대로 행동을 하는 것이다. 자신을 통제할 수 있는 자제력 능력이 뛰어날수록, 인간은 스스로를 더 신뢰할 수 있다. 자기 통제 능력은 자기 자신을 가장 바람직한 모습으로 만들어 가는 능력이다. 자신을 완벽하게 통제할 수 있다면 다른 모든 것도 손쉽게 통제할 수 있다. 자신을 제어하는 사람이 완전한 승리자이다.

"노하기를 더디 하는 사람은 용사보다 낫고, 자기의 마음을 다스리는 사람은 성을 점령한 사람보다 낫다."(잠언 16:32, 새번역)

④ 용기

용기는 두려움, 위험, 역경에 맞설 수 있는 힘이다. 용기는 두렵다 할지라도 옳은 일

을 하는 것이다. 하나님의 사람은 하나님이 언제나 나와 함께 하시기 때문에 두려워하지 말아야 한다. 소년 다윗은 거대한 불레셋의 골리앗 장수를 두려워하지 않았다. 왜? 다윗은 골리앗을 두려워하지 않을 수 있었을까? 다윗에게는 용기가 있었기 때문이다.

용기는 옳지 않은 일 앞에서 두려워하지 않는다. 용기 있는 사람은 자신의 잘못을 숨기지 않고, 솔직하게 말하고 책임을 진다. 따라서 인격의 사람은 두려움 앞에 비굴하지 않다. 불의 앞에서도 굴하지 않고, 용감하다.

> "흔히 용기란 영웅들의 덕목이라고 생각할지 모르지만, 일상생활에서 용기를 보일 수 있는 경우는 얼마든지 많다. 예를 들면 솔직할 수 있는 용기, 유혹에 맞설 수 있는 용기, 사실을 말할 수 있는 용기, 가식 없이 있는 그대로를 보여줄 수 있는 용기, 다른 사람의 부에 부도덕하게 의존하지 않고 자신이 갖고 있는 부의 범위 내에서 정직하게 살아갈 수 있는 용기 등을 꼽을 수 있다. 그런데 이 세상에서 발생하는 많은 불행과 부덕함은 용기의 부족에서 나오게 된다."(새뮤얼 스마일즈, 『인격』, pp. 15-16)

사도 바울도 용기 있는 사람이었다. 그는 용기를 가지고 담대하게 복음을 전파하다가 감옥에 들어간 사람이다. 그에게는 하나님이 주시는 힘, 죽음까지도 두려워하지 않는 용기가 있었다.

> "나의 간절한 기대와 희망은, 내가 아무 일에도 부끄러움을 당하지 않고 온전히 담대해져서, 살든지 죽든지, 전과 같이 지금도, 내 몸에서 그리스도께서 존귀함을 받으시리라는 것입니다. 나에게는, 사는 것이 그리스도이시니, 죽는 것도 유익합니다."(빌립보서 1:20-21, 새번역)

⑤ 배려

신뢰받는 리더십의 특징과 능력을 알아보기 위해 다양한 조직에서 근무하고 있는 100여 명의 사람들에게 "자신의 회사에서 가장 신뢰받는 리더의 특징과 능력은 무엇인가?"라고 질문하였다. 그 결과, 공통적으로 배려, 정직, 믿음직함, 솔직함, 성실, 일관성 등이 언급되었고 그 중에서도 배려와 정직함이 1, 2위를 차지하였다.

배려는 상대방을 존중하는 마음에서 나온다. 상대방을 존중하는 배려의 마음은 스스로를 존중할 줄 아는 자존감에서 나온다. 존중하는 마음은 상대방을 자신보다 낫게 생각하는 마음이다. 소중한 나보다 상대를 더 소중히 대하는 마음이 배려인 것이다. 성경은 우리들에게 다음과 같이 가르쳐준다.

> "무슨 일을 하든지, 경쟁심이나 허영으로 하지 말고, 겸손한 마음으로 하고 자기보다 서로 남을 낫게 여기십시오."(빌립보서 2:3, 새번역)

배려자와 배려의 태도

진지한 사람
창조적인 사람
늘 만족하는 사람
통합적 안목을 지닌 사람
행복을 느끼는 사람
품위 있는 신사(courtly gentlemen)
아름다운 자연을 느끼는 사람
시기, 질투하지 않는 사람
매일 조용히 기도하는 사람
가진 것을 기쁨으로 나누는 사람
자리에 없는 제3자에 대해 충실한 사람
과거를 잊고 현재와 미래를 생각하는 사람
비판받을 때 넉넉하게 받아들이는 온유한 사람
충분히 기능하는 사람(the fully functioning person)

Act : 내가 생각하는 배려자는 어떤 사람인가?
배려하는 태도 - 진실성, 공감적 이해, 존경
진실성이란 개방적이고 진지하며 자신의 경험을 깊이 있게 드러내는 것이며 공감적 이해는 자신을 남의 입장에 놓고 이해하는 것이고, 존경은 판단, 비난, 조소, 경멸함이 없이 남을 수용하고 존중함을 뜻한다.

출처: 김수동(2008). p.117.

그렇다. 인격은 배려이다. 겸손한 배려는 자신보다 상대방을 먼저 생각하고, 낮게 여기는 마음과 태도에서부터 출발한다. 교만한 사람은 상대방을 배려하는 겸손이 없고, 상대방의 지위, 직업, 권력, 돈 등에 따라 태도를 자주 바꾼다.

눈높이에 달린 세상

어느 어머니가 모처럼 아들과 함께 백화점에서 쇼핑을 하고 있었다. 그런데 한 참을 다니다 보니 아들이 옷자락에 매달려 훌쩍훌쩍 울고 있는 것이었다. 아들의 신발 끈이 풀어져 있는 것을 발견한 어머니는 쭈그리고 앉아 풀린 신발 끈을 다시 매 주었다. 신발 끈을 매고 무심코 고개를 든 어머니는 깜짝 놀랐다. 눈앞에는 굵은 다리와 엉덩이들이 서로 밀고 부딪치면서 바삐 움직이는 모습들이 가득했다. 멋있게 반짝이는 불빛도, 장난감도 보이지 않았다. 다섯 살짜리 아들의 눈높이에서 처음으로 바라본 세상의 모습이었다. 놀란 어머니는 아들의 손을 꼭 잡고 집으로 돌아오면서 굳은 다짐을 했다. '다시는 나를 기준으로 한 즐거움을 아들에게 강요하지 말아야지!'

출처: 박성희(2009). pp.80-82.

이 짧은 이야기에서는 상대방의 입장에서 서서 상대방을 배려하는 모습이 얼마나 아름다고 귀한지 잘 묘사하고 있다. 자기중심적일 때는 전혀 보이지 않던 세상이 입장을 바꿔 놓고 역지사지(처지를 바꾸어서 생각해 본다는 뜻)하니까 새롭게 열리고 있다.

⑥ 온유

온유는 '성격이 온화하고 부드러움'(국어사전)이다. 좀 더 풀어서 설명하자면 온유란 차갑지 않고 따뜻한 성품, 딱딱하지 않고 부드러운 성품을 말한다.

> "온유는 자신의 뜻 곧 자유의지를 접고 상대방의 뜻을 존중하여 사양하는 마음을 가리킨다."(차동엽, 2009, 73)

온유는 자신의 뜻, 의지, 고집을 접고, 상대방을 인정하고, 뜻을 존중하는 것이다. 그렇다고 해서 줏대도 없고, 우유부단하고, 유약한 부드러움을 말하는 것은 결코 아니다.

온유한 자는 행복하다. 성경은 왜? 온유한 자가 행복하다고 말씀했을까? 온유한 자는 내 뜻대로 살지 않고, 하나님 뜻대로 살기 때문이다.

> "온유한 자는 복이 있나니 그들이 땅을 기업으로 받을 것임이요"(마태복음 5:5)

> "나는 마음이 온유하고 겸손하니 나의 멍에를 메고 내게 배우라 그리하면 너희 마음이 쉼을 얻으리니"(마태복음 11:29)

온유한 사람은 행복하다. 온유한 사람은 다른 사람과의 관계에서도 고집을 피우지 않고 상대방을 배려하고, 이해하고, 용서하고, 인정해 준다. 그래서 온유한 사람은 사람들에게 행복을 준다. 온유한 사람은 사람을 얻는다. 사람들이 모인다. 사람들이 좋아한다. 온유는 서번트 리더가 갖추어야 할 아주 중요한 인격이다.

⑦ 책임감

> "인격이란 책임 능력이다."

임마누엘 칸트(Immanuel Kant)가 한 말이다. 책임감은 내가 할 일을 잘 알고, 끝까지 완수하는 태도이다. 인격의 사람들의 공통점은 자기가 할 일에 대해서 끝까지 책임을 진다는 것이다. 반대로 인격이 좋지 못한 사람들의 공통점은 끝까지 책임을 지지 않고, 상대방에게 그 책임을 전가(잘못이나 책임을 다른 사람에게 넘겨 씌움)한다.

토마스 리코나(Tomas Likona)는 "책임감은 자기와 다른 사람을 돌보는 것은 물론 맡은 바 본분을 바로 수행하게 되며, 공동체에 헌신하게 하고, 고통을 줄이고 더 나은 세상을 만들게 하는 원동력이다."라고 책임감에 대해서 정의하였다.

예수님께서도 우리가 실천해야 할 책임을 주셨다. 책임만 주신 것이 아니라 직접 모범을 보여주셨다.

> "내 계명은 이것이다. 내가 너희를 사랑한 것과 같이, 너희도 서로 사랑하여라."(요한복음 15:12, 새번역)

인격의 사람은 책임을 다하는 사람이다. 사람들에게도, 예수님에게도, 하나님에게도, 성경에서 말씀하신 그대로, 이행하는 사람이 바로 인격의 사람이 아닐까?

> "하나님이 그들에게 복을 베푸셨다. 하나님이 그들에게 말씀하시기를 '생육하고 번성하여 땅에 충만하여라. 땅을 정복하여라. 바다의 고기와 공중의 새와 땅 위에서 살아 움직이는 모든 생물을 다스려라' 하셨다."(창세기 1:28, 새번역)

4. 성공적인 인격관리 10계명

존 맥스웰은 『인격관계의 원칙』이라는 책에서 인격에 대해서 "인격은 환경에 좌우되지 않는다. 인격은 경력과 비례하지 않는다. 인격은 명예와 혼동해서는 안 된다."라고 말하였다. 인격은 어린 시절의 성장배경, 성장과정, 환경에 따라 좌우되지 않는다. 왜냐하면 동일한 한 부모님의 가정에서 태어나서 성장했더라도 자녀들의 인격이 서로 다르기 때문이다. 대부분의 사람들은 인격은 사회적인 지위, 위치, 명예와 비례한다고 생각한다. 그러나 인격은 그 사람의 지위, 위치, 명예와 꼭 비례하는 것은 아니다. 좋은 명예를 소유한 사람을 금으로 비유한다면, 좋은 인격을 갖춘 사람을 금광으로 비유하고 싶다.

많은 사람들이 인격의 정의를 다음과 같이 말하였다. 토마스 제퍼슨은 "하나님께서는 고결한 인격을 가진 사람을 위대한 인물로 사용하신다."라고 말하였다. 에이브러햄 링컨(Abraham Lincoln)은 그가 일했던 행정부를 떠날 때 그는 "거기에 한 친구를 남겨두기 원하는데, 그것은 바로 내 안에 있는 고결한 인격이라는 친구입니다."라고 했다고 한다. 헤라클레이토스는 "나는 기술적 역량 부족 때문에 리더의 자리에서 물러나는 사람은 단 한 명도 보지 못했다. 그러나 인격의 부재 때문에 물러나는 사람은 많이 보았다."라고 말하였다. 새뮤얼 스마일즈는 "인격은 재산이다. 인격은 행동으로 나타난다. 국력은 국민의 인격에 달려 있다."고 하였다. 『인격의 힘』의 책의 저자, 인더스트리 위크지는 "인격도 갖추지 못한 채 거들먹거리는 경영학 석사 출신들보다 남의 실수까지도 인정할 줄 아는 정직한 리더가 기업의 아버지 같은 존재가 될 수 있다."라고 말하였다. 『최고의 리더십』이라는 책에서 스테판 암브로스는 "전쟁의 승패를 좌우하는 것은 개개인의 인격이다."라고 정의하였다.

어느 방송국 TV 드라마에서 멋진 말을 우연히 듣게 되었다. 이것은 인격에 관한 좋은 명언이라고 생각한다. 드라마의 한 장면에서 주인공 같은 사람이 "무서운 상사에게는 복종을 하지만, 인격적인 상사에게는 목숨을 바친다."라고 말했다. 인격을 갖춘 리더의 주변에는 목숨까지도 바친 사람들이 있으나, 인격이 없고 무섭기만 한 리더의 주변에는 겉으로만 복종하고 속으로는 욕을 하는 사람들만 모인다.

"명예가 많은 재물보다 귀하고, 좋은 평판이 금은보화보다 훨씬 낫다."(잠언 22:1, 쉬운성경)

사람이 재물보다, 금은보화보다 먼저 가져야 하는 것은 좋은 인격이다. 좋은 인격의 사람이 되기 위한 인격관리의 10계명을 소개한다.

1. 너그러워라
   "…용서하라 그리하면 너희가 용서를 받을 것이요."(누가복음 6:37)
2. 예절을 갖추라.
3. 3비(비난, 비판, 불평)를 금하라.
   "비판을 받지 아니하려거든 비판하지 말라."(마태복음 7:1)
4. 책임을 져라.
5. NOTO(No Action Talking Only/말보다 행동이 앞서라)를 버려라.
6. 주는 자가 되라.
7. 칭찬하라(험담을 칭찬으로 바꾸라)
8. 감정을 통제하라.
   "노하기를 속히 하는 자는 어리석은 일을 행하고…"(잠언 14:17)
9. 말을 통제하라.
10. 상대방을 배려하라.
    "…오직 겸손한 마음으로 각각 자기보다 남을 낫게 여기고"(빌립보서 2:3)

인격은 경쟁력이다. 인격이 좋아야 경쟁력이 높아지기 때문이다. 인격은 하나님의 형상으로 창조된 인간에게만 부여된 특권이기 때문이다.

나는 과연 어떤 사람인가? 인격을 갖춘 서번트 리더인가? 인격은 사람의 경쟁력, 특권, 그리고 사명이다.

벤저민 프랭클린의 13가지 성품 덕목

- **절제**(Temperance): 과음, 과식을 하지 않는다.
- **과목**(Silence): 불필요한 말을 하지 않는다.
- **질서**(Order): 모든 것을 제자리에 두고 주어진 일은 제때 한다.
- **결단**(Resolution): 내가 해야 할 일은 꼭 하겠다고 결심하고 반드시 실천한다.
- **검약**(Frugality): 다른 사람 혹은 나에게 유익한 것 외에는 돈을 쓰지 않는다.
- **근검**(Industry): 시간을 헛되이 보내지 않고 항상 유익한 일만 하며 불필요한 행동 역시 삼간다.
- **진실**(Sincerity): 남을 속이지 않으며 순수하고 정당하게 생각한다.
- **정의**(Justice): 다른 사람에게 손해를 입히지 않고 나의 유익함도 놓치지 않는다.
- **온유**(Moderation): 극단적인 것을 피한다.
- **청결**(Cleanliness): 몸, 의복, 생활을 깨끗하게 한다.
- **평상심**(Tranquility): 사소한 일로 마음을 흐트러뜨리지 않는다.
- **순결**(Chastity): 건강이나 후손을 두는 목적 외의 성생활은 절제하면 자신과 상대방의 인격을 해치지 않는 범위에서 유지한다.
- **겸손**(Humility): 예수와 소크라테스를 본받는다.

출처: 이영숙(2010). p.154.

"그리스도를 섬기는 자는 하나님을 기쁘시게 하며 사람에게도 칭찬을 받느니라 그러므로 우리가 화평의 일과 서로 덕을 세우는 일을 힘쓰나니"(로마서 14:17-18)

"이같이 너희 빛이 사람 앞에 비치게 하여 그들로 너희 착한 행실을 보고 하늘에 계신 너희 아버지께 영광을 돌리게 하라"(마태복음 5:16)

1. 자기성찰 질문

아래 질문을 자유롭게 솔직하게 적어 보세요.

① 최근 내가 후회했던 행동은 무엇이었나?

____

____

(예: 화를 참지 못하고 언성을 높였던 일 등)

② 내가 자랑스러웠던 인격적 행동은 무엇이었나?

____

____

(예: 친구의 입장을 이해하고 기다려 준 일 등)

③ 사람들이 나에 대해 가장 칭찬하는 인격적 장점은 무엇인가?

____

____

(예: 책임감, 배려심 등)

④ 사람들이 나에 대해 가끔 지적하는 인격적 단점은 무엇인가?

____

____

(예: 고집스러움, 말이 거침 등)

⑤ 내가 가장 고치고 싶은 인격적 습관은 무엇인가?

(예: 참을성 부족, 비판에 민감하게 반응함 등)

2. 인격의 그림자 들여다보기

"나의 그림자를 인정하는 것이 성장의 출발점이다."

■ 질문에 답해보세요.

나는 어떤 감정을 가장 숨기려 하는가? 왜 그럴까?

나는 언제 방어적으로 변하는가? 그 이유는 무엇일까?

최근에 누군가에게 상처를 준 적이 있다면, 무엇이 원인이었을까?

■ 나의 성찰 메모

3. 나의 SMART 인격 목표 세우기

■ SMART 목표란?

- S(Specific): 구체적으로
- M(Measurable): 결과를 측정할 수 있게
- A(Achievable): 현실적으로 가능한 목표
- R(Relevant): 인격 향상과 관련된 목표
- T(Time-bound): 기간을 정해 목표 설정

▶ 예시: 나는 4주 동안 매주 1번 이상 진심 어린 사과를 실천하겠다.

■ 나의 목표 작성하기

→

4. 감정조절 스킬 익히기

■ Step 5: 즉각적인 감정 조절 방법

방법	설명	사용여부(○/×)
심호흡 3회	깊게 숨을 들이쉬고 천천히 내쉬기	
10초 법칙	즉시 반응하지 않고 10초 기다리기	
거리두기 질문	이 상황을 객관적으로 보면서 자문하기	
나-메시지 사용	"나는 ~해서 힘들어"라고 표현하기	
걷기	짧게 산책하며 감정 식히기	
나의 방법?		

5. 내 인격 성장 선언문 만들기

아래 문장을 완성해 보세요.

"나는 더 나은 사람이 되기 위해 매일 (   )을/를 실천했다.
그 결과 나는 (   )라는 변화를 느꼈다.
앞으로 나는 (   )을 계속 키워나갈 것이다."

수업을 마치면서...

Closing Question

- 이번 수업을 통하여 내가 배운 것은 무엇인가?

- 이번 수업을 통하여 내가 조금씩 바뀌고 있는 것은 무엇인가?

- 이번 수업을 통하여 내가 부족한 것은 무엇인가?

- 일주일 동안 감사한 일은 무엇인가?(하루에 한 가지 적어보기)

요일	감사한 일
월	
화	
수	
목	
금	
토	
일	

CHAPTER

12

서번트 리더의 역량, 사랑

수업에 들어가면서...

수업 시작 구호, 다함께 시작!!!

"I AM GOOD, YOU ARE GOOD, WE ARE GOOD,
GOOD~, GOOD~, GOOD~"

Opening Question

- 나는 나의 유익이 전혀 없는 상황에서도 타인을 진심으로 사랑할 수 있는가?

- 사랑은 '주는 것'인가, '받는 것'인가? 아니면 모두인가?

- 현대 사회에서 이타적인 사랑이 실현되기 어려운 이유는 무엇인가?

■ **사랑 자가 진단 체크리스트** (10문항)[1]

최근 1개월 간의 자신의 태도와 행동을 기준으로 아래 문항에 응답해 보자.

(1점: 전혀 그렇지 않다 ~ 5점: 매우 그렇다)

번호	문항	전혀 그렇지 않다 (1점)	그렇지 않다 (2점)	보통이다 (3점)	그렇다 (4점)	매우 그렇다 (5점)
1	나는 타인의 행복과 안녕을 진심으로 바라는 마음을 자주 갖는다.					
2	나는 상대의 약점이나 부족함까지도 받아들이려는 자세를 갖고 있다.					
3	나는 사랑하는 사람의 감정이나 입장을 공감하려 노력한다.					
4	나는 어려운 상황에서도 상대방을 위해 희생할 수 있는 마음이 있다.					
5	나는 나 자신을 긍정하고, 나를 돌보는 것도 사랑의 한 방식이라 믿는다.					
6	나는 상대에게 진실되고 일관된 태도로 다가가려 한다.					
7	나는 사랑은 감정뿐 아니라 책임과 행동이 따르는 것이라 생각한다.					
8	나는 오해나 갈등이 있어도 관계를 회복하려는 노력을 지속적으로 한다.					
9	나는 사랑하는 사람의 성장과 자유를 지지하고 격려한다.					
10	나는 순간적인 감정보다 깊은 신뢰와 존중을 기반으로 사랑을 실천하려 한다.					

1) 본 체크리스트는 Sternberg의 삼각이론(Triangular Theory of Love), 그리고 Barrett-Lennard의 인격적 관계 이론 및 자기-타인 관심 이론(Self-Other Focus)을 바탕으로 구성하였다. 학문적 근거: Sternberg, R. J. (1986). A triangular theory of love. Psychological Review, 93(2), 119-135. → 사랑을 친밀감(Intimacy), 열정(Passion), 헌신(Commitment)의 세 요소로 구성. Barrett-Lennard, G. T. (1962). Dimensions of therapist response as causal factors in therapeutic change. Psychological Monographs, 76(43), 1-36. → 공감, 수용, 진실성은 사랑을 기반으로 한 인간관계 핵심 요소로 봄. Neff, K. D. (2003). The development and validation of a scale to measure self-compassion. Self and Identity, 2(3), 223-250. → 자기 사랑과 타인 사랑의 균형을 강조.

■ **총점 평가 기준** (총점: 10~50점)

총점을 합산하여 본인의 사랑을 다음과 같이 평가할 수 있다.

점수 범위	사랑 수준	해석
41~50점	매우 우수	깊은 사랑의 태도를 지닌 사람이며, 성숙하고 헌신적인 사랑을 실천할 수 있습니다.
31~40점	우수	사랑의 감수성이 높은 사람이며, 일상에서 사랑을 느끼고 표현하는 능력이 있습니다.
21~30점	보통	사랑에 대해 배우는 중이고, 감정 표현이나 타인 배려에 더 훈련이 필요합니다.
11~20점	개선 필요	사랑에 대한 거리감 있어서, 관계에서의 감정 이해와 공감능력 강화가 필요합니다.
0~10점	심각	사랑의 기반이 약하여, 자기이해부터 시작해 타인과의 관계 맺기 훈련이 필요합니다.

인간은 누구나 사랑을 받고 싶어 한다. 심지어 한때 자유세계의 지도자였던 사람에게도 사랑은 필요하다. 미국의 전 대통령 리처드 닉슨(Richard Nixon)은 자신의 저서 『경기장에서』에서 대통령 사임과 수술로 인한 고통을 피력했다. 그 고통이 얼마나 심했던지 병원에서 아내 패트에게 죽고 싶다고 말한 적도 있었다고 한다. 닉슨 대통령이 절망의 끝에 있을 때 한 간호사가 병실로 들어와 커튼을 걷었다. 그리고 공중에서 앞뒤로 흔들거리는 작은 비행기를 가리켰다. 그 비행기에는 "하나님은 당신을 사랑하십니다. 그리고 우리도 당신을 사랑합니다."라는 문구가 새겨져 있었다. 바로 복음 전도자 빌리 그레함(Billy Graham)의 아내 루스 그레함(Ruth Graham)이 기증한 비행기였다. 닉슨 대통령에게는 이 순간이 삶의 전환점이 되었다. 사랑이 담긴 그 문구를 본 그는 용기를 얻고 다시 일어설 수 있었다(존 맥스웰 & 짐 도넌/정성묵 옮김, 2010, 66).

이 글은 존 맥스웰의 『위대한 영향력』이라는 책에서 퍼온 글이다. 사랑은 위대한 영향력을 끼친다. 사랑한다는 말은 아무리 해도 지나치지 않다. 사람들에게 사랑한다는 말을 많이 할수록 사랑의 영향력을 통하여 위대한 결과를 가져올 뿐이다. 그렇다. 서번트 리더에게 꼭 필요한 조건이 바로 사랑이다. 서번트 리더에게 사랑이 없으면 좋은 관계도 없다. 미래도 없고 성공도 없다.

> **잠깐! 토의 시간**
>
> 사랑이란 무엇인가? '사랑은 ○○○이다'라는 질문에 나는 어떻게 답할 것인가? 서로 의견을 말해 보자.

예를 들어보자. 이성 친구에 대한 좋은 감정이 있을 때, 우리는 '사랑한다.'라는 표현을 한다. 반대로 이성 친구에 대한 좋은 감정이 없을 때는 우리는 '사랑한다.'라는 표현을 쓰지 않는다. 그렇다. 사랑은 감정이라고 말할 수 있다. 사랑이 없으면 감정도 없다. 감정 없는 사랑은 사랑이 아니다.

1. 사랑이란?

제임스 헌터의 책 『서번트 리더십』을 읽다가, 사랑의 정의를 이렇게 표현한 것을 발견하였다. 사랑을 아주 간단하게 정의하였기에 다음과 같이 소개한다.

> 첫째는 강한 호의, 둘째는 따뜻한 애정, 셋째는 성적 감정에 의한 끌림, 넷째는 테니스에서의 영점(a score of zero)이다.
>
> 출처: 제임스 C. 헌터/김광수 옮김(2002). p.101.

사랑은 주는 것이다. 받는 것보다는 주는 것이 더 큰 사랑이다. 이것이 예수님의 사랑이다. 예수님의 사랑은 무조건 주는 사랑이다. 예수님의 사랑은 십자가의 사랑이다. 십자가의 사랑은 구원의 사랑이다. 예수님의 사랑은 목숨까지 던진 사랑이다. 이런 사랑은 인간의 사랑과는 차원이 다른 사랑이다.

사랑은 動詞(동사)다.

잠깐! 토의 시간

왜 사랑이 동사라고 생각하는가?

감정적 사랑과 자발적(의지적) 사랑의 차이는 무엇인가? 열정, 낭만, 따뜻한 마음과 관련된 감정적 사랑은 사랑의 언어이자, 사랑의 열매이며, 사랑의 표현이다. 그러나 이것이 사랑의 실체는 아니다. 반면 자발적 사랑은 의지의 사랑을 말한다. 자신의 감정과 상관없이 타인들의 욕구와 이해관계, 최선을 위해 기꺼이 헌신하겠다는 선택, 이것이 바로 자발적 사랑이다(제임스 C. 헌터/김광수 옮김, 2006, 101).

C. S. 루이스(Lewis)는 사랑에 대해서 이렇게 표현했다.

> "사랑은 감성을 의미하는 게 아니다. 사랑은 감정이 아닌 의지의 상태, 즉 스스로를 생각하는 것 못지않게 타인을 위하는 방법을 배우려는 의지의 상태를 말한다. 사랑은 우리 모두의 최선을 추구하는 것이다."

출처: 제임스 C. 헌터/김광수 옮김(2006). p.98.

잠깐! 토의 시간

아무리 악한 사람도 자신이 좋아하는 사람에게는 사랑을 표현할 수 있는가?

과연 좋아하지도 않는 사람을 사랑할 수 있을까?

사우스웨스트 항공사에서는 사랑이란 단어를 수시로 사용했다. 실제로 이 항공사의 TV광고에는 "사랑을 만든 항공사!"란 CM송이 오랫동안 등장했다. 사우스웨스트의 직원들은 입으로만 사랑을 강조하는 게 아니라 행동으로도 표현하기 위해 많은 노력을 했다. 이 항공사의 창업자 허브 캘러허는 "공포심보다 사랑으로 충만한 기업이 훨씬 강한 법입니다."라고 말하였다(제임스 C. 헌터/김광수 옮김, 2006, 99).

제임스 헌터는 『서번트 리더십 2』라는 그의 책에서 사랑을 이렇게 정의하였다(제임스 C. 헌터/김광수 옮김, 2006, 100).

"타인의 당면 욕구를 규명하고 충족시키며 최선의 존재로 만들기 위해 노력하는 모든 행동"

잠깐! 토의 시간

그가 표현한 '사랑의 정의'를 이해할 수 있는가? 이해를 하였다면 사랑의 정의를 어떻게 이해하였는가? 서로 말해 보자.

그가 말하고자 하는 의도와 그가 사랑을 한 문장으로 표현하면 이렇다. "사랑은 사랑하는 행동 그 자체이다." 즉 사랑은 행동이다. 사랑은 행동이 수반되어야 한다. 사랑이 수반되지 않으면 완전한 사랑이 아니다. '사랑한다.'라는 말이 아니라 행동으로 사랑을 보여주어야 한다.

약 800년 전 아시시의 성 프랜시스는 추종자들에게 "항상 복음을 전하되 말로만 그치지 마라"고 당부했다. 미국의 시인이자 사상가인, 랄프 왈도 에머슨(Ralph Waldo Emerson)은 행동을 강조하면서 이렇게 표현하였다(제임스 C. 헌터/김광수 옮김, 2006, 99).

> "내 귀에 대고 아무리 크게 소리 질러도 내겐 아무 소리도 들리지 않는다."

그렇다. 서번트 리더에게는 말보다 행동으로 나타나는 사랑의 표현이 중요하다는 것이다. C. S. 루이스의 말을 기억하자(제임스 C. 헌터/김광수 옮김, 2006, 99).

> "이웃을 사랑하는지 아닌지를 고민하느라 시간을 허비할 필요는 없습니다. 사랑하는 것처럼 행동하면 그만입니다. 이렇게 행동하는 순간 심오한 비밀 하나를 깨닫게 됩니다. 누군가를 사랑하는 것처럼 행동하면 실제로 그 사람을 사랑하게 됩니다."

이것이 무슨 의미일까? 서번트 리더에게 중요한 것은 상대방이 느끼는 감정, 느낌, 관심보다는 내가 상대방에게 보내는 '사랑의 행동'이라는 것이다.

잠깐! 토의 시간

나는 과연 '사랑의 행동'을 상대방에게 보내고 있는가?

사랑의 속성과 서번트 리더십은 같다. 이것은 필자의 말이 아니다. 제임스 헌터는 "사랑과 리더십의 속성은 같다."라고 말하였다(제임스 C. 헌터/김광수 옮김, 2006, 103). 필자는 그의 의견에 동감한다. 그래서 서번트 리더십과 사랑의 속성은 같다고 표현한 것이다. 서번트 리더십을 갖춘 서번트 리더가 되기 위해서는 가장 먼저 사랑을 지닌 사람이 되어야 한다.

사랑의 정의에 대해 알기 위해서는 성경에 나오는 사랑의 정의를 알면 된다. 신약성경 고린도전서 13장이 사랑의 장이라고 하는데, 사랑의 정의에 대해서 아주 자세하게 설명해 주었다. 이것을 기독교적인 사랑의 정의로만 생각하지 말자. 이것은 기독교적인 사랑의 정의를 넘어서 일반적인 사랑의 정의를 다 포함한 것이다.

> 사랑은 오래 참고 사랑은 온유하며 시기하지 아니하며 사랑은 자랑하지 아니하며 교만하지 아니하며(겸손) 무례히 행하지 아니하며(존중) 자기의 유익을 구하지 아니하며(무욕) 성내지 아니하며(용서) 악한 것을 생각하지 아니하며 불의를 기뻐하지 아니하며 진리와 함께 기뻐하고(정직) 모든 것을 참으며(헌신) 모든 것을 믿으며 모든 것을 바라며 모든 것을 견디느니라 사랑은 언제까지나 떨어지지 아니하되 예언도 폐하고 방언도 그치고 지식도 폐하리라(고린도전서 13:4-8)

성경에서 말하는 사랑의 정의에서는 8가지 속성을 말하고 있다. 사랑의 정의라기보다는 사랑의 본질을 집약한 것이다. 이것은 서번트 리더십의 속성과 같다. 이것은 서번트 리더가 갖추어야 할 속성이요, 기준이 되어야 한다.

다음의 내용을 참고하면 도움이 될 것이다. 서번트 리더십과 아가페적인 사랑이 매우 동일하다. 야고보서에서는 아가페를 영어로 'charity(자선)'로 번역하고 있다. 아가페를 사랑보다는 자선과 봉사로 표현하는 것이다(제임스 C. 헌터/김광수 옮김, 2002, 172).

2. 사랑은 서번트 리더십의 본질

사랑은 서번트 리더십의 속성이자, 본질이다. 그렇다면 무엇이 속성이자 본질인가를 살펴보자.

① 인내

인내는 사랑의 정의 가운데 하나의 속성이다. 인내란 무엇인가? 제임스 헌터는 인내를 '자제력의 표현'으로 정의하였다. 그는 '충동 억제'로도 표현하였다. 그래서일까? 그는 인내는 리더에게 중요한 덕목일 뿐 아니라 반드시 필요한 요소라고 말하였다. 그 이유를 그는 인내와 자제야말로 인격과 나아가 리더십의 토대이기 때문이라고 설명하였다(제임스 C. 헌터/김광수 옮김, 2006, 105).

계속해서 그는 인내에 대해서 이렇게 설명하였다(제임스 C. 헌터/김광수 옮김, 2006, 105-107).

> "인간의 욕구와 변덕, 성욕과 다른 여러 가지 충동을 억제할 수 없다면 곤란한 상황에 처했을 때 인격적인 행동을 기대하기 어렵다. 유능한 리더가 되기 위해서는 충동이 아닌 원칙에 따른 대응 양식을 습관화해야 한다. 쉽게 말해 충동을 통제보다 아래에 두어야 하며, 머리(가치관)가 가슴(감성)을 지배하도록 해야 한다는 뜻이다."

그는 "인내와 자제는 건강한 관계의 기본이다. 열정을 가지고 일을 추진하되 대인관계에서의 인내와 자제는 유지해야 한다. 분노는 지극히 자연스럽고 건강한 감성의 하나이며, 열정 역시 우리에게 필요한 훌륭한 자질이다. 그러나 분노와 열정에 치우쳐 타인의 권리를 짓밟는 행위는 부적절할 뿐 아니라 관계를 심각하게 훼손한다. 이런 행동은 통제가 가능할 뿐 아니라 반드시 통제해야만 한다."라고 덧붙여 강조했다.

② **친절**

친절의 사전적 의미는 "타인을 향한 관심과 이해, 격려의 표현"이다. 그리고 "타인에 대해 예의를 갖추는 것"이다.

미국의 철학자이며 심리학자인 윌리엄 제임스(William James)는 "인간의 내면에는 인정받고자 하는 욕구가 숨어 있다."고 했다(제임스 C. 헌터/김광수 옮김, 2006, 108). 조지 워싱턴은 친절에 대해서 이렇게 말했다(제임스 C. 헌터/김광수 옮김, 2002, 185).

"타인에게 친절하라. 인생을 얼마나 뜻 있게 사느냐는 젊은이들에게 대한 상냥함, 노인들에게 대한 동정심, 노력하는 이에 대한 호의, 약자와 강자에 대한 관용에 있다. 왜냐하면 당신도 머잖아 그 길을 걷게 될 것이기 때문이다."

그렇다. 모든 사람들은 타인으로부터 친절을 받고 싶어 한다. 그러므로 서번트 리더는 타인을 향한 관심과 이해를 가지고 상대방에게 친절과 예의를 갖추고 인정하고 격려를 베풀어야 한다. 왜냐하면 사랑이 동사인 것처럼, 친절도 동사이기 때문이다. "친절은 대인관계에 가장 좋은 윤활제다"(제임스 C. 헌터/김광수 옮김, 2006, 109)라는 말을 기억하자. 친절은 타인을 인정하는 것이고, 관심과 격려를 예의를 갖추고 보여주는 행동이다.

③ **겸손**

사전에서는 겸손을 "자만심, 거만함, 가식 없이 보이는 것 또는 진실하게 행동하는 것"으로 정의한다. 제임스 헌터는 겸손한 리더의 특징에 대해서 이렇게 설명하고 있다. 그의 말을 간단하게 정리하면 다음과 같다(제임스 C. 헌터/김광수 옮김, 2006, 109-111).

겸손한 리더는 약간의 열등감이 있다 해도 주눅 들지 않는다. 그리고 자신의 가치관과 도덕성에 부합하거나 옳은 일이라고 판단될 때는 사자와 같은 용맹함을, 주어진 임무나 목표,

책임을 달성해야 할 때는 들소와 같은 추진력을 보인다.

겸손한 리더는 타인의 견해에 기꺼이 귀를 열고 다가가며 반대 의견도 폭넓게 수용한다. 겸손한 리더는 자신이 모든 해답을 갖고 있지 않음을 잘 알고 있으며 그로 인해 조금도 낙심하지 않는다. 영국의 사상가 존 러스킨(John Ruskin)은 말했다.

"정말로 위대한 사람은 그 위대함이 자신에게 있는 것이 아니라 자신을 통해 발현된다는 사실을 알고 있다. 이것이 그들이 겸손한 이유다."

겸손한 리더는 자신이나 여러 가지 사건을 너무 심각하게 받아들이지 않는다. 겸손한 리더는 자신과 세상을 향해 웃음을 선사한다.

겸손한 리더는 자신의 리더십을 부담스런 책임으로 받아들인다. 그리고 리더의 책무는 신뢰와 봉사에 있으며 사람들을 향한 진지한 관심을 통해 신뢰를 얻어야 한다고 생각한다.

겸손한 리더는 진실하다. 겸손한 리더는 자신이 모자라는 점도 기꺼이 공개한다. 겸손한 리더는 자기만의 강점과 한계, 그리고 자신보다 나은 결과를 거둘 수 있는 사람들이 얼마든지 있다는 사실을 잊지 않는다. 겸손한 리더는 모든 것을 있는 그대로 바라보는 눈을 가진 사람이다.

④ 존중

존중의 의미는 무엇인가? 존중의 사전적 정의는 "사람을 소중한 존재처럼 대하는 것"이다. 존 맥스웰의 『위대한 영향력』이라는 책에서 말하는 존중은 다음과 같다(존 맥스웰 & 짐 도넌/정성묵 옮김, 2010, 67).

"존중은 상대방이 나에게 뭔가를 줄 만큼 큰 능력과 잠재력을 갖고 있다고 인정하는 것이다. 상대방의 말에 귀를 기울이고 자신의 일보다 상대방의 일을 먼저 생각할 때 존중한다고 말할 수 있다."

그의 책에는 "서로를 존중할 때 성공에 얼마나 도움이 될까?"라는 존중에 관한 연구 보고서의 결과를 다음과 같이 소개했다(존 맥스웰 & 짐 도넌/정성묵 옮김, 2010, 67-68).

최근 ≪월스트리트저널(Wall Street Journal)≫에 실린 연구 보고서에 의하면 기업의 임원들이 존중의 힘을 비교적 잘 이해하고 있는 것으로 드러났다. 연구는 16,000명의 임원 중에서 최고의 업적을 이룬 임원을 중심으로 조사를 했는데 그들 모두는 부하 직원에게 긍정적인 태도를 가지고 있었다. 자주 부하 직원들의 조언을 구하고 그들의 관심에 귀를 기울이며 존중심을 갖고 그들을 대했다.

사람을 소중한 존재처럼 대하는 것이 바로 서번트(Servant)의 기본이요, 정신이다. 서번트 리더의 기본 정신은 무엇이 되어야 하는가? 가장 먼저 사람을 소중한 존재처럼 대하는 마음과 태도를 가지는 것이다.

사람을 소중한 존재처럼 대하는 것은 그 사람이 존중받을 만한 가치와 존재이기 때문인가? 아니다. 그것과는 상관이 없다. 그냥 내가 소중한 존재인 것처럼, 타인을 나처럼 소중한 존재로 대하는 마음과 태도를 가져야 한다. 더 나아가서 이 세상에 존재하는 모든 사람이 하나님의 창조물이요, 걸작품이기 때문이다. 우리가 다른 사람들을 존중해야 하는 이유는 이 한 가지로 충분하다. 더 이상, 이유가 필요하지 않다.

가수이자 여배우로 1920년대를 풍미했던 에델 워터스(Ethel Waters)가 즐겨 하던 말이 있다(제임스 C. 헌터/김광수 옮김, 2006, 113).

"신은 쓸모없는 사람을 창조하지 않아요. 다만 행동에 문제가 있는 사람들을 만들어낼 뿐이죠."

그렇다. 이 세상에 존재하는 어떤 사람도 쓸모없는 사람은 없다. 어떤 사람이 쓸모없다고 말하는 것은 하나님이 하시는 것이 아니라, 교만한 인간이 그렇게 말하는 것이다. 이것은 크게 잘못된 것이고, 극단적인 교만한 말이다.

진짜 사랑이란 무엇인가? 진짜 사랑은 상대방이 나의 사랑을 받을 만한 자격이 있는지, 가치가 있는지, 존재인지의 여부를 따지지 않고 무조건적으로 사랑하는 것이다.

이와 같이 진짜 존중은 무엇일까? 진짜 존중은 상대방이 나를 존중해 주지 않아도 상대방을 존중해 주는 것이다. 상대방이 과연 존중받을 만한 사람인지, 상대방이 나를 존중해 주고 있는지의 여부를 따지지도 않고 무조건적으로 모든 사람을 존중해 주는 것이다.

서번트 리더는 어떤 사람인가? 서번트 리더는 조직에 아무런 기여도 못하고 있는 사람을 사랑하고 존중해 주는 사람이다. 모든 사람은 소중한 존재이다. 차이가 있다면 어떤 사람은 조직에서 직무를 잘하는 것이고, 직무를 조금 못하는 것뿐이다. 그래서 서번트 리더는 누구든 차별 없이 존중하는 마음과 태도를 가져야 한다.

⑤ 무욕(無慾)

무욕이란 "타인의 욕구를 충족시키는 것"으로 정의한다. 이것은 나의 욕구를 충족시키는 것보다는 타인의 욕구를 충족시키는 봉사와 희생의 정신이 담겨 있다. 봉사하는 사람에게는 기쁨을 얻을 수 있다. 아브라함 링컨은 짧고 강한 한 마디를 남겼다(제임스 C. 헌터/김광수 옮김, 2006, 109-111).

> "좋은 일을 할 때 기분도 좋아진다."

그렇다. 봉사는 특별한 사람만이 하는 것이 아니라 누구나 할 수 있는 것이다. 마틴 루터 킹 목사는 봉사에 대해 남긴 말이다(제임스 C. 헌터/김광수 옮김, 2006, 88).

> "타인에게 봉사한다면 누구든 위대해질 수 있습니다. 봉사에는 대학 졸업장이 필요치 않습니다. 봉사하기 위해 주어와 동사의 일치를 고민할 필요는 없습니다. 봉사하기 위해 물리학의 열역학 두 번째 이론을 알아야 할 필요는 없습니다. 오직 필요한 것은 자비와 충만한 가슴

뿐입니다. 사랑으로 가득한 영혼 말입니다."

봉사는 우리가 존재하는 이유 중 하나가 되어야 한다. 봉사는 자신에게는 기쁨을 주고 타인에게는 유익을 주기 때문이다. 시인 W. H. 오드(Auden)의 말을 생각해 보자(제임스 C. 헌터/김광수 옮김, 2006, 91).

"우리가 이 지구에 존재하는 이유는 타인에게 유익한 사람이 되기 위해서입니다. 그 외에 다른 이유가 있는지를 나도 잘 모르겠습니다."

⑥ 용서

용서는 "적대감을 극복하는 것"이라고 정의한다. 용서는 사랑의 속성 중 하나이다. 사랑은 나를 용서하듯 남을 용서하는 것이다. 혹자들은 용서는 리더십의 요소가 될 수 없다고 말한다. 그러나 그렇게 말하는 것은 잘 몰라서 하는 주장이다. 용서는 서번트 리더십의 요소로서 꼭 필요한 것이다.

서번트 리더는 타인의 실수, 잘못, 한계, 등을 이해하고 인정해 주어야 한다. 더 나아가 자신에 상처를 준 사람까지도 품어주어야 하고 적대감을 가져서는 안 된다. 이것이 용서의 힘이다. 이런 용서의 힘이 서번트 리더에게는 필요하다.

하지만 용서의 힘을 쉽게 가지는 것은 아니다. 저절로 가질 수 있는 것도 아니다. 용서는 인격 계발과 같이 절실한 노력이 필요하다. 미시간 대학의 심리학자 크리스토퍼 피터슨(Christopher Peterson)은 "용서는 모든 미덕 가운데 단연 최고지만 가장 터득하기 어려운 것이기도 하다."(제임스 C. 헌터/김광수 옮김, 2006, 121)라고 말했다.

⑦ 정직

정직은 "속이지 않는 것"이라고 정의한다. 정직은 서번트 리더의 조건 중 하나이다. 정직이 빠진 리더는 리더가 아니다. 정직은 신뢰이다. 신뢰 없는 리더는 리더가 아니다. 신뢰는 사람과 사람 사이에서 꼭 필요한 요소이다. 신뢰가 없는 인간관계는 쉽게 깨진다. 신뢰에 관한 자세한 공부는 앞 장에서 하였다. 그것을 참고하라.

⑧ 헌신

헌신은 "선택에 충실한 것"으로 정의한다. 서번트 리더에게 꼭 필요한 조건 중 하나가 헌신이다. 헌신이 없는 리더는 리더가 될 수 없다. 비누는 없고 물거품만 있는 것과 같다. 리더의 헌신적인 노력이 조직에게는 생명을 준다. 살아나게 만든다.

헌신은 조직원들을 위하여 리더의 모든 것을 버리는 것이고, 바치는 것이다. 조직원들이 실수하고, 잘못하고, 실패하고, 리더의 도움이 필요할 때 언제든지 그 자리를 지키는 것이고, 성실하게 도움을 주는 것이다.

3. 사랑의 리더가 되는 길

① 사랑의 실천가가 되라

실천이 빠진 사랑은 진짜 사랑이 아니다. 말로만 사랑하는 것이다. 이런 사랑은 힘이 없다. 이런 사랑은 영향력을 끼치지 못한다.

C. S. 루이스의 말을 기억하고 실천하자(제임스 C. 헌터/김광수 옮김, 2006, 127).

> "이웃을 '사랑하는지 아닌지'를 고민하느라 시간을 낭비할 필요는 없습니다. 사랑하는 것처럼 행동하면 그만입니다. 이렇게 행동하는 순간 심오한 비밀 하나를 깨닫게 됩니다. 누군가를 사랑하는 것처럼 행동하면 실제로 그 사람을 사랑하게 됩니다."

그렇다. 사랑은 실천이다. 사랑은 행동이다. 사랑은 동사형이다. 사랑은 가만히 있는 것이 아니라 움직이는 것이다.

② 사랑을 받기보다는 먼저 사랑하라

서번트 리더십은 영향력이다. 서번트 리더는 영향력 있는 사람이다. 영향력 있는 사람이 되려면 사랑을 받기보다는 사랑을 베푸는 사람이 먼저다. 리더의 사랑과 관심은 따르는 사람에게 영향력을 끼친다.

다음 글은 『리더십의 역설적 계명』이라는 제목의 서시이다. 책을 읽다가 마음의 울림이 있어서 메모했던 것이다(존 맥스웰 & 짐 도넌/정성묵 옮김, 2010, 158-159).

> 사람은 불합리하고 자기중심적이다. 그래도 사랑하라.
>
> 사람은 잘 대해주면 딴 속셈이 있는지 의심한다. 그래도 사랑하라.
>
> 성공하면 거짓 친구와 진짜 적을 만나게 될 것이다. 그래도 성공하라.
>
> 오늘 행한 선은 내일이면 잊혀진다. 그래도 선을 행하라.
>
> 정직하고 솔직했다가는 상처를 입기 쉽다. 그래도 정직하고 솔직하라.
>
> 큰 생각을 가진 큰 사람은 작은 생각을 가진 작은 사람에 의해 무너질 수 있다. 그래도 크게 생각하라.
>
> 사람은 약자 편이지만 강자를 따른다. 그래도 약자를 위해 싸워라.
>
> 수년 동안 쌓은 것이 하루아침에 무너질 수 있다. 그래도 쌓아라.
>
> 사람은 도움이 절실히 필요하지만 정작 도움을 주려는 사람을 공격할 수도 있다. 그래도 도와라.
>
> 세상에 최상의 것을 주었다가는 곤혹을 치를 것이다. 그래도 세상에 최상의 것을 주어라.
>
> 발전할 수 있으면 현재에 만족하지 말라.

이 글을 읽으면서 이런 생각이 들었다. 사랑은 역설적이다. 사랑은 받았기 때문에 사랑하는 것이 아니다. 대가를 바라고 사랑하는 것은 사랑이 아니다. 대접을 했기 때문에 대접하는 것이 사랑이 아니다. 사랑은 그냥 주는 것이다. 사랑은 아낌없이 주는 것이다. 사랑은 받기보다 먼저 주는 것이고 행하는 것이다. 성경은 "사랑하는 자를 사랑하면 무슨 상이 있으리요."(마 5:46), "원수를 사랑하며 너희를 박해하는 자를 위하여 기도하라."(마 5:44)라고 가르쳤다. 이것이 바로 사랑이다.

③ 내가 생각하는 사랑의 리더의 길

잠깐! 토의 시간

내가 생각하는 사랑의 리더의 길을 적어보자.

사랑 향상을 위한 자기성찰 워크북

1. 나를 용납하는 법 배우기

"내가 나를 이해하고 용서하지 않으면, 다른 사람의 작은 단점도 품기 어렵다."

- 나는 어떤 점이 마음에 안 드는가?

- 나는 어떤 실수에 스스로를 가장 많이 비난하는가?

- 이 문제에 대해 친구가 나에게 말했다면 나는 뭐라고 위로했을까?

▶ 적어보기

"나는 나의 ______________한 모습도 받아들이기로 한다."

"나는 더 이상 나를 ________________ 하지 않기로 한다."

2. 사랑의 방해 요소 찾기

- 내가 사랑하지 못하게 만드는 내면의 상처, 불안, 두려움은 무엇인가요?
  → 예: 과거의 배신 경험, 거절당한 기억 등

- 나는 어떤 사람(유형)에게 사랑을 베풀기 어렵나요?
  → 예: 나를 무시하는 사람, 감정 표현이 서툰 사람 등

- 내가 사랑을 받지 못한다고 느낄 때 어떤 감정이 드나요?
  → 예: 외로움, 분노, 회피 등

3. 사랑 실천을 위한 나의 결단

■ 한 주간 사랑 실천 목표 설정

오늘부터 실천할 "사랑의 행동" 3가지

■ 실천 일지 예시

날짜	사랑 실천 내용	느낀 점 및 배운 점
월		
화		
수		
목		
금		
토		
일		

4. 사랑의 방식 배우기

■ 사랑의 5가지 언어 (게리 채프먼 이론 응용)

사랑의 언어	나의 점수(1~5점)	내가 잘 사용하는 방식?
인정하는 말		예 / 아니오
함께하는 시간		예 / 아니오
선물 주기		예 / 아니오
봉사 행위		예 / 아니오
스킨십		예 / 아니오

• 나는 어떤 언어를 가장 많이 쓰는가?

• 내가 사랑받는다고 느끼는 방식은 무엇인가?

5. 한 문장 일기: 사랑하는 사람의 이름 적기

"나는 오늘도 ________________를 진심으로 사랑하려고 노력했다."

→ 매일 한 명씩 이름을 적고, 왜 그 사람을 사랑해야 하는지 짧게 써보세요.

수업을 마치면서...

Closing Question

이번 수업을 통하여 내가 배운 것은 무엇인가?

이번 수업을 통하여 내가 조금씩 바뀌고 있는 것은 무엇인가?

이번 수업을 통하여 내가 부족한 것은 무엇인가?

일주일 동안 감사한 일은 무엇인가?(하루에 한 가지 적어보기)

요일	감사한 일
월	
화	
수	
목	
금	
토	
일	

참고문헌

강준민, 『존중의 능력』(서울: 두란노, 2011)

구현지, "존중의식 함양을 위한 도덕과 교수-학습 자료 개발에 관한 연구"(한국교원대학교 교육대학원 석사 논문, 2004)

기독교커뮤니케이션포럼, 『기독교 커뮤니케이션』(서울: 예영 커뮤니케이션, 2004)

김성철, "교회봉사자의 섬김의 자세와 리더십의 변화"(『유관순 연구』 제21호, 2016)

김수동, 『배려 리더십』(서울: (주)학지사, 2008)

김승용, 『섬기는 리더 지배하는 리더』(서울: 형설라이프, 2011)

김영수, "비인격적 감독이 종업원의 근무태도에 미치는 영향: 조직공정성의 조절효과"(상명대학교 대학원 석사 논문, 2016)

김은미, 『한국인의 겸손의 심리: 문화심리학적 분석』(서울: 한국학술정보(주), 2007)

김재원, 『공감의 힘』(서울: 행복을 만드는 세상, 2010)

김재홍, "주역에서의 겸손에 대한 철학적 소고"(『동서철학연구』, 제77호, 2015)

김홍진, 『인성교육의 18가지 덕목』(서울: 에세이퍼블리싱, 2015)

네이버 지식백과, 세계문화사전(서울: 인물과 사상사, 2005).
http://terms.naver.com/entry.nhn?docId=1846106&cid=43114&categoryId=43114

네이버 지식백과, 21세기 정치학대사전(정치학대사전편찬위원회), 한국사전연구사.
http://terms.naver.com/entry.nhn?docId=728400&cid=42140&categoryId=42140

네이버 지식백과, HRD 용어사전(서울: ㈜중앙경제, 2010).
https://terms.naver.com/entry.naver?docId=2178625&cid=51072&categoryId=51072

네이버 지식백과, 산업안전대사전(서울: 도서출판 골드, 2004).
https://terms.naver.com/entry.naver?docId=508200&cid=42380&categoryId=42380

레스 T. 쏘르바/박종윤 옮김, 『신뢰』(서울: 베이스캠프미디어(주), 2007)

로저 피들러/조용철 옮김, 『미디어모포시스』(서울: 커뮤니케이션북스, 1999)

리처드 보이애치스 & 애니 맥키/정준희 옮김, 『공감리더십』(서울: 에코의 서재, 2007)

미키 스토니어 & 최선영『위기의 목회자와 섬기는 리더십』(서울: 쿰란출판사, 2016)

민승기, 『인성이 경쟁력이다』(서울: 나비의활주로, 2016)

박성희, 『공감』(서울: 이너북스, 2009)

박재림 & 김수웅, 『죽은 조직도 살리는 섬김의 리더십』(서울: 미래지식, 2009)

박형순, 『크리스천 서번트 리더십』(서울: 목양사, 2010)

사이먼 사이넥/이지연 옮김, 『리더는 마지막에 먹는다』(서울: 365, 2014)

산업안전대사전(서울: 도서출판 골들, 2004)

시앙 양탄/조계광 옮김, 『섬김』(서울: 생명의 말씀사, 2007)

앤드류 머레이/채대광 옮김, 『겸손』(서울: 좋은씨앗, 2007)

양광모, 『인간관계 맥을 짚어라』(서울: 청년정신, 2007)

양윤정, "이빌라의 테레사의 겸손 이해에 관한 연구"(호남신학대학교 대학원 석사 논문, 2015)

오브리 맬퍼스 & 윌 맨시니/안정임 옮김, 『리더를 세운다는 것은』(서울: 국제제자훈련원, 2008)

윤보미, "겸손의 리더십: 핵심기제, 인식조건 및 구성원 반응 탐색"(서울대학교 대학원 석사 논문, 2010)

윤홍균, 『자존감 수업』(서울: 심플라이프, 2016)

이경숙, "섬김의 리더십"(『숙명 리더십 연구』 제1집 제1호, 2005, 12)

이경숙, 『숙명여대를 혁신으로 이끈 이경숙의 섬김의 리더십』(서울: 21세기북스, 2008)

이관응, 『신뢰경영과 서번트 리더십』(서울: 엘테크, 2001)

이대희, 『크리스천의 인간관계』(서울: 태인문화사, 2013)

이영석, "서번트 리더십의 특성 및 적용방안에 대한 연구"(동의대학교 대학원 석사 논문, 2010)

이영숙, 『성품 양육 바이블』(서울: 물푸레, 2010)

이은아, "대학생 공감능력 향상을 위한 공감교육 연구 – 이화여대 〈호모 엠파티쿠스: 소통, 공감, 신뢰〉 교과목 사례를 중심으로"(교육문화연구 23(5), 2017.)

이의용, 『말 통하는 교회 문화 만들기』(서울: 예영커뮤니케이션, 2006)

이지훈, 『혼창통』(서울: 쌤앤파커스, 2010)

이철우, 『관계의 심리학』(서울: 경향미디어, 2008)

장종현 편저, 『사람다운 사람』(서울: 백향, 2017)

전광, 『백악관을 기도실로 만든 대통령 링컨』(서울: 생명의말씀사, 2008)

정동섭, 『인성수업이 답이다』(서울: 비전북, 2017)

정원범 외 9인, 『21세기 리더십과 목회』(서울: 한들 출판사, 2005)

제임스 C. 헌터/김광수 옮김, 『서번트 리더십 2(실전 매뉴얼)』(서울: 시대의 창, 2006)

제임스 C. 헌터/김광수 옮김, 『서번트 리더십』(서울: 시대의 창, 2002)

제임스 M. 쿠제스 & 베리 Z. 포스너/김예리나 옮김, 『리더』(서울: 크레듀, 2008)

조광연, 『당신은 주님이 원하시는 성서적 지도자입니까?』(서울: 예영커뮤니케이션, 1996)

존 맥스웰 & 짐 도넌/정성묵 옮김, 『존 맥스웰의 위대한 영향력』(서울: 비즈니스북스, 2010)

존 맥스웰/(주)웨슬리퀘스트 옮김, 『함께 승리하는 신뢰의 법칙』(서울: 21세기북스, 2006)

존 맥스웰/강준민 옮김, 『리더십의 법칙』(서울: 비전과 리더십, 2003)

존 맥스웰/전형철 옮김, 『리더의 조건』(서울: 비즈니스북스, 2012)

존 맥스웰/홍성화 옮김, 『리더십 21가지 법칙』(서울: 청우, 2005)

존 비비어/윤종석 옮김, 『존중』(서울: 두란노, 2009)

차동엽, 『행복선언』(서울: 위즈앤비즈, 2009)

최관경, "상호존중감을 형성하는 평등교육"(『교육사상연구』, 22(3), 2008)

켄 블랜차드 & 필 하지스/조천제 옮김, 『예수는 어떻게 12제자를 위대한 리더로 키웠는가』(서울: 21세기북스, 2007)

폴 마르시아노/이세현 옮김, 『존중하라 존중받는 직원이 일을 즐긴다』(서울: 처음북스, 2013)

프랜시스 후쿠야마/구승회 옮김, 『트러스트: 사회도덕과 번영의 창조』(서울: 한국경제신문사, 1996)

하용조, 『비전성경사전』(서울: 두란노, 2001)

한만오, 『꿈수첩』(서울: 리더북스, 2016)

한만오, 『아파하는 부모에게 주는 하나님의 쪽지』(서울: 도서출판대서, 2014)

한만오, 『아파하는 청춘에게 주는 하나님의 쪽지』(서울: 도서출판대서, 2011)

한스 핀젤/조기현 옮김, 『리더가 저지르기 쉬운 10가지 실수』(서울: 프리셉트, 2001)

한홍, 『거인들의 발자국』(서울: 비전과리더십, 2004)

행정안전부, 보도설명자료, 2024년 경제협력개발기구(OECD) 정부신뢰도 조사 결과, 2024년 7월 15일자

헬레나, 『레오와 서번트 리더십』(서울: 엘테크, 2005)

Henry T. Blackaby and Richard Blackaby/윤종석 옮김, 『영적 리더십』(서울: 두란노서원, 2006)

John. C. Maxwell, 『Developing the Leader Within You』(Thames Nelson, 1982)

ChatGPT

한만오

현) 백석대학교 사범학부 교수

인하대학교 상업교육학과를 졸업한 후 고등학교에서 교사를 하다가, 백석대학교 신학대학원에서 목회학 석사와 신학석사(기독교교육전공) 과정을 마치고, 미국 버지니아주에 있는 리버티대학교(Liberty University)에서 석사와 박사학위를 취득하였다.

현재 백석대학교에서 대학생들에게 자신의 꿈을 찾고, 행복한 인생을 준비할 수 있도록 자기이해와 미래 디자인, 부모교육, 학교폭력 예방 및 학생의 이해, 섬김의 리더십 등을 가르치고 있다.

KBS, MBC, SBS, EBS, CTS에서 청소년들에게 꿈과 인생을 찾아주는 방송에 출연하였고, 대전극동방송에서 '한만오 교수의 꿈이 너를 이끌 것이다', '한만오의 난(God) 니가 좋아', '한만오 교수의 무지개 쪽지' 코너에서 방송사역을 왕성하게 했으며, 학교, 관공서, 회사에서 특강 및 세미나 등을 인도하고 있다.

저서로는
『네가 어떤 꿈을 꾸든 꿈이 너를 이끌 것이다』
『네가 어떠하든 난(God) 네가 좋아』
『아파하는 청춘에게 주는 하나님의 쪽지』
『아파하는 교사에게 주는 하나님의 쪽지』
『아파하는 부모에게 주는 하나님의 쪽지』
『알콩달콩 새가족성경공부』
『쓰면 이루어지는 꿈수첩』
『20대들을 위한 자기관리노트』
『대학생을 위한 섬김의 리더십』
『뼈때리는 시』
『자기이해와 미래 디자인』
『성경을 알면 인생이 보인다 1』
『성경을 알면 인생이 보인다 2』
『성경을 알면 인생이 보인다 3』
『예비부모를 위한 부모교육』
등이 있다.

미래 세대를 위한 서번트 리더십

1판 1쇄 인쇄 2025년 8월 10일
1판 1쇄 발행 2025년 8월 15일

지 은 이 | 한만오
발 행 인 | 박철용
발 행 처 | 양서원
주 소 | 경기도 파주시 직지길 522 파주출판도시
전 화 | 031-955-8000(代)
팩 스 | 031-955-8005
홈페이지 | www.yswpub.co.kr
이 메 일 | yswgroup@naver.com
출판등록 | 1987년 11월 24일 제406-2003-037호

ISBN 978-89-994-1576-0

정가 22,000원